杨振华 著

吉林科学技术出版社

图书在版编目（CIP）数据

地勘单位项目管理及内部控制探究 / 杨振华著. --长春 : 吉林科学技术出版社, 2023.3

ISBN 978-7-5744-0313-0

Ⅰ. ①地… Ⅱ. ①杨… Ⅲ. ①地质勘探－组织机构－内部审计－研究－中国 Ⅳ. ①F426.1②F239.66

中国国家版本馆 CIP 数据核字(2023)第 066549 号

地勘单位项目管理及内部控制探究

著　　杨振华
出 版 人　宛　霞
责任编辑　高千卉
封面设计　南昌德昭文化传媒有限公司
制　　版　南昌德昭文化传媒有限公司
幅面尺寸　185mm×260mm
开　　本　16
字　　数　330 千字
印　　张　15.25
印　　数　1-1500 册
版　　次　2023 年 3 月第 1 版
印　　次　2024 年 1 月第 1 次印刷

出　　版　吉林科学技术出版社
发　　行　吉林科学技术出版社
地　　址　长春市南关区福祉大路 5788 号出版大厦 A 座
邮　　编　130118
发行部电话/传真　0431—81629529　81629530　81629531
81629532　81629533　81629534
储运部电话　0431-86059116
编辑部电话　0431-81629510
印　　刷　廊坊市印艺阁数字科技有限公司

书　　号　ISBN 978-7-5744-0313-0
定　　价　95.00 元

《地勘单位项目管理及内部控制探究》
编审会

杨振华　谢黎明　郭玉超

王国睦　王国军

前言 PREFACE

地质调查项目是地勘单位的业务主体。新常态下，地勘单位全面参与市场竞争是不可逆转的趋势。地勘单位必须加强项目财务管理，增强地勘单位的市场竞争力，才能获得生存和发展。随着经济社会的高速发展，社会各个领域对于煤炭、石油等天然资源需求量不断扩大，与此同时，在矿产资源控制与管理方面的要求也在不断提升。国家对地质勘查工作也非常重视，相应的拨付专门款项用于地质勘查工作，更好地保证矿产资源的合理支配与使用，推动地区经济发展。

本书首先宏观介绍了国家地质工作的含义、内容、分类以及运行的机制，从地质调查项目的技术管理、经济管理、质量管理、成果管理、以及管理常用的一些方法等方面，将目前通行的项目与项目管理的概念、内容、制度和方法引入到地质调查的项目管理之中。接着主要介绍了地勘单位内部控制的理论框架与组织层级内部控制设计，从预算控制体系、收支控制体系、资产控制体系论述了地勘单位内部控制设计以及地勘单位内部控制自我评价，探讨地勘单位内部控制问题，完善内部控制研究的范式，为内部控制基本理论研究、政策研究、实务研究开辟一条新的路径。

由于编者的水平有限，虽然想法很好，但是落笔之后仍感觉到尚有许多问题没有涉及，有些问题虽然在理论上阐述得头头是道，但是在实践中仍然有很大的差距，在内容的编排上还存在不妥之处，认识和理解不够深入和全面，遗漏和不当在所难免，敬请读者批评指正。

目录 CONTENTS

第一章　地勘单位项目管理概述

第一节　国家地质工作

一、国家地质工作的含义

（一）国家地质工作的含义与性质

所谓国家地质工作，就是站在国家的高度，以满足国家对地质资料和成果需求为目的，由政府出资并组织实施的公益性、基础性地质调查和战略性矿产勘查工作。

国家地质工作的性质，一是公益性和基础性，以提高国土范围内地质工作程度为目的，其成果和资料归国家所有，全社会公开使用；二是战略性，以保障国家安全和可持续发展为宗旨，提供资源储备。

国家地质工作是一项涉及国计民生的基础性工作，其经费来源应列入政府的经常性预算安排，以保持队伍的稳定和地质资料的连续性。

国家地质工作由国家组织实施，建立人员精干、装备精良的国家地质调查队伍，承担国家地质工作任务，为国家提供必需的成果和基础资料。

（二）国家地质工作的基本内容

国家地质工作可概括为 4 个方面的基本内容：

①以保障国家资源安全和实施可持续发展战略为宗旨的地质工作；

②为国家重大工程建设与宏观决策开展的前期地质工作；

③为满足社会日益增长的地学知识与信息需求而开展的地质工作；

④为推进我国地质科技不断发展而开展的地质工作。

这是在新的地勘体制建立完善过程中首次提出的国家地质工作的概念和内容。4

项基本内容的提出，对于启动国家地质工作，完善项目管理，提高地质调查成果质量和水平，最大限度地满足社会发展与国民经济建设对地质的需求，具有重要的意义。

国家地质工作的基本内容明确了国家地质工作的方向。站在国家的高度部署实施的地质工作，首先满足的是国家层面对地质资料成果的需求。地质资料成果在国民经济中的基础地位和作用，决定了国家地质工作的需求是宏观决策与政策调节、长远规划与近期建设对基础资料的需求，是持续发展与应对紧急情况对资源储备的需求，是增强综合国力与提升地学研究水平对地质理论创新的需求。总之，国家的需求就是国家地质工作的方向。

国家地质工作的基本内容确定了国家地质工作的服务对象。国家需求的概念不是笼统和模糊的，而是具体和明确的。国家地质工作的服务对象，首先是政府部门，为政府部门在社会发展与国民经济建设方面的长远规划、制定政策、项目实施等方面提供地质领域的服务；其次是构成社会经济基本单元的企事业单位，为企事业单位在开展各类与地学相关的经济活动中提供基础的地质服务，降低企事业单位的投资经营风险；第三是社会公众，随着社会经济的不断发展，公众的素质也在逐步提高，对与地学相关知识掌握认识的要求不断增强。普及地学知识，提高公众对自然的认知水平，灌输人与自然相互依存的思想，树立科学的发展观，实现国家乃至人类可持续发展的理想。因此，国家地质工作的服务对象包括了社会的公众。

国家地质工作的基本内容确定了国家地质工作的成果内容和成果表达方式。地质工作的开展，不仅仅是为了解决某一领域、某个方面的地质问题，根本的目的是为国民经济建设提供资源保证和地学领域的基础资料。因此，国家地质工作的不同需求决定了成果内容的不同。除了资源、生态和基础地质调查的成果内容因专业而不尽相同外，制定规划和政策对成果内容的需求与一个像南水北调这样的超大型国家项目对成果内容的需求肯定是不一样的；另一方面，不同服务对象决定了国家地质工作不同的成果表达方式，如为公众服务的，就应该用通俗的语言和相应的图式、示意来表述自然地质体的现象、成因，或者是一些已经取得公认的规律性认识。

二、地质工作的分类

国家地质工作的概念有两种基本的理解，一种是国土的概念，即在本国国土上开展的所有地质工作统统归为国家地质工作；另外一种是投资的概念，即由国家出资开展的地质工作称为国家地质工作。计划经济体制下国家地质工作的概念是上述两种基本概念的混合，几乎所有的地质工作都可称为国家地质工作，因为所有地质工作的投资覆盖了所有的行业、区域和领域，包罗万象的地质工作全部纳入在国家财政的计划之中。在国家地质工作的大概念和大前提下，按照工作的性质、专业、领域、阶段再进行分类和分工。

随着社会主义市场经济体制的建立和不断完善，计划经济体制下形成的国家地质

工作的概念和内容正在发生着深刻的变化。地质工作作为社会化分工的一类基础性质的经济工作，逐渐上升为国民经济成分构成中的类别。根据工作的性质、目的和资金来源，把所有地质工作分为公益地质工作和商业地质工作两大类别，由政府出资的公益地质工作属于国家地质工作。

（一）按资金来源的性质划分

1. 公益地质工作

资金主要来源于政府的财政预算，少量来自于企业及个人的捐助，不以盈利为目的，其成果资料无偿提供社会使用。如基础性的地质工作、地学知识的科学普及和战略性矿产勘查等地质工作均属于公益地质工作。在企业和个人捐助所占数额极少的情况下，公益地质工作是国家地质工作的主要组成部分。

2. 商业地质工作

也可以称为经济地质工作，以盈利为最终目的所开展的地质工作。经费主要来源于企业，属于企业的投资行为。以矿产资源勘查为例，普查程度以上阶段的地质工作均属于商业地质工作，靠市场手段调节，用企业方式运营。

公益地质工作与商业地质工作的分离是社会主义市场经济体制条件下的必然产物，是我国今后一段时期地质工作的基本划分。在两分的基础上，将会逐步形成与两类地质工作相适应的运行机制、法律法规、政策制度和组织体系。在这一分离过程中，地质工作的主体是商业地质工作，具有典型的市场经济性质和企业行为特征；国家投入基本的公益地质工作，为商业地质工作提供基础的资料保障，降低企业的投资风险。

（二）按地质工作的性质和内容划分

按地质工作的性质和内容，地质工作可以划分为地质调查、地质勘查、地学研究三类。

1. 地质调查

属于基础性的地质工作。对某一地区内的岩石、地层、构造、矿产、水文地质、地貌等地质情况进行调查研究的工作。地质观察和地质填图是地质调查的主要方法，辅助样品分析、遥感解译等手段对区域的地层、构造、岩石等基本地质内容进行写实性的描述，并以图表的形式表达出来。在填图过程中，可以根据用途有所侧重地详细调查某个方面的地质情况，如岩石的稳定性、矿化情况、地层的结构等。

2. 地质勘查

属于生产性的地质工作。在地质填图的基础上，以提供工农业生产的原料基地和工程建设的地质资料为目的，在一定的地区内，运用一定的工程手段，查明并评价矿产资源的赋存情况和地壳的稳定性。

地质勘查通常由预查、普查、详查、勘探等工作阶段构成，每一个阶段都有严格的工作规范，从普查到勘探形成地质勘查的整个过程。经过勘探所取得的矿产的储量和评价，可以作为工业建矿开采的地质依据。地质勘查并不总是从普查到勘探经过所有阶段，根据地质条件的变化和工作目的的需要，地质勘查可能仅仅进行其中的某一个阶段。

3. 地学研究

属于研究性质的地质工作。包括地学领域的基础研究和综合研究，主要是利用地质调查和地质勘查取得的地质资料，进行野外重点路线观测、室内深入研究和高精度测试，认识地质规律，创新地质理论，为地质工作提供理论基础和方法支撑。

（三）按地质工作阶段划分

按地质工作“由表及里，由浅入深，由已知到未知”的工作原则，地质工作可以划分为以下几个阶段，每个阶段形成独立的一类地质工作。

1. 区域规划

根据国民经济建设的需要，在一定区域范围内对地质工作的总体部署。

地质区域规划属于地质工作战略部署研究的成果范畴，是在一定的区域开展地质工作之前需要切实开展的一项重要工作。规划有两层含义：一是描绘未来，是人们根据现在的认识对未来目标和发展状态的构想；二是行为决策，是确定实现未来目标或达到未来发展状态的行动内容、顺序和步骤。

2. 地质填图

在实地观察和分析研究的基础上，或在航空像片地质解译并结合地面地质调查的基础上，按一定的比例尺，将各种地质体及地质现象填绘于地理底图之上而构成地质图的工作过程，它是地质调查的一项基本工作，是研究工作地区地质和矿产情况的一种重要方法。

3. 地质普查

又称普查找矿，是在综合分析研究工作区地质特征的基础上，预测矿床产出的可能性，综合运用有效的技术手段和找矿方法，在有利的地段进行找矿，并对发现的矿，电或矿床进行初步的研究，就其地质和经济意义作出评价，阐明工作地区的矿产远景，为进一步的矿产普查或布置矿床勘探工作提供资料依据。

根据工作的详细程度，地质普查可细分为初步普查和详细普查两个阶段。

初步普查是根据已有的地质资料，在认为可能找到预期矿产的地区内所进行的矿产普查工作。一般用较小比例尺的地质填图及其他找矿方法在圈定范围内进行。主要

任务是初步查明工作地区内的地质构造和矿床生成的条件，并对发现的矿点和其他显示矿产存在的线索进行初步检查，作出初步评价，进而圈出最有成矿远景的地段，为进一步的矿产普查提供资料。

详细普查是在初步普查的基础上，用较大比例尺的地质填图及其他方法，在较小范围内进行。主要任务是比较详细地查明工作地区内的地质构造和矿产特征，对已知和新发现的矿点进行比较详细的研究，作出远景评价，并为进一步的矿床勘探指出方向，提供地质与经济技术等方面的资料。

4. 地质勘探

在矿产普查的基础上或在矿山建设、生产过程中，为查明一个矿床的工业价值或保证矿山的顺利建设和生产，而进行的调查研究和其他必需工作的总和。地质勘探的主要任务是要进一步查明矿床（体）的质量和数量，了解开采的技术条件，提出矿山建设设计或矿山生产所需的矿产储量、地质和技术经济资料。

一个矿床，从发现并初步确定其工业价值直至开采完毕，需要进行不同程度的勘探研究工作。为了提高勘探工作及矿山生产建设的成效，避免在地质依据不足或任务不明的情况下进行盲目的勘探、建设或开采所造成的损失，必须依据地质条件、矿床的研究和控制程度，以及技术服务的方法手段等，将地质勘探分为初步勘探、详细勘探和开发勘探3个阶段。

（四）按服务领域划分

根据应用领域和服务对象，地质工作可以有很多的分类。如为地质灾害治理提供依据的地质灾害调查评价、为大型工程项目提供岩石稳定性依据的工程地质调查评价、为生态环境保护和治理提供依据的生态地质环境调查评价、为政府经济规划提供依据的综合地质调查评价等。下面列出几类经常遇到的主要的地质工作。

1. 矿产地质工作

以寻找并评价对人类有益的地质体和地壳物质为目的所进行的地质工作。这些物质包括燃料、金属、非金属和水。也有人把矿产地质工作认为是经济地质工作。

2. 农业地质工作

为农作物种植、农业产业结构调整和农业区域规划提供地质方面基础资料服务的地质工作。目前以多元素地球化学调查评价为主。

3. 城市地质工作

为城市规划和城镇化建设提供服务的地质调查评价工作。包括在地下水、地面沉降、地壳稳定性、地质环境和矿产资源等诸多因素的方面，查明城市地下空间资源、城市环境容量、区域稳定性和工程地质安全等重大地质问题，为城市规划、土地利用、资源开发、废物处理、环境保护和减灾防害提供服务，为城镇化建设提供基础地质资料。

地质工作根据应用领域划分的类别还有很多，这里不再一一列出。需要强调的一点是，应用地质工作的显著特点是有明确的服务部门和对象，其工作的内容就是应用领域的真实需求。这种需求是具体的，由需方提出并与供方以一定的书面形式确定下来，而不是由供方凭想象或经过综合分析推测出来。

（五）按矿种划分

寻找和探求矿产资源，满足国民经济建设对矿物原料的需求，是地质工作的重要组成部分。由于不同的矿物原料产出于不同的地质单元或地质体，受不同的地质规律控制，需要采用相应的方法手段来开展地质工作，因此，不同的矿种往往有自己独立的地质工作，主要有以下分类：

1. 油气地质工作

对已有油气显示，或尚未发现油气显示但根据油气地质理论预测可能赋存油气的地区所进行的油气资源综合地质调查。一般按7个步骤进行：①指出油区；②选定油区；③开展地球物理勘探；④进行地质钻探；⑤预测油田；⑥圈定油田；⑦评价油田。

普查、勘探和开采是油气地质的主要工作。

2. 煤田地质工作

根据已有地质资料和认识，预测、发现、评价和开采煤炭资源的地质工作。煤田地质工作可以划分为煤田预测、煤田普查、煤田勘探等工作阶段，煤田建设和开采阶段也需要地质工作的配合。

3. 核工业地质工作

以调查和评价核原料为目的的地质工作。

4. 非金属地质工作

以调查评价化工、建材等非金属原材料为目的的地质工作。

5. 金属地质工作

以调查和评价金属材料为目的的地质工作。

6. 水文地质工作

以调查和评价地下水资源为目的的地质工作。

（六）按国土地理地貌范围划分

1. 陆地地质工作

在大陆陆地范围内开展的所有地质工作。

2. 海洋地质工作

在海洋范围内开展的所有地质工作。

3. 行星地质工作

在宇宙范围内对包括月球在内的可探测的行星所开展的地质工作。

（七）按专业划分

按照地质科学的学科构成，地层、古生物、构造、岩石等传统地质的分支专业，都可以作为独立的地质工作开展调查或研究。大学和专门的研究机构所从事的地质研究工作多数按专业进行分类。主要的有以下几类：

1. 地层学研究

属于地质学的基础学科，是地史学的基础理论，是研究成层岩石的相互关系及其时空分布的地质工作。其主要内容包括地层的层序、时代和地理分布，地层的分类、地层对比以及各种岩石之间的相互关系。地层是地质工作的重要内容之一。

2. 古生物学研究

是研究地史时期中的生物及其进化的科学，即根据保存在地层中的化石，研究地史时期生物的形态、构造、分类、分布、进化关系等。古生物学研究对于阐明生物界的发展历史、地层的地质年代、普查勘探各种沉积矿床等具有重要意义。古生物学研究是地质工作的重要内容之一。

3. 构造学研究

属于地质学的一门分支学科，其研究对象为地壳中岩石的构造形象、空间分布及其形成原因。地质构造研究是地质工作的重要内容之一。

4. 岩石学研究

属于地质科学的一门基础学科。主要研究岩石的物质成分、结构、构造、形成条件、分布规律、成因、成矿关系以及岩石的演变历史和演变关系。从成因的角度，岩石学可以分为火成岩岩石学、沉积岩岩石学和变质岩岩石学等。岩石学研究是地质工作的重要内容之。

（八）按方法手段划分

开展地质工作需要使用许多技术方法和工程手段，它们也是地质工作的重要组成部分。其中主要有：

1. 地球物理勘探

简称物探，就是用物理的原理研究地质构造和解决找矿勘探中地质问题的方法。

它是以各种岩石和矿石的密度、磁性、电性、弹性和放射性等物理性质的差异为研究的基础，用不同的物理方法和物探仪器，探测天然的或人工的地球物理场的变化，推断、解释地质构造和矿产赋存情况。目前主要的物探方法有：重力、磁法、电法、地震、放射性和航空遥感等。

2. 地球化学勘探

简称化探，是系统地按不同比例尺与规模研究地壳中的化学元素、同位素及其化学特征空间变化的活动。在地质工作中，地球化学勘查是一项重要的手段，除了应用于地质找矿外，还为基础地质、地球化学、环境地质、水文地质、城市地质、农业地质工作提供基础资料。

3. 实验测试

实验测试技术是地质工作者的眼睛，是地质工作的重要手段。野外采集的标本、样品，都需要在实验室进行鉴定或测试，获得显微镜下的观察或数据，对地质体的类别、物质成分、结构构造、成因进行定量分析。地质工作经常运用的实验测试手段有：岩矿鉴定、化学分析、同位素分析和岩石力学分析，其中的岩矿鉴定与化学分析是地质工作的常规技术手段。

4. 探矿工程

亦称勘探技术，一般泛指地质勘探工作中有关的工程技术，凡是为了完成地质勘探而必须进行的如钻探、坑探、井探、槽探以及配套的交通运输、动力配备等，均属于探矿工程。其中，钻探、坑探是主要的工程手段。

应该说，上述地质工作的各种分类均可以单独形成地质项目，并以项目形式进行组织、实施和管理。有的为了一个单纯的目的，形成一个独立的项目，用一种简单的组织形式在短期内就可以完成，如一项小的专题研究项目；有的则为了实现一个长期计划或规划目标而形成由众多项目组成的项目组、项目群或项目树（项目体系），在一定的时期内需要一个完善的机构来组织实施，国土资源地质大调查就是这样的一类项目。无论地质工作怎么分类，在将地质工作规划设计形成地质项目的过程中，既要遵循地质规律、地质工作规律和经济规律，还要符合项目的内在要求：

①社会主义市场经济体制要求地质工作实行公益地质工作和商业地质工作两分法，而公益地质工作的最终目的就是为社会和公众提供科学、公正的地学数据和地质评价。

②无论公益地质工作还是商业地质工作，均应遵循地质工作规律来设置地质项目。项目的形成与设置必须符合地质工作的规律要求。

③所有应用地质项目，均应有项目成果应用领域和部门提供的真实需求。

三、国家地质工作运行的机制

国土资源部、中央机构编制办公室和国务院经济体制改革办公室等部门联合制订

的《地质勘查队伍管理体制改革方案》中，关于建立具有中国特色的地质队伍“野战军”的管理体制与运行机制的目标是：建立社会主义市场经济体制，有利于矿产资源优化配置和合理利用，有利于矿产资源严格管理和有效保护，政企（事）分开，统一、协调、有序、高效的管理体制。改革的原则是：按照社会主义市场经济的要求，实行有效的宏观管理，充分发挥市场对资源的基础性作用，促进矿产资源的合理开发和有效保护；实行政企（事）分开，强化国土资源行政主管部门对地质和矿产资源执法监督的职能，中央和省一级保留一部分承担基础性、公益性地质调查和战略性矿产勘查任务的骨干力量，将其余地质勘查单位逐步改组成按照市场规则运行和管理的经济实体。根据上述方案对改革提出的目标和原则，在对部分发达国家地质调查局进行对比分析研究的基础上，考察借鉴国内外对国家基础性、公益性项目运行机制与管理方式，研究财政部对国家基础性、公益性项目财政预算管理改革的要求，探讨国家地质工作运行的机制。

中国地质调查局自成立以来，围绕国土资源地质大调查项目的管理需要，逐渐形成的一套较为系统的工作流程和规章制度，保证了地质调查项目的实施。但是，随着地质工作体制和国家财政体制改革的不断深化，地质调查工作在项目立项、质量监控、经费管理、成果汇交和社会服务等诸多方面尚需进一步完善，建立适应社会主义市场经济体制下的国家地质工作运行机制与管理方式已迫在眉睫。

（一）国家地质工作运行的基础

1. 我国的财政体制

国家地质工作的运行机制要与国家的财政体制保持一致，这是保证国家地质工作正常运行的基本前提。

财政体制是国家整个经济管理体制的重要组成部分。从 1985 年起我国实行了“划分税种、核定收支、分级包干”的财政管理体制，以国家财政与地方财政两级财政预算“分灶吃饭”为基本框架。中央财政集中了国家财政资金的主要部分，担负着具有全国意义的经济建设、文教科学、国防和援外支出，还担负着调剂各地方财政资金，促进其财政收支平衡的任务。地方财政主要用于地方工业、农业、科教文化等地方社会经济的建设与发展。地方财政收入和支出除了依靠自身征收和预算支出以外，转移财政支付是中央财政与各省财政联系的主要手段。因此，国家地质工作的机制应以体现国家意志，保证国家资源安全为职责，站在国家的高度，规划与部署国家地质工作。各省的地质工作，应围绕本省的社会发展和经济建设对地质调查的需求，规划部署省域范围内的地质调查，在省级财政预算中安排专门的经费，实施地质调查工作，在满足国家需求的同时，可以结合国家地质调查项目的实施，与各省合作开展地质工作。

国家地质工作的经费主要由 3 个方面的来源构成：

（1）国家财政的部门基本预算

这是国家地质工作的基本经费支撑，是国家地质日常工作的经常性部门经费。主要用于部门的人员工资、日常办公开支、长期观测监控、仪器设备维护、基础图件的更新、数据库的维护管理以及涉及国家安全的应急系统的建立与维护。国家地质工作是为国家管理社会经济提供基础数据、信息和资料，无论是制定法律法规、调控经济政策、规划部署社会经济发展，还是从可持续发展的角度实施国家的大型工业工程项目、应付突发的资源、环境、灾害危机，都需要国家地质调查机构提供科学的基础资料和系统数据。因此，国家地质工作是一个与国民经济协调运行的经常性工作，不是阶段性工作，更不是类似于盖一栋大楼那样的项目，需要列入国家的基本部门预算。列入部门基本预算的国家地质工作经费，应严格按照国库拨付的财政要求进行管理和使用。

（2）国家专项预算

在实施国家发展与国民经济规划中需要专门开展的地质工作，以专项的形式进行立项实施，如国土资源地质大调查项目等。国家专项实行项目法人单位负责制，不同的专项有不同的项目目标、任务和周期，严格执行国家颁布的各类标准，实行预算控制、项目管理，国家组织对专项的验收。

（3）合作经费

在满足国家对地质成果资料需求的同时，根据各级政府、社会组织对地质工作的需求，以合作的方式开展地质调查研究工作，如目前实施的农业地质调查项目，由需求方提出具体的要求，匹配相应的经费，合作开展项目。在国家地质工作的实施过程中，合作开展地质调查研究有重要意义。一方面，通过合作可以深入具体地了解社会需求，使地质工作更加贴近社会，贴近经济发展，使国家地质工作更好地融入社会经济当中；另一方面，通过合作让社会更多地了解地质工作，提高国家地质工作的地位和形象。从各国政府地质调查机构的情况看，通过合作获得的经费来源，一般占总经费的20%左右，多的可达40%。

从财政体制的要求上，国家地质工作需要一个长期可行的国家地质工作规划，根据国家的需求，确定国家地质工作的战略、方向、领域和目标，在这一规划中，应把部门基本预算、国家专项和合作经费与工作内容相互吻合一致，保证国家地质工作的正常运行。

社会主义市场经济条件下的地质工作体制的主导思路是商业地质工作与公益地质工作的分体运行。随着矿权市场的逐步建立与完善，商业地质工作必将成为社会地质工作的主体，按照市场的规则进行运作，由市场的需求决定地质工作的方向、扩张或萎缩，商业地质组织参与市场的经营和竞争。而国家地质工作从基础技术和资料角度为商业地质工作提供一个公平的市场平台，减少市场的风险。因此，目前在改革的过程中所存在的种种矛盾，并不是体制的问题，而是由于矿权市场不发育、商业地质不发达、还没有形成真正意义上的商业地质组织所造成的，不能成为动摇体制的理由。我国目前发展阶段，国家地质工作等同于公益地质工作。

2. 市场经济的基本要求

社会主义市场经济体制是国家地质工作运行的经济环境，国家地质工作的运行应符合这一经济体制的基本要求。国家地质工作不是一个独立于市场环境以外的封闭体系，而是融入市场环境之中的开放体系，为国家宏观调控社会经济提供地学技术基础支撑，同时为市场经济提供基础保障。其中，矿权市场的建立和完善与国家地质工作能否正常运行有着密切的关系。

矿业权，简称矿权，是矿产资源探矿权和采矿权的统称。矿权的取得与交易在重新修订的《矿产资源法》中已作了明确的法律界定，随后，国务院依据《矿产资源法》相继出台实施了配套的行政法规。至此，从国家的角度为矿权的流转交易创造了初步的法律环境。由于长期在计划体制下形成的地质勘查、矿业生产部门分割的格局，形成了不同的体系、机制和制度，并且这些分割的体系目前仍然存在，这些机制和制度仍在不同程度地发挥着作用，致使本来是一个流程中的两个相连工序的地质勘查与矿业生产严重脱节，造成矿山企业保有储量消耗严重，补充不足，后续资源无保证，矿山企业的生命周期大大地缩短，其直接的后果就是矿山企业批量倒闭和矿业经济的逐渐萎缩；另一方面，一直靠国家财政支撑的地质勘查，由于长期投资不足和经济体制调整期内缺乏必要的产业支撑，同样处于地质勘查生产能力的严重过剩，已取得的地质勘查成果急需转化成为社会生产。

地质勘查的产品——地质勘查成果是矿山企业生产所必需的生产要素之一，两者连接的纽带应是地质勘查成果的交易。建立社会主义市场经济体制，建立与完善市场体系，从政府职能的角度，对于发展矿业经济来说，根本的是在社会主义市场经济条件下建立与完善矿权市场，利用矿权市场配置矿产资源的基础作用，衔接地质勘查活动和矿山企业生产，维持矿权市场秩序，调控矿业开发规模，促进矿业经济健康持续发展。

建立与完善矿权市场应是政府矿产资源行政主管部门的重要职能之一。建立与完善矿权市场，对于维护矿业秩序，合理开发矿产资源，完善市场体系，均衡发展矿业经济，具有现实意义和历史意义。按照市场经济的要求，无论是地质勘查企业（目前事业性质的地勘单位存在如何由事业转变为企业的问题），还是矿山生产企业，都应该成为市场竞争的主体和法人实体。从地质勘查成果这个标的物来说，地勘企业与矿山企业就是矿权市场中的供需双方，没有完善的矿权市场，即使存在交易，那么这种交易也是无序的，不公平的，对于发展矿业经济是不利的。

完善的矿权市场至少应包括以下几个方面的内容：

①市场交易双方（地勘企业与矿山企业）市场地位的确定。作为新设立的矿山企业，依法取得的矿产资源投入应作为矿山建设的基本建设投资反映出来，在以后的生产经营中逐年摊销，进入成本；已建成的生产矿山，应允许在税前提取或列支一定比例的地质勘查费用，用于增加矿山企业的资源保有储量。作为地勘企业，应根据矿产品市场的变化预测和矿山企业的需求，安排地质勘查，把地质勘查作为一种经济活动进行

管理和组织，提供适应市场需求、高质量的地质勘查成果。

②地质勘查成果是地勘企业与矿山企业的交易物，因此，应科学合理地确定地质勘查成果的定价方法和定价标准。由于地勘成果具有特殊的商品属性，决定了其特殊的定价方法和标准，至少是交易双方认同的方法和标准；至于价格的变动应按市场规律办事，不必过多地干预。

③确定交易的规则和场所。交易应在一定的规则规范下进行，并且应设立固定的交易场所。可以借鉴西方成功的交易规则，结合我国的实际制定交易制度，在实施过程中逐步完善；交易场所初期可以指定中介机构开办。

④塑造中介机构，规范市场的运作。如地勘成果的评估机构、交易机构，地质勘查、矿产开发的咨询机构，矿业经济信息机构以及研究开发机构。上述这些机构都是依托市场，为市场主体和政府职能提供有偿服务，按市场规则运作的中介组织。

建立与完善矿权市场是个逐步完善的过程，同时也是在市场经济中规范政府行政行为的过程。在这一过程中，作为政府地矿行政主管部门，应注重抓好以下几方面的工作：一是把矿权市场的建立与完善纳入职能之中，作为一项重要任务来抓，在依法进行矿政管理的同时，制定和实施“矿权市场建设工程”，从初级做起，逐步完善，逐步使市场机制在地质勘查和矿业开发的经济活动中起基础的调节和配置作用；二是按照市场经济的要求，加强矿权市场建立的法制研究，借鉴国内外的先进经验和成功做法，结合自己的实际情况，制定出台相应的制度和办法，实施过程中逐步补充完善，上升为法规。积极引导和促进市场主体进入市场参与竞争，为矿山企业和地勘企业创造宽松的法律环境和市场环境，逐步使市场交易成为矿山和地勘企业的自觉行为。三是当前重要的是如何使矿业经济步入健康持续发展，只有矿业经济达到一定规模才能涉及到矿权市场的建立，同样，矿权市场的建立要有利于促进矿业经济的发展，二者是相辅相承的。发展矿业经济要同县域经济突破结合起来，发挥资源优势和调动地质勘查、矿业开发两个积极性，勘查开发一体化，在发展矿业经济的同时，建立并完善矿权市场。

在市场经济体制中，政府、企业、市场三者之间存在一种相互消长的关系。市场经济是个环境，市场的大小取决于企业在市场中的交易成本和政府在市场中的管理成本。当企业在市场中的交易成本高于或低于企业的正常利润时，企业生存的内动力促进企业扩张或萎缩；在市场环境的管理中，如果政府对经济的直接管理成本高于或低于企业按市场机制的正常利润，那么政府就会减少或增加对企业的干预。无论是企业还是政府的扩张或萎缩，市场的大小均随之发生相应的变化。对于项目而言，业主、业户和中介是市场环境的3个基本组成单元，相互作用，相互制约，形成配置资源的市场机制。在3个基本单元中，政府的职责是按照市场的游戏规则管理参与市场活动的经济实体，直接管理为社会和公众服务的公益性质的事业。国家地质工作的业主是国家行政主管部门——国土资源部，业户是具备地质调查资格的所有地质单位，中介则是地质工作过程中需要政策法规咨询、提供专业技术、经费质量的监理、发展战略研究、市场需求调研等所有可以利用的社会经济实体。政府对国家地质工作的管理职能，

需要经过一定的法定程序转变为可以在市场环境中运行的机制，避免政府职权在市场规则中的异化。具体的路径是：①国土资源部将国家地质工作的部署实施职权通过授权的形式让渡到中国地质调查局，完成政府行为向市场运行规则的转化；②在国土资源部的授权下，中国地质调查局具体组织国家地质工作规划部署的实施；③为了构筑国家地质工作的实施管理体系，有效地管理国家地质工作，中国地质调查局可以设置必要的多级管理机构，委托对国家地质工作实施过程的监督管理，完成国家地质工作"业主－业户"的管理体制。

综上所述，市场经济对国家地质工作的基本要求是：

①保障国家资源安全的应急系统和体现综合国力的地球科学调查研究水平是国家地质工作的核心内容，是社会主义市场经济体制对国家地质工作的基本要求。运用市场机制配置各种资源，以国家需求为中心为社会经济提供有效服务。

②国家专项的市场化实施是在市场环境中满足国家需求的重要形式，国家用市场的机制，配置社会资源，定购国家需要的地质资料、成果和信息。

③为社会组织提供有偿的地学技术服务。

3. 国家地质工作的宏观与微观管理

国家地质工作的管理由宏观和微观管理构成。

宏观管理的主要职责是：全国地质工作规划；地质调查部署的战略研究；建立地质工作标准体系；建立地质调查管理、实施组织系统；制定国家地质工作运行的标准、规章、制度和办法；承担地质调查项目单位的资质管理；国家层面地质成果的应用转化等。宏观管理可以是一级的，也可以根据管理的幅度和层次进行分级管理。

微观管理的主要职责是：地质调查项目实施过程的监督管理；地质调查项目的立项管理、成果管理等；国家地质工作的微观管理可以委托二级管理机构承担。

严格地讲，国家地质工作的宏观和微观管理都不是项目意义上的管理，而是政府职责的管理。在市场经济中，这一管理职权适用于"三权分立"的市场组织结构，即"业主－业户－市场中介"。国家地质工作的宏观和微观管理就是"业主"的管理。在国土资源部的授权下，把国家管理实施地质工作的职权让渡给中国地质调查局，把职权的管理转变成事权的管理，形成业主的地位。当然，国家可以直接设立国家地质调查局来行使国家对国家地质工作的管理职责。

"国家地质工作"与"地质大调查"是两个不同级别的概念，地质大调查只能是国家地质工作的组成部分，而不是国家地质工作的全部。相应地，国家地质工作的管理覆盖地质调查项目的管理，而无法替代地质调查项目的管理。因此，无法用实施地质大调查的组织结构来履行国家地质工作的管理职责。

目前体制下，国家地质工作的宏观和微观管理与地质大调查的项目管理界定的不是十分清楚，国家地质工作的管理实质上仍然是地质调查项目的实施管理，或者说是以地质调查项目管理为主要内容的国家地质工作管理。在设计国家地质工作的管理体制和机制的过程中，不能混淆业主与业户、国家地质工作与地质大调查项目、宏观与微观的关系，否则，将使得该体制无法正常运行或低效率运行。

4. 对使用地质成果资料行业部门的了解

社会主义市场经济体制下国民经济运行的宏观调控手段和市场配置资源方式，决定了地质工作必须是开放系统的运行机制。国家地质工作正常运行的基础依据是从全球范围资源配置考虑社会需求所进行的强大的分析研究。同时，应建立与使用地质成果各行业部门的沟通机制，使得在规划阶段就能够部署配套的地质工作。

（二）国家地质工作组织体系框架设计

国家地质工作的运行，需要一套与之相配套的组织体系来保证。运用系统理论和市场经济原理，国家地质工作的组织体系应由横向和纵向的组织系统构成。

1. 横向组织系统

横向组织系统由市场中的“业主子系统－业户子系统－中介子系统”3个基本组织单元组成。3个子系统按照一定的规则运行并发生联系，形成了国家地质工作的运行。

（1）业主子系统

业主子系统是管理实施国家地质工作的组织系统，其职责是对国家地质工作的“规划、规则、资质、标准、成果”的管理。通常情况下，国家地质工作的管理是在国家地质工作规划的部署下，通过项目的组织实施来实现的。

业主子系统由二级管理机构、业务支撑机构和与使用地质成果资料的行业部门或社会组织进行沟通的机构构成，共同协调实现业主子系统的职责功能。在业主子系统中，管理职责的履行是主要的，其他职责则是围绕管理进行支撑和配套的。

（2）业户子系统

业户子系统是具体承担地质调查项目的专业组织，具有经过资格认证的专业资质，按照项目任务书和项目合同的要求，组织实施项目的完成。业户的管理，更多的是项目的实施管理，其目的是“用最低的投入和最短的时间完成合同规定的项目任务”。通常情况下，业户子系统单位应当是企业性质的，具有经营的行为，以盈利为目的。因此，这类单位的内部组织一般应由经营管理的职能部门、具体负责项目实施的项目组织和保障项目实施的辅助部门组成。

（3）中介子系统

中介子系统是存在于市场环境中，为业主和业户提供各类服务的社会组织。市场经济越发达，中介组织越发达；中介组织的功能越完善，提供的服务越全面。实践表明，凡是由中介机构来完成的工作，其成本低于自身管理的成本，或者凡是由中介机构进行工作的客观公正性高于自身的管理。在可能的条件下，凡是可以由中介机构承担的工作，均应委托中介机构来完成。

中介机构是否在国家地质工作运行中发挥作用，标志着国家地质工作体制设计的

先进与否，同时也是国家地质工作的运行体制是开发系统还是封闭系统的标志之一。

2. 纵向组织系统

纵向组织是由层级构成的系统，在这个组织系统中，中国地质调查局是一级组织，中国地质调查局设置的次级管理机构是二级组织，具体承担地质调查项目的地调单位是三级组织，对于国家地质工作而言，第三级的组织没有国家地质工作的管理职责，仅仅是项目组织实施的管理。

3. 系统层次功能

不同的组织分级，其在成果上所发挥的作用不同。一级组织对于项目成果而言就是成果中心，围绕成果建立健全管理的职能；二级组织则是保证项目顺利实施的保证中心，围绕项目实施过程的经费、质量监控建立健全管理功能；三级组织是地质调查项目的具体实施，围绕项目的质量成本建立健全管理。

地质调查项目往往是由一个多级项目构成的比较复杂的项目体系，不同级次的项目，其项日成果的内容、表达方式、成果的形成方法均不相同。一级项目的成果以满足国家需求为中心，以综合性的图件、完善的数据库和系统的总结分析报告为主要表达形式，成果的形成方法则以整装集成为主；二级项目的成果内容是区域成果按地域、专业或应用领域的汇总，起承上启下的作用；三级项目的成果内容是地质调查项目的技术报告。

纵向组织系统的设立与项目体系的纵向分级必须保持一致。大型地质调查项目往往是由一个多级项目构成的比较复杂的项目体系，项目的分级应与组织系统的分级相吻合，才能保证项目的有序实施。

（三）国家地质工作运行机制的设计

目前情况下，国家地质工作的运行，是以地质调查项目的实施与管理为主要表现形式的，因此，在国家地质工作规划的指导下，把国家与社会对地质调查的真实需求转变成项目的立项机制，对项目实施过程进行监控机制，对项目成果进行汇总、集成、整装和应用的成果机制，构成了国家地质工作运行机制设计的主要内容。

应该指出的是，在组织实施国家地质工作规划的过程中，开展工作部署的战略研究具有十分重要的意义。通过战略研究工作，分析总结需求的方向和领域，确定地质调查工作目标和方向，协调各类项目、各种专业、配套技术和方法的部署，制定制度、程序和标准，配置一切可以调动的资源，组织实施国家地质工作。

1. 立项机制

立项，就是把国家和社会对地质调查的真实需求，按照项目的要求形成技术经济可行的地质调查项目。一般情况下，项目形成的过程应经过以下程序。

（1）需求调查

地质调查不仅仅是用来解决地学领域需要解决的基础专业技术理论问题，国家和社会的需求是地质调查项目形成的基础。或者说，地质调查有明确的服务领域和对象。在计划经济体制下，地质调查与需求的连接，靠的是计划安排，在计划安排的过程中，根据需要安排地质工作，交给专门的地质部门来组织实施。在市场经济体制下，旧体制下形成的计划安排的供需关系已经不复存在，及时地掌握、了解、分析、研究国家与社会对地质调查的需求，是地质调查立项的前提。这一需求，应该是真实的需求，是经过使用地质调查成果资料部门或组织书面认同的需求，不是想当然的需求。因此，应设立专门的组织和配备专门的人员，开展对需求的调查了解和分析研究工作。

（2）项目目标

将需求转变成项目目标和任务。众所周知，地质调查是一项前期的基础性工作，超前开展地质调查工作是需求对地质调查的基本要求。比如说，国家某项重大工程项目已经开工了，我们才立项，就失去了地质调查的作用和功能。因此，在调查的基础上，要综合分析研究需求的方向趋势，预测未来的需求。例如，某矿业公司的情报机构，安排专人分析研究未来矿业市场对矿产资源的需求趋势，预测 8 年以后矿产品的市场价格，据此安排现在的矿种勘查。

（3）项目方案

根据项目目标确定可行的实现目标的技术路线和经济方案。把需求转化为项目目标，仅仅是把现实的需求转变成科学的设想，需求以及在需求的基础上得出的项目目标都不是项目，要确定实现项目目标的技术方案和经济方案。

（4）项目论证

论证项目技术经济方案的可行性。项目论证由立项人或立项单位组织，也可委托中介权威专业机构进行论证。

（5）项目建议书

将经过论证的项目目标、任务、技术路线、经济方案等方面的内容形成项目建议书。项目建议书一般有固定的格式要求。

（6）正式立项

将项目建议书正式上报项目批准机构。

项目的立项往往需要经过自上而下和自下而上两个程序，完成一个项目立项的闭合过程。自上而下是告知项目要求、方向、规模的可能过程；自下而上是项目实现目标技术经济的可行过程，只有“可能”与“可行”达成了统一，才真正完成了项目的立项过程，形成了可以组织实施的地质调查项目。

2. 成果机制

所谓成果机制，就是地质调查成果的获取、整理、保存、使用整个过程的管理机

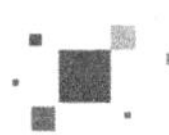

制。地质调查成果的信息属性，决定了地质调查成果管理的特殊性，它与一般的工程项目成果不同，如修一座桥、盖一幢楼，完工以后经过验收就可以交付使用。而地质调查成果包括原始资料、图件、数据、报告、实物等，这些成果往往需要根据不同的需求进行进一步的汇总、集成、整装和综合研究等加工过程，才能提供给政府或社会组织使用。否则，对于专业性很强的技术研究报告，除了少数专业人员可以使用以外，多数非专业的人员无法看懂并有效地使用地质调查成果。目前，需要建立的成果管理机制主要有以下几个方面。

（1）成果评估机制

如何对地质调查成果进行有效的评估，或者说建立一个什么机制来有效的评估地质调查成果的价值，是一个仍然没有解决的问题。目前通行的做法是：邀请专家学者组成评审组，根据任务书和相应的技术要求对项目过程和技术报告给出一个结论性的评语，即表明一个项目的终结。这一评审存在两点缺陷：一是专家的评审，只能表明项目成果技术上的完成，并不代表该项目就能在现实社会经济中得到很好的应用；二是缺少用户的“验收”。

建立地质调查成果评估机制，就是要在专家评审验收的基础上，建立用户反馈信息系统，用地质调查成果使用的次数、人数、应用的范围、用户的评语，来评估成果的价值，按年度进行成果的评估。

（2）成果定购机制

建立项目供需合同关系，形成项目成果的定购机制。只有确定了项目成果的定购机制，才能在体制的运行中以经济和成果质量的标准确定地质调查成果的供需关系，才能从根本上解决调查与研究在体制内部的有机结合，才能理顺体制运行的各种关系。成果定购机制的主要方式为合同契约，书面约定供需双方的权利、义务、承诺和成果要求。根据项目的来源不同，主要有以下两类定购：

①国家定购以国家专项为主，各级政府部门也可以定购的方式获取政府需要的成果资料。国家定购的地质调查成果，包括实施地质调查过程中按照相关规范标准取得的原始资料、实物资料和矿权均归属国家，由国家相关政府部门使用。

②社会组织定购企业、事业等社会经济组织根据自身发展或经营的需要，可以定购的方式获取地质调查成果资料。

（3）成果共享机制

基础成果的社会共享是公益性地质调查的特征之一，信息技术的发展为地质成果实现最大限度的社会共享提供了有利的工具和手段。通过成果共享的机制，可以达到以下目的：

①为政府规划管理提供决策依据和政策建议；

②为企业开展与地球科学相关的经营活动提供基础的技术咨询和资料数据，降低经营的风险；

③为科学研究提供基础资料；

④提高民众对自然地质现象、灾害、资源等与人类活动息息相关的地球科学知识的认知水平；

实现成果共享的途径很多，目前可以使用的方式主要有：

①互联网：互联网为地质调查成果共享提供了便捷、快速的工具，所有接触和使用互联网的个人或组织，均可以利用互联网使用公开的地质资料、数据、图件，可以了解地球科学知识，解答公众提出的问题，收集公众信息，形成与公众的互动平台。

②数据库：分专业数据库和综合数据库，前者是经数字化处理以后的地质调查成果文档和专业数据，提供给专门使用的部门和企业；后者是经过综合整理以后提供社会使用的数字化的综合图件、综合报告和分析数据。

③成果公报：利用公报的形式定期发布地质调查成果。成果公报必须由代表国家的政府发布。

④成果报告：公开出版发行的各类地质报告或专著。

⑤报刊杂志：对于地质调查研究取得的成果和认识，可以通过报刊杂志随时发表论文、报道，利用公开媒体使成果实现共享。

⑥陈列馆：以实物、图片、影像等形式为公众提供认识地球、了解地质工作的科普性质的场所。

⑦成果发布会：定期或不定期地举行，由政府部门、社会各界、公开媒体和地质调查单位参加。

3. 项目沟通机制

开放系统需要建立沟通的机制，才能保持系统的正常运行。所谓项目沟通，是以项目为目的在体制内部、体制与外界各类组织或个人的交流和信息的互换，在沟通中取得共识和认同。在社会主义市场经济条件下，加强与政府部门、社会组织的沟通，对于保证国家地质工作体制的正常运行具有非常重要的作用。了解需求需要沟通，取得共识需要沟通，提高国家地质工作的社会地位、树立地质调查的社会形象，都需要进行方方面面、上上下下的全方位沟通。展开来说，沟通是现代社会进行一切社会经济活动的重要手段。

①在组织机构中应设立专门的公共关系部门，承担与外界的沟通联系。这一沟通联系不同于行政事务的日常办理，而是组织以项目为核心与外界的沟通，包括与经费预算批准部门、使用成果的政府部门和社会组织、公民信息的反馈等。

②在使用地质成果的如冶金、能源、交通、水利、农业、环保、科技等政府主管部门设立特派员或办公室，即时了解部门的需求。

③开展供需见面会、成果发布会、交流研讨会、社会调查等多种形式，创造沟通的环境和机会。

④合作开展地质调查研究工作，也是沟通的较好形式之一。

4. 项目实施过程的监控机制

项目实施过程的监控管理，完全可以按照项目的过程进行标准化、规范化和程序化管理。从业主的职责对项目实施过程的管理，重点强化以下几个方面的环节：

①标准制定包括技术标准、管理标准、预算定额标准、程序和要求等内容。

②资质管理包括地质勘查资格认证、ISO-9000 质量管理体系认证、项目负责人资格认证等从业资格和资质的认定管理。

③培训重点是职业技能、规范标准、技术方法的交流与培训。

第二节　项目与项目管理的一般概念

一、项目的一般概念

项目并非是一件让人感到陌生的东西，更不存在如何深奥的内容。自从人类开始合作为自己建造能遮风避雨的居所或合作狩猎、种植作物以来，就出现了项目和项目管理。古代中国的长城、埃及的金字塔，现代中国的葛洲坝、美国微软公司的视窗，都是项目和在项目的管理下完成的工程，只不过在当时的生产力水平条件下还不可能形成像今日这样完善的项目理论，更不可能具备像今天这样的现代项目管理技术和方法。但是，一直到了第二次世界大战，项目管理才作为一个正规的学科出现了。如建造第一颗原子弹的曼哈顿计划，一直被认为是第一次采用现代项目管理技术进行管理的项目。项目管理经过 50 多年的发展，已经逐渐从仅有的少数人所知，发展到了成为在国际上一种公认的职业，出现了研究生学位的教育和多层次职业资格认证。尤其是 20 世纪 90 年代以来，项目管理的应用领域飞速扩展，从原来的建筑、土木工程、航天航空和国防工程的传统领域，迅速扩展到了政府部门和整个制造业，目前几乎各行各业都与项目管理有着密不可分的关系。以成立于 1969 年的美国项目管理学会 PMI 为例，在 20 世纪 80 年代期间只有一个规模和影响力较小的非盈利性国内机构，而目前却已发展成为拥有分布在全球几十个国家、7 万多会员、数十个专业分会、近 3 万名具有资格认证的项目管理专家组成的大型国际化组织。美国著名的《财富》杂志就曾预言，项目管理是后工业化时代的首选职业。

项目包容的范围和内容很广，从古到今、从国内到国外、从天上到地下、从实物工程到科学研究、从政府规划到企业开发，几乎所有社会经济建设性的工作都可以表述为项目的形式并运用项目管理的理论和方法进行实施。当今社会，大到三峡工程的建设、卫星的研制发射，小到一栋楼房的建设、房屋的装修等都是项目。

（一）项目的定义

不同的组织从不同的角度和需要，提出了不同的项目定义：

1. 投资的角度

如联合国工业发展组织《工业项目评估手册》对项目的定义是：“一个项目是对一项投资的一个提案，用来创建、扩建或发展某些工业企业，以便在一定周期时间内增加货物的生产或社会的服务。”世界银行则认为：“所谓项目，一般是指同一性质的投资，或同一部门内一系列有关或相同的投资，或不同部门内的一系列投资”。

2. 建设角度

如我国建筑业对建设项目的定义是：“在批准的总体设计范围内进行施工，经济上实行统一核算，行政上有独立组织形式，实行统一管理的建设单位”。

3. 综合角度

《现代项目管理学》一书认为：“项目是在一定时间内为了达到特定目标而调集到一起的资源组合，是为了取得特定的成果开展的一系列相关活动”[1]，并归纳为“项目是特定目标下的一组任务或活动”。《现代项目管理导论》一书对项目的定义是：“项目是完成某些特定指标的一次性任务”[2]。项目是指组织中所有具有一次性、有头有尾而非持续性的工作，或项目是为了达到一个特定目的而将人力资源和其他资源结合成一个短期的组织，根据这种理解，项目是一种生产或者工作的组织方式，企业中的生产活动和任何组织中的工作活动都可以按照项目或非项目方式来组织。

综上所述，项目广义的定义是：在一定的预算范围和一定的时间内，需达到预定质量要求的一项一次性任务。

（二）项目的特征

项目之所以成为项目而不是一般的活动，是因为项目具有区别于其他活动的特征。归纳起来，有以下几个方面：

1. 独特性特征

任何一个项目之所以构成项目，是由于它具有区别于其他任务的特殊要求，或者名称相同，但内容不同；或者内容相同，但要求的对象不同，一个项目必是为了达到某个特定的结果而开展的工作。

2. 短期性特征

它是指项目不是正在进行的工作，而是有一个明确结束点的一次性任务。即从项目整体而言，任务完成，项目即告结束，没有重复。由于结束点一般以项目目标实现

1 卢有杰．现代项目管理学 [M]．北京：首都经济贸易大学出版社，2004.03.

2 邱菀华．现代项目管理导论 [M]．北京：机械工业出版社，2009.08.

的时间为限，因此称作为短期性。项目的短期性并不意味着项目实施的时间很短，如国土资源大调查项目就是一个实施时间（项目周期）为10年的项目。每天正常的生产任务等重复性操作的活动是项目中的运作，本身并不能构成项目，如产品研制项目实施过程中进行的大量产品试验工作等。

3. 多目标性特征

项目的总任务是单一的，而项目的具体目标如时间、质量、成本等则是多方面的。项目的具体目标是项目总任务的有机分解，任何与项目任务无关的目标，不能人为地强加于项目。

4. 寿命周期性特征

任何项目都有寿命周期，不同项目的寿命周期阶段划分不尽一致。一般的项目周期划分为立项、设计、实施、完工4个阶段。

（三）项目的内容

项目包容的范围很广，简单地讲，只要具备上述特征的所有任务均可以成为项目。世界银行认为，项目包括有形的，如土木工程建设项目；也包括无形的，如培训和调研等，国外有的把一场政治竞选活动也设计成项目进行管理。因此，可以从两个方面考察项目的内容。

①从项目的分类可以大致了解项目所涉及的范围，目前已有的分类用表1-1示意，可以看出项目几乎覆盖了所有的领域和环节。

表1-1 广义项目分类示意表

按项目的产业类型	工业型、农业型、商业型、服务型等
按项目的服务对象	科研型、生产型、生活型、服务型等
按项目的规模	超大型、大型、中型、小型
按项目的期限	长期项目、中期项目、短期项目、应急项目
按项目的参与程度	单一项目、协作项目、合作项目
按项目的区域性	地区项目、跨地区项目、全国性项目、国际性项目
按项目的资金来源	国家项目、地方项目、独立项目、合资项目
按项目的投资特点	基本建设项目、技术改造项目、生活性项目、生产性项目、新建项目、改建项目、银行贷款项目、自筹资金项目等
按项目的性质	公益项目、盈利项目、风险项目等
按项目的形态	有形项目、无形项目

②从项目的要素可以大致了解任何一个具体项目的内容。项目的要素很多，但基本要素是：时间、资源、组织、技术经济方案和施工方案。把这些基本要素展开，如《现代项目管理导论》一书给出了包括 42 项之多的项目知识体系（表 1-2）。

表 1-2 项目知识要素体系

1. 项目与项目管理	22. 项目组织
2. 项目管理的运行	23. 团队工作
3. 通过项目进行管理	24. 领导
4. 系统方法与综合	25. 沟通
5. 项目背景	26. 冲突与危机
6. 项目阶段与生命周期	27. 采购与合同
7. 项目开发与评估	28. 项目质量管理
8. 项目目标与策略	29. 项目信息学
9. 项目成功与失败的标准	30. 标准与规范
10. 项目启动	31. 问题解决
11. 项目收尾	32. 项目后评价
12. 项目结构	33. 项目监理与监督
13. 范围与内容	34. 业务流程
14. 时间进度	35. 人力资源开发
15. 资源	36. 组织的学习
16. 项目费用与融资	37. 变更管理
17. 技术状态与量化	38. 项目投资体系
18. 项目风险	39. 系统管理
19. 效果量度	40. 安全、健康与环境
20. 项目控制	41. 法律与法规
21. 信息、文化与报告	42. 财务与会计

二、地质调查项目

（一）地质调查项目的定义

我国承担地质调查项目的单位全部是地勘单位，计划体制管理的色彩浓厚。因此，我国的地质工作实行项目管理较之工程建设等其他领域起步较晚，20 世纪 80 年代初开始有人探索在地质工作的管理中引进项目的概念和项目管理，到了 80 年代末，在实际的管理中才正式实行了项目管理。当时正值地勘体制改革的过程，尽管实行了项目管理，但是在项目管理的理论、原则、技术和方法的探索上缺乏系统性，多是采取借鉴或跟进的方式，并且项目的管理与单位组织的管理没有从理论和实际操作两个层面进行梳理和整合。因此，地质调查项目的管理并没有形成能够坚持始终的主线条、主思路的管理框架。

地质调查项目是项目分类中的一类，首先应符合广义项目的定义，然后才是地质调查的特性和规律，不能以地质调查的特殊性而否定了地质调查的项目广义定义，否则，地质调查无法运用项目管理的理论、技术和方法，更没有必要仅仅借了项目和项目管理之名，而实质仍然是按照单位组织管理的方式和制度进行着项目的管理。

如果给地质调查项目下一个定义的话，用项目的广义定义就够了，至多套用广义的项目定义总结出地质调查项目的定义，即：

根据国家社会发展和经济建设的需求，经过规定立项程序形成的，在批准的总体设计、一定的周期、一定的预算范围内，需要达到质量要求的一次性地质调查任务。

（二）地质调查项目的特征

地质调查项目具有项目的普遍特征，作为一类特殊的项目，具有自身特有的一些特征。其具体表现为：

①地质调查项目的结果（或产品）表现形式不同于一般的项目，如基建工程项目的结果是一栋楼、一条路、一座桥，而地质调查项目的结果是图、表、数据和文字表达的地学信息。如对矿产资源的勘查项目，就是使用工程技术手段探明地下埋藏的矿产的赋存状态（位置和矿体的形态）、数量和质量，并用地质报告表述出来。因此，地质调查项目的完工，地质报告包括图件和数据是有形的，但是报告所表达的地质内容是无形的，在图上标记的矿体，在没有开采之前是看不见也摸不着的。地质调查项目成果的这一特征，表明地质调查工作的超前性质，其成果是为需要这种资料的用户提供一个基础的信息依据。

②地质调查项目实施过程的针对物是自然或自然的衍生物，是自然存在的客观地质体，是利用地质理论、技术和方法对这种地质体的认知。通俗地讲，是把已经存在但人们尚未认识了解的地质体通过地质调查项目的实施把它具体地表述出来。确切地讲，地质调查项目的实施过程，是对自然地质体和地质体生成发展规律的认识和发现的过程。这一特征表明，地质调查项目与一般的工业项目是有区别的。

③地质调查项目所使用的资源具有非普遍性特点，因此成本较高。地质技术人员需要专门培训的专业人员，才能从事地质调查项目工作，实验测试需要满足对地质现象和岩石矿物的鉴定、分析，工程施工、物探、化探等技术、方法、手段都是为探知地质体而专门设计的工艺技术，无法从社会上获得，也无法提供社会共享。

④地质调查项目的实施过程往往是一次性的，无法运用常规的监控技术和方法来保证项目成果的质量，因此，对地质技术人员的从业职业道德有较高的要求。如在海拔 5000m 以上的地质调查路线，地质技术人员所走过的路，观察和描述的地质现象，采集的地质样品，可能是人类历史上的第一次，以前没有、今后也不会有人重复进行类似的调查研究。

⑤地质调查项目受地质规律、地质工作规律和经济规律的三重制约。实施地质调查项目，毫无疑问要按地质规律办事，如在火成岩体上不可能部署找煤的地质调查项目，

受层控的矿产不能沿构造带布置探矿工程等等，更重要的是要按地质工作规律立项和实施项目。如前所述，地质调查是对未知地质体和地质现象的调查研究过程，应遵循“从点到面、由表及里、由浅部到深部、由已知到未知”的认识规律部署实施地质调查项目，否则会造成重大的经济损失。仅有地质规律和地质工作规律还不行，还要符合经济规律，才能保证地质调查项目的技术、经济和社会效果。首先是地质调查项目的需求调研，没有需求的地质调查项目，成果质量无论多好也没有价值，项目的所有投入都是无效投入，是资源的最大浪费，因此，杜绝或减少没有需求的地质调查项目是今后地质调查项目管理的首要职责之一。其次是在目前的经济技术条件下项目的技术经济可行。超出了经济承受能力和时间的要求，再好的科学设想和技术设计也无法进入实施，没有科学、创新的技术设计和路线，再多的投入也不会做出先进的成果。第三是项目的成本控制，以最低的投入取得最好的成果，应是始终遵循的一条经济原则。

（三）地质调查项目与区域经济

经济全球化是当今世界经济发展的重要特征之一。在经济全球化过程中，国界的概念在商品生产、流通和经济的交流上渐渐模糊起来，相应地，区域经济的概念突显得重要起来。珠江三角洲经济区、长江流域经济区、环渤海经济区等在地缘经济和资源经济上占有明显的优势，由于持续的高速经济发展，已经形成了一个经济区域的概念。在同一个经济区域内，社会经济的发展阶段基本处于同一水平，而互补性的发展要求，使得经济区内的不同地区和企业加强相互之间的联系与合作。环渤海经济区市长联合会就是在这种形势下成立的区域性地方政府之间建立沟通联系的一个协作组织。

地质调查的经济属性决定了地质调查规划和部署应与区域经济的规划发展相一致。因此，地质调查工作应按经济区域进行规划，形成项目体系，按需求的专业设置次一级的项目来开展具体的工作，形成“以块为主，条块结合”的地质调查规划部署格局。

（四）地质调查项目的体系

项目体系就是项目树，或者称之为项目群、项目束。总之，是项目的有机分解和构成。任何一个项目都可以形象地想象为一棵树，由树干、支干，一直到枝叶构成了一棵完整的树的有机体。在这个有机体中，树干有树干的功能，枝叶有枝叶的作用，各自功能的有效发挥，保证了树的正常生长。项目的分级节点就是项目的管理点，一级项目构成项目的一级管理。

在项目树构成的过程中，应注意以下几个环节的问题：

①项目树的分解实际上是项目任务目标的分解过程，一直分到无法构成项目为止。对于地质调查项目而言，一般能够分解到三级或四级。

②用综合研究项目的设立来实现不同级次项目之间的连接。

③为项目任务目标的完成所需的配套、辅助或研究，在同一级次下单独设立配套

的项目，如在二级项目级次下设立的配套专题研究项目，在一级项目的管理下开展工作，与同级次下的其他项目不存在横向上的管理关系。

三、地质调查项目管理

（一）地质调查项目管理

简单地讲，项目管理就是对项目进行管理，如果让项目经理回答这个问题，他会简答为："按项目设计的工期、按预算、按要求完成任务。"美国项目管理学会（PMI）给项目管理下的定义是：项目管理就是把各种知识、技能、手段和技术应用于项目中，以达到人们的需要和期望。

项目管理与传统的按部门或专业分工管理相比，其最大的特点是注重于全面综合管理，注重项目的目标、整体效益、领导和团队建设，其特点有：

①项目管理是以项目为对象的系统集成管理方法，通过组建专门的、柔性的、高效的团队组织，对项目进行高效率的计划、组织、指导和控制，以实现项目全过程的动态管理和项目目标的综合协调与优化。比如项目管理中使用的三维管理即是一例：时间维管理——把整个项目的生命周期划分为若干个阶段管理；知识维管理——针对项目生命周期的各个不同阶段，采用和研究不同的管理技术方法；保障维管理——对项目人、财、物、技术、信息等的后勤保障管理。

②项目管理贯穿于项目的整个生命周期，对项目的整个过程进行管理。它是一种运用既有规律又经济的方法，对项目进行高效率地计划、组织、指导和控制的手段，以便进行精确的时间、费用和人力的预算控制，并对技术、风险进行管理。

③项目管理是以项目经理负责制为基础的目标管理。通过合理的目标分解，使得组织的战略目标以从来未有的方式深入人心，落实到组织中每一个成员身上。而合理的授权、分工与合作是确保这些目标能够实现的根本保障。

④项目管理的柔性组织提高了灵活性和效率。项目管理的另一个明显特征就是其组织的特性，表现在以下几个方面：一是项目管理的突出特点就是项目本身作为一个组织单元，围绕项目需求来组织资源，避免了资源的闲置和浪费；二是项目管理一般采用矩阵型的组织结构，与传统的直线职能结构相比，有利于组织各部分的协调与控制，提高了灵活性和效率；三是项目管理的组织和管理方式是柔性的，即是可变的。项目组织打破了传统的固定建制的组织形式，而是根据项目的生命周期在各个阶段的具体需要，适时地调整组织的配置，采用非正式的管理模式，以保障工作和组织的高效、经济运行。

⑤项目管理通过创建高效率的团队和经常性的团队建设，创造和保持一种使项目顺利进行的环境，使置身于其中的人们能在集体中一起工作，以完成预定的使命和目标。这一特点说明了项目管理是一个管理过程，而不是技术过程，处理各种冲突和意外事

件是项目管理的主要工作。

（二）地质调查项目管理的基本内容

项目的管理，主要是项目的技术和经济两大部分的管理。项目的技术管理，是将项目任务目标转换成项目的技术路线和技术方案，而经济方案则是技术方案的经济表达。在项目管理过程中，项目过程的控制构成了项目管理的基本内容。依据 ISO-9000 质量管理体系对项目过程的控制进行管理，其地质调查项目由 7 个主要过程组成：①立项与初审；②设计编写与审查；③野外作业与综合研究；④报告编制与审查；⑤资料归档与汇交；⑥项目终结；⑦信息反馈。

上述 7 个过程中，其管理的关键点有以下几个方面：

1. 项目设计

包括项目的技术设计和经费预算，二者是相辅相承的，是项目的两种表述形式。一般情况下，技术设计在前，根据技术设计的要求编制经费的预算设计。

2. 项目人员组成

确定项目技术、经济负责人，根据项目需要择优选择各类专业技术人员和服务管理人员，项目团队是保质保量完成项目的关键要素。如建筑类工程项目部对其人员组成就有明确的规定，除项目经理外，必须配备具有资格证书的技术员、测量员、材料员、安全员、预算员等“五大员”，方允许承揽项目施工。

3. 项目预算控制

项目批准的预算是项目经费控制的主要依据。作为承揽项目的单位，承担项目是以盈利为目的，因此，根据项目设计质量要求，项目单位往往根据自身的管理水平和定额标准制定项目的执行预算，即确定项目的成本费用，并对其进行控制管理。

4. 项目周期控制

项目周期是项目管理中的一个重要指标，必须在设计的时候将各项工作按照一定的技术进行时间的合理安排，并实施控制管理，即所谓的工期。

5. 项目实施过程的控制

重点保证原始资料的真实性、客观性、代表性，整个项目实施的规范性，最终目的是保证成果的质量。

6. 成果控制

由于地质调查成果的特殊性，地质调查项目管理的成果控制是管理要素中的关键环节。项目成果包括三大部分内容：①原始资料（包括收集整理的资料）。②成果报告（包括数据库）③实物资料（包括应用软件）。

四、项目需求调查预测方法

对地质调查项目的需求进行调查和预测，其目的是为了使地质调查项目从立项伊始就有一个明确的服务领域或对象，用科学的方法，从根本上解决地质调查成果服务于社会发展和经济建设的问题。总体上讲，地质调查项目的需求调查和预测，就是综合分析收集的各类数据或信息，确定并预测国家和地方对地质调查的总体需求方向或趋势，找出地质调查的重点服务领域，通过契约的形式确定具体的服务对象和服务内容，转化成地质调查项目来进行部署和组织实施。

项目需求调查，就是从调查总体中抽取部分样本进行调查，用所得的结果来说明总体情况的调查。总体是指项目需求调查人员根据一定的目的而规定的所要调查对象的全体，总体是抽样调查的母体，是调查人员限定的最大调查范围，而样本则是从总体中抽取出来的所要调查对象的全部，是抽样总体的简称。抽样调查是项目需求调查中普遍采用的科学调查方法。地质调查项目的需求调查通常采取的调查方法有：抽样法、观察法、访问法和实施法等方法。

（一）随机抽样调查法

随机抽样就是按照随机原则抽取样本进行调查。随机抽样应排除人为的主观因素，在确定的调查范围内，尽量保证抽取的样本均匀地分布于各类调查对象，并计算抽样误差，以保证调查结果的可靠性。

所谓抽样误差是一种平均误差，是随机抽样中必然产生的误差。影响抽样误差的因素有三：一是样本单位数的多少，样本单位数越多，抽样误差越小，反之越大，呈反比关系；二是总体各单位之间标志的差异程度，差异越大，抽样误差越大，反之越小，呈正比关系；三是选择的抽样方法，不重复抽样的误差比重复抽样的误差小。

抽样误差的表达公式为：

$$\Delta_x = T \times \mu_x$$

式中：Δ_x——允许的抽样误差，通常称为允许误差；T——概率度，定义为抽样误差的倍数。

在需求调查中，把用标本指标推算总体指标的把握程度称之为置信度，置信度与调查精度呈反比。当需要确定调查样本的容量时，一种方法是经验法，基本的原则是在条件允许的情况下尽可能多地选取样本，样本容量越大，越能反映总体情况，亦即抽样误差越小。另外一种方法是计算法，其基本公式：

$$n = \frac{t^2 \delta^2 N}{N\Delta_x^2 + t^2 \Delta^2}$$

式中：t——置信度；δ^2——总体方差；N——总体单位数；Δ_x——允许误差。

（二）非随机抽样调查法

所谓非随机抽样，就是不遵循随机原则从总体中抽取样本，而是从调查人员的个人意愿出发通过任意抽样、判断抽样和滚雪球抽样的方式选择调查单位，经常是用抽取的样本推断总体的情况。在调查总体比较模糊或者在占有的资料不是很充分的情况下，往往采用非随机抽样调查法，这种情况通常是在调查的介入早期，科学依据相对差一些，调查的精确程度主要取决于调查人员的经验。

地质调查项目立项前期的可行性研究过程中对需求的调查，到目前为止仍然以非随机调查方法为主，远没有达到随机的程度，这与长期以来地质调查项目的计划安排方式和习惯有关，从机制和制度上弱化了需求调查的科学性和组织性。对项目需求的认识和掌握，主要依赖于项目管理或技术人员个人的经验和见识，是一种非常感性、笼统、模糊的认知，当项目任务明确了以后，再根据项目既定的目标选取典型事件，反过来说明对地质调查的需求。因此，从严格意义上讲，这并不是项目立项前期的可行性研究，而是与项目目标进行事后印证的一种逻辑推理。

非随机抽样调查的方法主要有：

1. 任意抽样

就是调查人员随意抽取样本。例如，在某个地方发现了一条地裂缝，就根据这个线索推断可能引发的地质原因，并就此立项开展地质工作。这种方法简单易行，省时省力，但偏差较大，往往所知事件的意义大于代表意义。

2. 判断抽样

就是调查人员根据自身的经验作出的主观判断来选取样本。这种抽样方法，其代表性和注重的内容往往取决于调查人员的个人兴趣和专业，容易忽略调查人员个人兴趣和专业以外的内容。如我是搞矿产的，那么调查抽取的样本与资源相关的内容要多一些，与环境、经济的可能就少，不利于从经济、技术和可持续的角度全面考察需求的总体情况。

3. 滚雪球抽样

就是从少量样本单位中获取更多样本单位的信息。其方法是，先将样本单位根据性质或内在联系进行简单分类，在分类后的样本单位中分别抽取样本，每类的抽样组合到一起，就可以代表样本的总体。然后再增加样本的抽取，使调查的结果更趋于样本的总体。

（三）访问法

也称为收集资料法，是需求调查常用的方法之一。把调查的目的设计成严密的问卷，或者直接进行面谈询问。通常采用的方法有：

1. 面谈法

就是调查者与被调查者面对面地进行交谈或问询相关事宜，获取调查需要的信息和资料。根据调查的规模和需要，面谈可以是个人访问，也可以是小组访问；可以隐蔽调查目的，也可以直接告知调查的目的。面谈调查效果的好坏取决于调查者的交际能力，对调查人员的综合素质要求较高。

2. 借阅资料法

就是借阅调查所需的相关资料。能否借阅到调查所需的资料，取决于资料是否保密、调查者与被调查单位的关系，对调查必需的资料，有的时候可以购置，如数据等；有的需承诺，如保密、交换资料等。

3. 邮寄调查法

就是将事先拟好的调查问卷邮寄到被调查者的手中。这种方法的好处是调查的范围广，缺点是回收率低，调查周期长，地质调查的需求调查一般不采用问卷邮寄的方式，了解公众对地学的认知程度，可以采用该种方法。

（四）直接调查法

直接向地质调查成果的需求者调查需求意向。这种方法应是地质调查单位主要采取的方法之一，就是与政府部门、企业和社团组织建立经常性的沟通机制，直接从上述部门或组织获取对地质调查的需求信息，并达成需求或合作的意向。

（五）经验判断法

依靠调查预测人员的经验，对预测对象的各种因素加以综合分析并作出预测的判断，适用于预测对象环境因素变化比较激烈的情况。

1. 个人判断

参与预测的人员各自独立地进行判断，然后把各人的判断结果加总而得到预测的结果。其计算的公式是：

$$\text{预测值} = \frac{\sum_{i=1}^{n} E_i}{n}$$

式中：E_i——预测人员的期望值；n——参与的人数。

2. 专家会议

邀请专家开会讨论，对未来的需求作出判断，如需求分析会、研讨会等。

3. 德菲尔法（专家意见法）

德菲尔法是美国兰德公司的研究人员创立的一种定性预测方法，在缺少资料的情况下，这种方法实用有效。德菲尔法认为，理想参与预测的专家人数为 20 ～ 30 人，人数太低不具统计意义，太多则统计工作量太大。并且专家提出的意见不得署名，每经过一轮汇总后将意见反馈给每一位专家。经过几轮以后，能够使意见趋于一致，其缺点是比较费时。

（六）时间序列法

根据过去数据中的因果关系预测未来的需求数值，时间序列分析的具体方法较多，用起来简单易行。

1. 算术平均法

把资料期中各实际数据的平均值作为下一期的预测值，在各资料期内，数据随着时间的推移变化不大时，常采用此方法进行预测，计算公式为：

$$\bar{Q}=\frac{\sum_{i=1}^{n}q_i}{n}=\frac{q_1+q_2+\cdots+q_n}{n}$$

式中：$\bar{Q}$——预测值；q_i——第 I 期的实际数值；n——资料期数。

2. 移动平均法

把算术平均改成分段平均，然后按时间顺序逐点推移，根据最后移动平均值预测未来某一时间的数据。基本公式为：

$$\bar{Q}_t=\frac{q_1+q_2+\cdots+q_{t-n+1}}{N}$$

式中：t——时间序列，t=N，N+1，T；T——时间序列的最后一点；N——每一分段内数据点的数目；$\bar{Q}_t$——第 t 周期的移动平均；q_t——第 t 周期的实际数值。

3. 加权移动平均法

在移动计算平均时，用权数标识出各期资料的重要性，求出加权以后的移动平均，其计算公式为：

$$Q=\sum C_iQ_i$$

式中：Q——预测值；C_i——第 i 期的权数，权数之和为 1；Q_i——第 i 期的实际数据。

（七）回归分析法

回归分析法是一种应用广泛的统计预测方法，是在占有充分数据的基础上，通过一元或多元线性回归分析，确定已知数据与未知因素之间的数学关系，来进行定量预测。

一元线性回归分析的基本公式：

$$Y = a + bX$$

式中：Y——因变量；a、b——回归系数；X——自变量。

其分析的步骤如下：

①首先确定自变量 X 与因变量 Y 确实存在因果关系，如果是线性关系，用线性解，不是线性关系，用非线性解，并且数据数量原则上应大于 20 个点。

②根据统计数据计算 A、B 两个回归系数。其公式为：

$$b = \frac{\sum XY - X\sum Y}{\sum X_2 - X\sum X_i}$$

$$a = Y - bX$$

第二章 地勘单位项目经济管理

第一节 经费核算的基础理论

一、统一项目经费核算的意义与依据

为规范和统一国土资源大调查地质调查项目经费核算，加强地质调查项目专项经费管理，为地质调查项目预算管理及预算标准的制定提供准确的会计信息，依据《事业单位会计制度》、《政府收支分类改革方案》和《国土资源调查专项资金管理暂行办法》等规章制度，制定的《地质调查项目经费核算暂行规定》，对地质调查项目经费的支出核算、经费报表和经费使用情况总结报告作出了统一的规定。

（一）统一项目经费核算的意义

1. 加强了地质调查项目专项经费管理，规范了项目经费核算

地质调查工作开展以来，由于国家尚未出台国土资源调查专项资金管理办法，中国地质调查局总结长期地质工作经费管理经验，参照地《地质勘查会计制度》出台了相关的地质调查项目财务管理办法和相关制度，保证了地质调查工作的正常开展。2004 年，财政部、国土资源部联合发布了《国土资源调查专项资金管理暂行办法》，对国土资源调查专项资金的管理作出了相关规定。由于地质调查项目专项经费管理办法出台较晚，加上项

目承担单位性质不同，造成项目经费核算工作不规范，核算形式五花八门，填报项目核算资料时，许多项目承担单位均采用分析填列，数据准确性差。《地质调查项目经费核算暂行规定》的实施，在规范地质调查项目承担单位经费核算、提高项目经费核算水平的同时，促进了项目 ' 承担单位财务管理工作水平的提高。

2. 减轻会计人员负担

《地质调查项目经费核算暂行规定》的实施，统一了地质调查项目经费核算，使经费核算运用会计电算化软件成为可能；经费核算在保证满足管理需要的同时，减轻了财务人员的工作量，提高了地质调查项目经费核算的工作效率。

（二）项目经费核算依据

地质调查项目经费核算是依据《事业单位会计制度》、《地质勘查单位会计制度》、《政府收支分类改革方案》和《国土资源调查专项资金管理暂行办法》等规定，结合地质调查项目管理实际需要进行经费核算。即：地质调查项目应按照国家财务会计制度和国土资源部、中国地质调查局有关地质调查项目经费管理的相关规定进行核算。

二、项目经费核算对象和原则

（一）项目经费核算对象

地质调查项目经费核算对象是财政预算下达的国土资源地质调查工作项目。工作项目既是地质调查的预算项目，也是地质调查的单元，是指独立编制设计，开展调查和研究工作，完成既定任务，并独立提交成果报告的地质调查单元。

会计凭证、会计账簿、会计报表中的地质调查项目名称，一般应与上级下达的地质调查项目计划的名称一致，不能随意更改、合并、拆分。

（二）项目经费核算原则

地质调查项目经费核算以满足地质调查项目管理、预算管理和内部管理的需要为前提，按照规定的开支范围和开支标准，严格划分各种费用开支界限，以实际发生的业务和合法的原始票据为依据。

三、关于地质勘查业的核算办法

地质勘查费用的补偿办法是解决地质勘查经费的来源问题，而地质勘查业的核算办法，是解决地质勘查经费形成后是如何使用和运行的，以及作为经济实体的地勘单位（原苏联也称地质勘查企业）是如何核算的。

其经济活动是按照“进款”、“收入”、“经济核算收入”和“分配”四个环节及程序运行的。具体内容是：

（一）“进款”

相当于我国地勘单位的总收入，包括各种生产经营活动的收入来源。在改革前，地勘单位的进款只限于完成指令性计划的国家预算拨款，改革后，其进款来源包括：①完成国家订货的地质勘探费拨款（指令性计划改成国家订货）.②完成的地质成果的横向收入（相当于我国的地质市场收入），③自己完成的建筑安装工程的收入，④多种经营的对外收入。

（二）“收入”

是指地勘单位劳动集体在生产经营活动中新创造的价值，相当于我国的“国民收入”，这也是地勘单位计算劳动生产率的主要依据。其具体计算方法是在“进款”总额扣除物化劳动（或叫转移价值）即为“收入”。扣除的物化劳动包括：①生产性和非生产性的原材料、燃料、动力、用品的消耗，②生产性、非生产性设备、仪器设施等固定资产的基本折旧,所有雇用外部劳务的费用支出;④生产经营活动的其他损失等。这些费用不是本单位所创造的收入，应予扣除。地勘单位计算劳动生产率的方法也是以这个“收入”为分子的，除以本单位职工平均人数。这不仅可以激励职工通过提高工作效率，多完成工作量，而且可以激励职工通过节约物化劳动、降低成本，提高劳动生产。

（三）“经济核算收入”

是指“收入”减去长期稳定的经济定额所规定的服务缴款之后所剩下的余额，相当于我国地勘单位的纯收入。所谓服务缴款包括：①向国家财政预算的缴款，包括向国家财政交付的生产基金（占用的资产）付费、劳动资源付费（按平均使用的职工人数）和自然资源付费；②地质部集中的定额提成基金缴款，按地勘单位“收入”的一定比例提取，③向银行支付的贷款利息。上述三种服务缴款反映了地勘单位同主管部门、同国家的经济关系。

（四）“分配”

是指对“经济核算收入”的使用方向。它一般是建立三项基金，即生产、科学技术发展基金，②社会发展基金（用于集体福利开支）；③劳动报酬基金。三项基金的比例由职工大会或职工代表大会决定。首先规定劳动报酬基金的增长必须低于劳动生产率增长的比例，超过比例的部分要划入生产、科学技术发展基金和社会发展基金之中。其次还通过对劳动报酬的基金征收超额累计制。即以上一年劳动报酬基金为基数，超过 3% 以内的免税，超过 3—5% 的部分，按 100% 的税率纳税，超过 5—7% 的部分拉 200% 的税率纳税，超过 7% 以上的部分按 300% 的税率纳税。

四、地勘项目经费管理及会计核算存在的问题

对于地勘项目经费管理及会计核算工作而言，主要是依照地勘项目特点，来核算管理地质勘查阶段产生的各种费用与成本，审核经费，对其进行分类、归集、分配等，提供相关数据，提升成本管理水平。通过加强地勘基金项目经费管理及会计核算，不仅能够促进资金的高效利用，还能有效控制项目财务风险。下面结合实践分析，探讨地勘基金项目经费管理及会计核算工作中存在的一些主要问题。

（一）地勘项目经费核算规范性不足

为了更好的保障与提升地勘项目经费使用效率，必须要对国家地勘项目经费核算，加强统一与规范，使地勘项目经费管理水平不断提升，通过准确的会计信息，来更好地指导地勘项目预算管理及预算标准，统一规定，地勘项目经费支出核算以及经费报表、使用与报告等。才能进一步提升地勘基金项目经费的使用效率。但是从外部环境进行分析，在地勘基金项目上我国主要依照《地质调查项目经费核算执行规定》，针对项目经费进行管理与会计核算工作，虽然对项目单位财务管理工作具有重要的促进作用。然而，受项目形势的不断发展与转变与地勘基金项目两级联合下，规范统一的文件作用与新形势的发展需求不相适应。同时分析项目内部环境，目前，我国主要应用全成本管理核算方法来对地勘基金进行核算，扩大费用支出问题在经费支出核算中还普遍存在，存在较多的自主性费用，引发不必要的支出，加重浪费情况。总之，由于缺少完善的外部制度，对地勘基金项目管理以及核算工作造成很大影响，而且由于内部成本管理方法的影响，造成不必要的经费支出不断增多，还容易形成违规支出等问题。

（二）地勘项目经费管理和核算水平不高

国家财政预算的国土资源地质勘探工作项目，是地勘项目经费核算的主要对象，在此项工作中，要确保地质勘探项目管理、内部控制以及预算管理等各个方面都达到相关管理要求。但是就我国当前地勘单位财务人员及会计人员而言，其综合素质还亟待提升，目前基础性的数据核算依然是财务管理与会计核算的主要工作内容，财务管理意识不强，更没有充分认识到财务核算在战略目标中的重要作用。受地勘基金项目会计人员素质影响，核算经费支出过程中，有的业务还难以正确处理，无法从中找到重点核算对象，地勘实地工作与会计核算工作难以形成充分结合。总之，由于地勘单位财务会计人员综合素质不高，在地勘基金项目上财务管理意识不强，无法实现项目战略目标和地勘基金项目会计核算工作的有效结合，导致项目会计核算工作中还存在很多问题。

（三）地勘项目没有健全的经费管理控制系统

会计信息软件是实现地勘基金项目经费管理控制系统的前提，根据项目预算数据及经费核算有关要求，强化监督与管理地勘项目经费，是确保地勘项目预算得到充分执行的信息管理系统，发挥着重要的辅助性作用。该系统充分结合了地勘项目经费日常核算和项目预算执行，利用财务核算软件系统，能够自动监控经费核算和项目预算具体执行情况，保证更好的执行地勘项目预算。然而，就当前的地勘项目而言，在工作中，对财务核算软件系统的应用缺乏足够重视，一来，由于财务部门之间沟通不足，缺乏共享信息的有效机制，在归集项目经费以及核算和决算工作中，难以有效控制时间和距离带来的差异性问题，沟通机制不健全，对相关业务部门工作造成很大影响，难以统筹兼顾财务信息，信息共享亟待提升。二来，地勘基金项目预算管理还有很多问题存在，很多地勘项目预算编制，在信息共享方面还存在很大不足，财务预算编制管理工作中高素质的财务人员缺乏，以至于很多问题频频出现在财务预算工作当中。由于缺乏完善的经费管控系统，造成地勘项目经费管理与核算工作中还有很多问题存在。

（四）地勘项目没有形成有效的经济效应预估体系

在评价矿床经济价值过程中，是依照地质勘查工作对矿床位置确定之后，充分分析矿床地质特性，并与相关技术方案与条件充分结合，将经济理论运用其中，对其展开详细的盈亏分析。对于矿床地质勘查而言，此项工作非常复杂，是一项综合性的工作，不仅涉及地质科学，同时还包括矿石开采、加工以及矿产经济学等很多方面的工作内容。同时矿产地质勘查工作在地质勘探基金项目中占据非常重要的地位。但是，就当前的工作实际而言，受项目特性影响地勘基金项目在经济效应预估体系方面还存在很大不足，这就导致地质勘查矿产资源过程中，无法全面的判断矿床的投资开发可行性，对于地质勘查投资造成巨大浪费。同时相关工作人员在地质勘查工作中没有树立相应的经济理念，对勘察项目部署工作无法进行有效优化，对于今后经营利润的重要参数难以提高。受地勘项目基金和管理特性方面的影响，在经济效益预估体系方面还存在很大不足，使项目经济效应大幅弱化。

五、解决措施

（一）加强地勘项目经费管理及会计核算的制度建设

近年来，伴随地勘项目规模逐渐扩征，其合作主题与合作方式也会不断增多，受多方面因素影响，过去的《地质事业单位财务制度》《中央地质勘查基金（周转金）管理暂行办法》等制度与规定，和当前地勘项目财务管理工作要求出现了很多不符情况，由于相关制度的不适宜性，对我国地勘项目的持续健康发展造成很大阻碍，更不利于

地勘单位的稳步发展。所以，在新的发展形势下，必须要建立完善的地勘项目经费管理与会计核算制度，有关部门需要与当前经济社会发展形势以及地勘项目发展模式充分结合，改革推进相关制度，为我国地勘项目持续健康发展提供有效的制度保障。

（二）提高地勘项目的财务管理水平

对于地勘项目财务管理工作而言，此项工作具有较强的专业性，对相关工作人员具有非常高的要求，特别是高素质的会计工作人员才能胜任地勘项目经费管理与会计核算工作。所以，应当充分重视会计综合业务素质的提升，加强会计队伍建设，让他们对地勘工作有一个充分的了解，加强业务培养，有效控制各类会计错误的出现。同时，必须要注重会计人员财务管理意识提升，充分结合项目战略目标与地勘项目经费管理和会计核算工作，保证各项财务管理工作顺利开展，提高工作质量。

（三）健全地勘项目的经费管控系统

地勘项目经费核算以及监督滞后问题，可以运用地勘项目经费管控系统来进一步优化，提高预算执行力，进一步增强项目经费管理与会计核算工作实效性，发挥其重要的辅助作用，帮助财务工作人员顺利开展各项工作，同时还能有效提升项目监督管理，指导相关预算决策，所以，进一步提升地勘项目经费管理作用巨大。首先注重财务工作人员信息技术能力的提升，促进内部工作的协调性，加强信息沟通与共享，确保地勘项目经费管控系统有着充足的人员保障，及时更新经费管控系统软件，将其财务管理平台作用充分发挥出来，推进项目财务信息化水平的高效发展，确保地勘项目经费管控系统，有着良好的技术支撑。

（四）完善地勘项目的矿床经济效应的预估体系

矿床经济效应在地勘项目中占据非常重要的地位，对于相关勘察工作人员而言，评价矿床的经济效益，有效延伸和发展了矿产地质勘查人员的勘探工作，实现工作人员劳动成果向社会经济价值进行转变，为了确保矿产市场持续健康发展，需要充分重视经济效益评估水平的不断提高，增强其可靠程度。同时，对地勘项目经济效应评估体系不断完善，促进矿山开发经营水平的逐渐提升，在具体工作当中，充分对比相关评估系数和实际产生的会计参数，了解其存在的差异性，对于参数问题进行查找，促进经营管理水平的不断提升。

第二节 项目经费支出核算

地质调查项目经费支出核算，是指为开展地质调查专项业务活动及其辅助活动所发生的各项资金耗费及损失的核算。

目前，承担国土资源地质调查项目的承担单位大体可分为两类，一类是执行《事业单位会计制度》的中国地质调查局所属的地勘单位，一类是执行《地质勘查单位会计制度》的行业和地方地质勘查单位。在不改变地质调查项目承担单位所执行的会计制度的前提下，为方便项目承担单位合理进行地质调查项目经费支出核算，项目经费支出核算拟按执行上述两类不同的会计制度采取两种方式进行核算。

一、科目设置

①按照《地质勘查单位会计制度》的规定，地质调查项目支出核算设置以下三级科目：

一级科目：未完地质项目支出、已完地质项目支出、地勘生产、辅助生产、间接费用、管理费用等。

二级科目：工作手段

三级科目：成本科目

同时，为了满足财政收支分类改革和年度决算的要求，还可以在成本科目下按支出经济分类科目设置“支出经济分类款级科目”。

②为了满足地质调查项目管理的需要，落实《国土资源调查专项资金管理暂行办法》的要求，地质调查项目支出核算需要设置以下三级科目：

一级科目：地质调查项目支出

二级科目：工作手段

三级科目：地质调查费用支出

③为了满足上述两种核算管理需要，在按照《地质勘查单位会计制度》规定核算项目支出的同时，进行地质调查项目支出辅助核算，以满足项目管理需要。为了不增加财会人员的负担，利用会计电算化软件中项目核算及辅助核算功能，设置相关会计科目，进行相应的辅助核算：

第一，科目设置。

一级科目：未完地质项目支出、已完地质项目支出、地勘生产、辅助生产、间接费用、管理费用等

二级科目：地质调查费用支出

三级科目：支出经济分类款级科目

第二，辅助核算。

在设置上述科目进行核算的基础上，利用会计电算化辅助核算功能，在“项目核算”功能设置地质调查项目及项目名称，利用“部门核算”功能设置“工作手段”，进行项目经费支出的辅助核算。

二、主要科目说明

①“未完地质项目支出”、“已完地质项目支出”、“地勘生产”、“辅助生产”、“间接费用”、“管理费用”等一级会计科目，是根据《地勘单位会计制度》“会计科目”的规定设置的，一般不能随意更改。

第一，“未完地质项目支出”、“已完地质项目支出”按地质调查项目设置明细账户，按工作项目设置专栏，分别反映各地质调查项目支出情况及其构成。

第二，“地勘生产”按地质调查项目和工作手段设置明细分类账户，并按“地质调查费用支出”科目设置专栏，进行各地质调查项目和工作手段成本费用的归集和分配。

第三，“辅助生产”、“间接费用”、“管理费用”，按“地质调查费用支出”科目和支出经济分类款级科目设置专栏核算，月末按工作手段、地质调查费用支出科目、项目名称对应分配结转到地勘生产。

②“工作手段”，即《地勘单位会计制度》中的“工作项目”，是指野外调查项目（甲类项目）为完成一定的地质调查项目任务，取得预期地质和科研成果，所使用的工作手段和技术方法。按其手段和方法不同划分为如下20项：地形测绘、地质测量、物探、化探、遥感、槽探、浅井、坑探、钻探、岩矿测试、其他地质工作、工地建筑。

设置“地质调查综合与科学研究”，核算地质调查综合与科学研究项目（乙类项目）发生的各项支出。

③地质勘查单位承担地质调查项目，除需按《地质勘查单位会计制度》进行成本项目核算外，还需根据《国土资源调查专项资金管理暂行办法》的规定设置“地质调查费用支出”科目进行核算。为避免地质调查项目支出核算科目级次过多，建议省去“成本项目”科目，仅使用“地质调查费用支出”科目。

地质调查费用支出，根据《国土资源调查专项资金管理暂行办法》的规定，地质调查费用支出项目为：

人员费：指直接从事项目工作人员的工资性费用。项目组成人员所在单位有财政事业费拨款的，由所在单位按照国家规定的标准从事业费中足额支付给项目组成员，并按规定在项目预算的相关科目中列示，不得在项目经费中重复列支。

专用仪器设备费：指项目实施所必须的专用仪器、设备、野外应急装备等购置法费。已由其他资金安排购置或现有仪器设备已能满足项目工作需要的，不得在项目经费中重复列支。用国土资源调查专项资金购置的专用仪器设备，必须登记入账，纳入单位固定资产管理。

能源材料费：指项目实施直接耗用的原材料、燃料及动力、专用管材、低值易耗品等费用。

外协费：指项目实施所必须的外协测试、施工、加工、软件研制以及租赁费用。

用地补偿费：指因项目实施过程中占用土地需支付的临时性设施拆建费、临时性土地占用费、青苗树木赔偿费等。

差旅费：指为项目实施而进行的国内调研考察、出野外工作等所发生的交通住宿等费用。

会议费：指项目实施过程中组织召开的与项目实施有关的专题研究、学术会议的费用。

管理费用：指项目承担单位为组织管理项目而支出的各项费用。包括现有仪器设备和房屋使用费或折旧、直接管理人员费用和其他相关管理支出。管理费不得超过项目经费总预算的5%。

其他相关费用：指除上述费用之外与项目实施有关的其他费用。此项费用应严格控制在与项目实施有关的支出范围，在编制预算时应细化到具体内容。

④“支出经济分类款级科目”。

第一，工资福利支出类。

反映单位开支的在职职工和临时聘用人员的各类劳动报酬。

基本工资：指为直接从事项目的工作人员支付的工资，包括基础工资、职务工资、级别工资、工龄工资。

津贴补贴：反映按国家统一规定，应支付的直接从事项目工作人员的津贴、补占。

伙食补助：反映支付的直接从事项目的工作人员的伙食补助费，如误餐补助等。

其他工资福利支出：反映各种加班工资和开展项目需要长期聘用的人员及临时工的工资。

第二，商品和服务支出类。

反映单位购买商品和劳务的支出。

办公费：反映直接从事项目工作人员所使用的各类日常办公用品、书报杂志等支出。

印刷费：反映项目实施过程中所发生的各类报告的印刷、出版费用。

咨询费：反映为项目所发生的咨询方面的支出。

水费：反映项目实施过程中发生的水费、污水处理费等支出。

电费：反映项目实施过程中发生的电费支出。

邮电费：反映为项目开支的信函、包裹、货物等物品的邮寄费及电话费、电报费、传真费、网络通讯费等。

取暖费：反映项目实施办公室与施工现场所发生的用于取暖的燃料费、热力费、炉具购置费、锅炉临时工工资、节煤奖等支出。

交通费：反映项目实施过程中实际发生的交通工具、租赁费、维修费、过桥过路费等。

差旅费：指为项目实施而进行的国内调研考察、出野外工作等所发生的住宿费、旅费、伙食补助费、杂费等。

维修费：反映项目实施过程中开支的固定资产（不包括车船等交通工具）修理和维护费用、网络信息系统运行与维护费用。

租赁费：反映为项目实施而租赁办公用房、宿舍、专用通讯网等发生的费用。

会议费：指项目实施所需召开的专题研究会议费用开支。包括按规定开支的房租费、伙食补助费、文件资料印刷费、会议场地租用费等。

培训费：反映项目人员的培训费用支出，不包括参加培训所发生的差旅费等。

专用材料费：反映项目承担单位购买项目专用材料的支出，如项目实施全过程耗用的材料、管材、专用工具、专用配件、材料、劳动保护用品、泥浆等。

专用燃料费：反映项目承担单位为项目生产而用于业务工作设备的车、船、专用设备等的油料支出。

劳务费：反映项目实施过程中支付的外聘人员费、民工费，发放的评审费等。

委托业务费：反映项目实施所必需的外协测试、施工、加工、软件研制费用等。

其他商品和服务支出：反映因项目实施过程中占用土地需支付的临时性设施拆建费、临时性土地占用费、青苗树木赔偿费等其他相关费用。

第三，其他资本性支出类。

办公设备购置：指项目承担单位为开展项目所必须购置的、并按规定纳入固定资产核算范围的办公家具和一般办公设备支出。

专用设备购置：指项目承担单位为开展项目所必须购买的具有专门用途、并按规定纳入固定资产核算范围的各类专用设备支出。

交通工具购置：指项目承担单位为开展项目所必须购置的汽车、摩托车、船舶等交通工具的支出。

信息网络购建：指项目承担单位用于项目所需的、并按规定纳入固定资产核算范围的信息网络方面的支出。如计算机硬件、软件购置、开发、应用支出等。

三、主要会计事项

地质勘查单位为组织开展地质调查项目发生的各项费用支出，属于直接费用，应直接计入有关工作手段成本，借记“地勘生产”，贷记有关科目；属于间接费用，应先在“间接费用”科目进行归集，月末再按一定分配标准，分配计入有关工作项目，借记“地勘生产”，贷记“间接费用”科目；由辅助生产部门提供的劳务，应先通过“辅助生产”科目核算，月末再分配计入有关工作项目，借记“地勘生产”，贷记“辅助生产”科目；行政管理部门为组织和管理地质调查项目发生的各项费用，借记“管理费用”，贷记有关科目，月末再按项目来源分配计入有关地质调查项目，借记“地勘生产”，贷记“管理费用”科目。

期末，结转地质调查项目实际成本时，借记“未完地质项目支出”科目，贷记“地勘生产”科目。地质调查项目完成，项目经费使用情况总结报告验收后，借记“已完地质项目支出”，贷记“未完地质项目支出”。根据地质调查项目主管部门审批的相关文件，核销已完地调项目经费支出时，借记“地勘工作拨款－地质调查项目拨款”，贷记“已完地质项目支出”。

第三节　项目经费支出信息化管控

一、地勘单位经费管理信息化必要性

近年来，国家不断深化科技体制改革，坚持以人为本理念，不断推进“放管服”改革，要求不断给科研人员松绑，破除一切体制机制性障碍，而地勘单位当前经费管理理念及手段仍然相对落后，报销繁杂现象普遍存在。有些地勘单位的报销业务虽然基本上完成了线上审批，也有专门的项目管理系统，但系统各个模块间相对独立，模块间的契合度不高，数据的可利用性不高，信息共享程度不强。更多的地勘单位各个业务模块的功能还不够完善，不能满足日常业务精细化管理的需要。业务系统和财务系统的共享程度和融合程度还不够。在互联网时代，更需要思考如何利用信息化手段来促进项目经费的“业财融合”，使项目经费管理更加科学化。

“业财融合”，是指运用信息化技术手段将业务流程各环节与单位的财务管理相融合，提高业务与财务的协同作用，将项目经费的预算管理、报销管理、结题管理始终贯穿于整个业务流程中。通过信息化建设增强项目经费管理的自动化和智能化，从而在提高项目经费管理效率的同时使项目人员减轻事务性负担，提高项目经费的产出，提升地勘单位的综合竞争力。

“业财融合”有利于项目经费的风险防控。通过了解项目经费的整个运动过程，一方面可以拓宽财务人员的项目经费管理思维，使财务人员从只管经费报销是否合法合规向既管经费预算又管经费支出过渡，从源头上将项目经费支出的管理规范化。另一方面，“业财融合”可以提高项目管理部门重视经费支出管理的意识，提升项目经费预算的合理性和科学性。

“业财融合”有利于前置项目经费管理的重要节点。“业财融合”可有效扭转目前项目经费管理“重视技术指标是否能完成，忽视经费支出随意性”的局面。发挥财务审核预算、审核经费支出、把握好最后一道关卡的多重功能，促进项目管理部门与财务管理部门的联动，做好预算的提前规划与控制。

“业财融合”有利于做精做实项目经费管理。数据流、业务流的融合有效避免了

"信息孤岛"现象，可以促进项目负责人、项目管理人员、财务人员的相互深入理解，推动项目经费管理从预算到支出再到结题形成真正的有机体，最终将项目经费管理扎扎实实落实到每个环节。

二、地勘单位经费管理信息化建设的优化

（一）项目经费预算管理信息化建设的优化

良好的预算管理离不开项目管理部门、项目负责人、财务管理部门三者对项目预算管理、项目经费管理进行深度融合。

1. 充分做好预算前期准备

依据项目预算书，项目管理部门需在项目管理系统中对新项目进行开题，做好项目经费总额和对应预算科目的录入工作，并对项目经费总额或每一预算科目的使用进行强提醒和强制控制。同时，业务报销部门按照报销内容性质在填写报销单选择支出课题号时，系统需设置经办人，同时选择对应的预算科目。若该预算科目未超支，报销人可继续填写单据，待走完审批流程后，将单据投递至财务管理部门审核。若该预算科目已超支，系统将显示因预算超支报销单据无法提交。此时，业务报销部门可按照相关规定做好预算科目的预算调整工作，项目管理部门按照调整后的预算及时做好系统中预算科目的调整工作。

2. 将预算管理融入经费支出的全过程

财务管理部门将重点审核费用预算科目的合理性及报销内容的合法合规性。同时，财务管理部门还需根据项目管理部门提供的项目结题政策资料对经费支出内容与课题性质是否相符进行审核，审核无误的单据会在出纳付款后生成凭证。生成凭证后的费用支出数据会实时传输到项目管理系统，并与项目预算科目的预算数进行对比分析，方便项目负责人、项目管理部门及时查看项目执行情况，甚至是单个项目中各个预算科目的执行情况。由此可见，信息化建设可使项目经费的预算管理前置化，有效避免项目经费超支、使用不合理等情况的发生。

（二）项目经费报销管理信息化建设的优化

项目经费报销管理流程越完善，经费报销的风险点也就越少。项目经费报销管理系统功能越完善，经费支出业务审批也会越高效。因此，优化项目经费报销管理信息化建设的关键点在于有迹可循的全过程线上审批、信息的充分共享、业务辅助功能的完善。

1. 完善业务报销流程的全过程线上审批

经费支出报销前有很多业务均需要事前审批或备案，如会议费、差旅费、公务接待费、因公出国（境）等。地勘单位目前的信息化建设仅仅是报销业务实现了线上审批，涉及到事前审批或备案的业务事项还需找业务审批人线下审批，增加了经办人和业务审批人的工作量。财务管理系统中同时实现事前申请管理、报销管理才是真正意义上的项目经费支出管理的全流程线上审批。

2. 加强信息的充分共享

针对有借款的业务，财务管理系统应将其划分为两大类进行审批：第一类情况是当借款比例为100%、报销时不存在支付款项时，报销审批流程应直接跳过业务审批人，单据填写完成后可直接进入财务审核阶段，有效避免了同一业务事项、相同金额的单据被业务审批人再次审批。第二类情况是当借款比例不足100%时，财务管理系统按照常规审批流程进行报销。信息的充分共享还体现在附件资料的共享上。例如有的报销单据存在借款，当报销单关联前期的借款单或事前审批单时，系统如果可以自动带出借款或事前审批时已上传的附件资料，就避免了同一资料的重复上传，减少了报销人的工作量。

3. 完善经费支出报销系统的辅助功能

为便于各部门之间针对报销单据充分交流，经费支出报销系统应配备相应的聊天窗口，使各参与方能及时沟通单据存在的问题，提高单据的沟通效率和效果。而且，沟通中的问题可一一被系统记录，各部门可对提问频率较高的问题进行归纳整理，并做出标准回复，供大家参考学习。另外，辅助功能还体现在业务提醒和手机客户端的审批两个方面。财务管理系统应以短信或邮件通知经办人单据已完成审批或已完成付款，方便经办人及时了解单笔业务支出状态。手机端审批功能的完善也能使科研人员不受时空限制及时审批单据，提高业务审批效率。

（三）项目经费结题验收管理信息化建设的优化

科研项目结题验收资料的收集与整理是一项繁琐而细致的工作。信息化建设程度越高，一方面有助于提前将项目资料集成归类，提高资料收集与整理的工作效率；另一方面有助于结题数据资料的准确获取，避免人为处理数据带来的失误。

1. 提升科研项目管理系统、财务管理系统的信息化建设水平

信息化建设主要是对数据集成和系统辅助功能的完善。数据的集成表现在预算数据和支出明细数据的集成。比如项目管理部门录入的预算数据可与财务支出明细账集成在项目管理系统中，方便项目管理部门或项目负责人实时查看项目预算执行情况，以及每项预算科目是否存在超支或支出不足，系统辅助功能的完善主要是项目结题管理时间的提醒设置。比如在项目临近结题的六个月或更早的时间内系统自动提醒，以

便项目负责人有充分的时间为结题做准备，从而做到结题管理的前置化。

2. 完善系统获取资料的能力

结题资料的全面获取是健全信息化建设的关键。包括将财务系统连接银行系统，使经办人或项目负责人可直接通过财务管理系统打印电子回单；将项目管理系统与账务系统数据共享，使经办人或项目负责人可直接打印与该项目有关的会计凭证；将项目管理系统数据与财务管理系统数据共享，使经办人或项目负责人可导出带有预算科目的课题明细账。有条件的地勘单位可逐步推行会计档案影像化系统，将所有的会计档案以部门、核算课题号、业务类别为维度进行电子归档。当涉及到项目结题需要向审计人员提供材料时，可直接从影像系统中有针对性地一次性调出所需资料，方便快捷。此外，增强系统数据的灵活性也是信息化建设的关键点。目前很多从系统中导出的数据都需二次处理，系统可在大数据调研的基础上集成大众所需的数据，形成不同数据包，供不同人群自由拼接选择所需数据。

三、项目经费支出核算电算化操作

（一）建立账套

1. 建立新账套

在使用系统之前，首先要建立本单位的账套。

（1）操作步骤

第一步：输入新建账套信息，用于记录新建账套的基本信息，界面中的各栏说明如下：

①已存账套：系统将现有的账套以下拉框的形式在此栏目中表示出来，用户只能参照，而不能输入或修改。其作用是在建立新账套时可以知道已经存在的账套，避免在新建账套时重复建立。

②账套号（A）：用来输入新建账套的编号，可输入 3 个数字（只能是 001-999 之间的数字，而且不能是已存账套中的账套号）。

③账套名称（N）：用来输入新建账套的名称，作用是标识新账套的信息（一般用单位名称来标识），用户必须输入。可以输入 40 个字符。

④账套路径（P）：用来输入新建账套所要被保存的路径，

用户必须输入，可以参照输入，但不能是网络路径中的磁盘。点击参照图标，弹出“账套存放路径”对话框，选择适宜的驱动器和目标文件夹，系统按选择的存放路径存放账套数据。

⑤启用会计期（Y）：输入新建账套被启用的日期，必须输入。

因为单位的实际核算期间可能和正常的自然日期不一致，所以系统提供此功能进行设置。用户在输入“启用会计期”后，用鼠标点击界面的[会计期间设置]按钮，弹出“会计日历－建账”界面。系统根据前面“启用会计期”的设置，自动将启用月份以前的日期标识为不可修改部分，而将启用月份以后的日期标识为可以修改部分。用户可以任意设置（建议按照自然日期设置）。

输入完成后，点击[下一步]按钮，进行第二步设置。

第二步：输入单位信息。用于记录本单位的基本信息，包括单位名称、单位简称、单位地址、法人代表、邮政编码、电话、传真、电子邮件、税号、备注等信息。其中单位名称必须输入，其他信息可输可不输。

第三步：输入核算信息。用于记录本单位的基本核算信息，包括本位币代码、本位币单位、账套主管、行业性质、企业类型、是否按行业预置科目等信息。

①本币代码（C）：用来输入新建账套所使用的本位币代码，例如“人民币”的代码为 RMB。

②本币名称（M）：用来输入新建账套所使用的本位币名称，必须输入。

③企业类型（Y）：用户必须从下拉框中选择输入与自己企业类型相同或最相近的类型（该版本选择“工业”）。

④行业性质（K）：用户必须从下拉框中选择输入本单位所处的行业性质。用友 U8 软件提供新会计制度科目、工业企业、商品流通、旅游饮食、施工企业、外商投资、铁路运输、对外合作、房地产、交通运输、民航运输、金融企业、保险企业、邮电通信、农业企业、股份制、地质勘探、普通事业、科学事业、医院、建设单位、种子、国家物资储备、中小学校、高校、行政、社会保险一医疗、社会保险－失业、社会保险－养老、社会保险－其他、律师行业、中国铁路、医药等不同性质的行业。请选择适用本单位的行业性质，执行事业单位会计制度的单位可以选择“普通事业”，执行地勘单位会计制度的单位可以选择“地质勘探”。这为下一步是否“按行业性质预置科目”确定行业范围，系统会根据用户的选择预制一些行业特定的报表。

⑤账套主管（H）：用来确认新建账套的账套主管，用户只能从下拉框中选择输入。

⑥按行业性质预置科目（S）：该栏目为复选框，如果用户希望采用系统预置所属行业的标准一级科目，则在该栏目前打勾，进入总账模块后，会计科目由系统自动设置；如果不选，则由用户自己设置会计科目（建议选择）。

第四步：输入基础信息选项。

①存货是否分类（V）：如果单位的存货较多，且类别繁多，可以在存货是否分类选项前打勾，表明要对存货进行分类管理；如果单位的存货较少且类别单一，可以选择不进行存货分类。

②客户是否分类（C）：如果单位的客户较多，且希望进行分类管理，可以在客户是否分类选项前打勾，表明要对客户进行分类管理；如果单位的客户较少，可以选择不进行客户分类。

③供应商是否分类（P）：如果单位的供应商较多，且希望进行分类管理，可以在

供应商是否分类选项前打勾，表明要对供应商进行分类管理；如果单位的供应商较少，可以选择不进行供应商分类。

④如果单位有外币业务，可以在此选项前打勾；否则可以不选择此项。

第五步：用鼠标点击［完成（F）］选项。

（2）设置编码方案

为了便于用户进行分级核算、统计和管理，系统可以对基础数据的编码进行分级设置。可分级设置的内容有：科目编码、部门编码、存货分类编码、地区分类编码、结算方式编码、货位编码、收发类别编码、设备档案、责任中心分类档案、项目要素分类档案、客户权限组、供应商权限组、存货权限组等。编码级次和各级编码长度的设置将决定用户单位如何编制基础数据的编号，进而构成用户分级核算、统计和管理的基础，由于国土资源地质调查项目经费支出核算对费用类科目至少要求四级，其余两级可以利用辅助功能满足，因此，建议“科目编码级次”最好设到第六级；由于利用“部门核算”功能设置“工作手段”，建议部门编码级次最好设到二级。

（3）数据精度定义

设置完成分类编码方案后，用鼠标单击［保存（S）］，进入下一步数据精度定义。

由于各用户对数量、单位的核算精度要求不一致，为了适应各用户的不同需求，系统提供了自定义数据精度的功能。在系统管理部分需要设置的数据精度主要有：存货数量小数位、存货单价小数位、开票单价小数位、件数小数位、换算率小数位、税率小数位。用户可根据单位的实际情况进行设置，系统默认是2位，最小可以设到6位。

（4）系统启用

设置完成数据精度定义后，用鼠标单击［确认］项，建议直接进行系统启用的设置，进入系统启用界面。

具体操作步骤如下：

第一步：选择要启用的系统，在方框内打勾（单位不使用或无需用的系统不要选，否则会造成总账系统无法结账）；

第二步：在启用会计期间内输入启用的年、月；

第三步：根据系统提示按［确认］和［是（Y）］项，完成

系统启用设置后，按菜单中的［退出］项，则完成整个新建账套的设置。

2. 建立年度账

在使用会计电算化软件时，用户不仅可以建立多个账套，而且每个账套中可以存放多个年度的会计数据。这样一来，对不同核算单位、不同时期数据的操作只需通过设置相应的系统路径即可进行，而且由于系统自动保存了不同会计年度的历史数据，对查询利用历史数据和对历史数据的比较分析也显得特别方便。年度账的建立是在已有上年度账套的基础上，通过建立年度账，自动将上个年度账的基本档案信息结转到新的年度账中。对于上年余额等信息需要在年度账结转操作完成后，由上年自动转入

下年的新年度账中。

操作步骤如下：

第一步：用户首先要以账套主管的身份注册，选定需要进行建立新年度账套和上年的时间，进入系统管理界面。

第二步：用户在系统管理界面单击[年度账]–[建立]菜单，进入建立年度账功能。

第三步：系统弹出建立年度账的界面，界面中有两个栏目“账套”和“会计年度”，都是系统默认，此时不能进行修改操作。如果需要调整，请点击[放弃]按钮操作重新注册登录选择。用户如果确认要建立新年度账，点击[确定]按钮；如果放弃年度账的建立可点击[放弃]按钮。

对于建立年度账的具体操作，这里不作详细介绍，具体操作方法见购买软件所附的说明手册。

（二）设置操作用户及权限

在使用系统前必须设置使用该系统的用户，并且为每个用户赋予正确的功能权限。如果要控制数据权限，还需要为相应的用户设置相应的数据权限。

一般情况下，按下列步骤进行：

第一步：设置角色；

第二步：为角色分配权限；

第三步：设置用户，为用户设置所属角色；

第四步：如果用户的权限与角色不一样的话，对用户的权限进行局部调整；

第五步：如果要控制数据权限，进行相应的数据权限控制。

1. 设置角色

角色是指在单位管理中拥有某一类职能的组织，这个角色组织可以是实际的部门，可以是由拥有同一类职能的人构成的虚拟组织。例如，实际工作中最常见的会计和出纳两个角色（他们可以是一个部门的人员，也可以不是一个部门但工作职能是一样的角色统称）。在设置角色后，可以定义角色的权限，如果用户归属此角色其相应具有角色的权限。此功能的好处是方便控制操作员权限，可以依据职能统一进行权限的划分。本功能可以进行账套中角色的增加、删除、修改等维护工作。

角色的个数不受限制，一个角色可以拥有多个用户，一个用户也可以分属于不同的角色。用户和角色的设置不分先后顺序，用户可以根据自己的需要先后设置。

只有系统管理员有权限进行本功能的设置。

（1）增加角色信息

以系统“管理员（admin）”的身份登录“系统管理”，在“系统管理”主界面，选择[权限]菜单中的[角色]，点击进入角色管理功能界面。

在角色管理界面，点击[增加]按钮，显示“增加角色”界面，输入角色编码，可

以录入12位字符;输入角色名称,可以是40位字符(角色编码和名称都不允许重复录入,而且此两项是必输项);在备注中可以加入对此角色的注释，可以录入119位字符。在所属用户名称中可以选中归属该角色的用户。点击[增加]按钮，保存新增设置。

（2）修改角色信息

选中要修改的角色，点击[修改]按钮，进入角色编辑界面，对当前所选角色记录进行编辑，除角色编号不能进行修改之外，其他的信息均可以修改。

（3）删除角色信息

选中要删除的角色，点击[删除]按钮，则将选中的角色删除，在删除前系统会让您进行确认。如果该角色有所属用户，是不允许删除的。必须先进行“修改”，将所属用户置于非选中状态，然后才能进行角色的删除。

注：用户和角色设置不分先后顺序，用户可以根据自己的需要先后设置。但对于自动传递权限来说，应该首先设定角色，然后分配权限，最后进行用户的设置。这样在设置用户的时候，如果选择其归属那一个角色，则其自动具有该角色的权限。

3. 为角色分配权限

用友 ERP-U8 提供集中权限管理，除了提供用户对各模块操作的权限之外，还相应的提供了金额的权限管理和对于数据的字段级和记录级的控制，不同的组合方式将为单位的控制提供有效的方法。用友 ERP-U8 可以实现三个层次的权限管理。

功能及权限管理：该权限将提供划分更为细致的功能及权限管理功能。包括各功能模块相关业务的查看和分配权限。

数据及权限管理：该权限可以通过两个方面进行权控制，一个是字段及权限控制，另一个是记录级的权限控制。

金额及权限管理：该权限主要用于完善内部金额控制，实现对具体金额数量划分级别，对不同岗位和职位的操作员进行金额级别控制，限制他们制单时可以使用的金额数量，不涉及内部系统控制的不在管理范围内。

功能权限的分配在系统管理中的权限分配设置,数据权限和金额权限在“企业门户”中“基础信息”中“数据权限”中进行分配。对于数据权限和金额权限的设置，必须是在系统管理的功能权限分配之后才能进行。

操作步骤：以“系统管理员（admin）”身份注册登录“系统管理”，选择[权限]菜单中的[角色]进行功能权限分配。从操作员列表中选择操作员，点击“修改”按钮后，系统弹出“增加和调制权限 -[xx]”信息菜单（xx 分为两部分：第一部分为用户类型，角色或用户：第二部分为操作员的 ID）。

4. 设置用户

本功能主要是完成本账套用户的增加、删除、修改等维护工作。设置用户后系统对于登录操作，要进行相关的合法性检查。其作用类似于 WINDOWS 的用户账号，只有设置了具体的用户之后，才能进行相关的操作。

（1）操作方法

以“系统管理员（admin）”身份注册登录“系统管理”，在“系统管理”主界面，选择[权限]菜单中的[用户]，点击进入用户管理功能界面。

在用户管理界面，点击[增加]按钮，显示“增加用户”界面。此时录入编号、姓名、口令、所属部门，E-mail，手机号内容，并在所属角色中选中归属的内容。然后点击[增加]按钮，保存新增用户信息。

选中要修改的用户信息，点击[修改]按钮，可进入修改状态。但已启用用户只能修口令、所属部门，E-mail，手机号和所属角色地信息。此时系统会在“姓名”后出现“注销当前用户”的按钮，如果需要暂时停止使用该用户，则点击此按钮。此按钮会变为“启用当前用户”，可以点击继续启用该用户。

选中要删除的用户，点击[删除]按钮，可删除该用户。但已启用的用户不能删除。

对于“刷新”功能的应用，是在增加了用户之后，在用户列表中看不到该用户。此时点击“刷新”，可以进行页面的更新。

点击“退出”按钮，退出当前的功能应用。

（2）增加用户栏目

说明编号：必须输入，不能为空，最大不能超过10位，不能输入数字之外的非法字符。

姓名：必输输入，不能为空，最大不能超过10位，不能输入数字、字母、汉字之外的非法字符。

口令：可以为空，最长不能超过20位，输入时以隐含符号“*”代替输入信息。

确认口令：不能输入非法字符。必须与前面输入的口令完全一致，否则不允许进行下一项内容的输入，也不允许保存该用户信息。

所属部门：可以为空，最大不能超过20位，不能输入非法字符。

所属角色：选择用户所属的角色名称和ID号。

调整用户权限和设置数据权限，在此不再详细说明。

（四）基础档案设置

在开始日常业务之前，必须设置所用到的所有基础数据。按照下列顺序设置财务产品需要的基础数据：部门；职员；地区分类、客户分类、供应商分类；付款条件；自定义项设置；自定义项档案；客户、供应商；存货分类；存货；币种；汇率；科目；结算方式、凭证类别、开户银行、费用项目、编码档案、集团企业目录、常用摘要、项目（没有顺序）；确定工资类别、工资核算币种、个人所得税扣税处理、是否核算计件工资、定义工资项目；是否计提折旧、折旧方法、折旧分配周期、资产编码方式、资产使用状况、资产增减方式、固定资产卡片项目、固定资产卡片样式；应收应付管理系统中的基本科目设置；进行单据设置，包括单据格式、单据编号设置等等。

以上基础档案设置不一一说明，具体操作方法可以参照购买软件所附的说明手册。在此只对与国土资源地质调查项目经费核算有关的基础档案设置加以详细说明，涉及的基础档案设置项有设置会计科目、期初余额、凭证类别、辅助核算编码档案等项。

基础档案设置是在建立新账套后，退出系统管理，以账套主管的身份登录总账模块，进行相关的基础档案设置，总账模块在企业门户中的财务会计产品中，或者从计算机的桌面的快捷方式直接双击进入。

1. 设置会计科目

会计科目是填制会计凭证、登记会计账簿、编制会计报表的基础。会计科目是对会计对象具体内容分门别类进行核算所规定的项目。会计科目是一个完整的体系，它是区别于流水账的标志，是复式记账和分类核算的基础。会计科目设置的完整性影响着会计过程的顺利实施，会计科目设置的层次深度直接影响会计核算的详细、准确程度。

每个会计科目核算的经济内容是不同的，据此会计科目可以分为 5 类：

行政事业类分为：资产、负债、净资产、收入、支出。进入总账模块后，即可以对基础档案进行设置了，要设置会计科目，用鼠标单击屏幕窗口左半部的［系统菜单］下的［设置］下的［会计科目］，则进入会计科目设置窗口。会计科目设置的主要目的是将在建立新账套或建立下年度账时预设的会计科目进行重新设置，使会计科目符合本单位执行的相应会计制度、有关财经法规规定、本单位内部核算管理需要的要求，对预设的会计科目进行增加、修改、删除等操作。由于地质调查项目经费核算主要是对支出类科目进行具体要求，故在此只对支出类会计科目进行讲解，其他类会计科目方法相同。

（1）增加会计科目

单击［增加］按钮，进入会计科目页编辑界面，根据栏目说明输入科目信息，［确定］后保存。

［栏目说明］如下：

科目编码：科目编码必须惟一；科目编码必须按其级次的先后次序建立。科目编码只能由数字（0-9）、英文字母（A-Z 及 a-z）及减号（-）、正斜杠（/）表示，其他字符（如 &"；空格等）禁止使用。

科目名称：分为科目中文名称和科目英文名称，可以是汉字、英文字母或数字，可以是减号（-）、正斜杠（\），但不能输入其他字符。

科目类型：行业性质为企业时，科目类型分为：行业性质为行政单位或事业单位时，按新会计制度科目类型设置。

助记码：用于帮助记忆科目，一般可用科目名称中各个汉字拼音的头一个字母组成，例如，管理费用拼音为 guan li fei yong，则管理费用的助记码可写为 glfy，这样在制单或查账中需录管理费用时，可录其助记码 glfy 而不用录汉字管理费用，这样可加快录入速度，也可减少汉字录入的量。在需要录入科目的地方输入助记码，系统可自动将助记码转换成科目名称。

账页格式：定义该科目在账簿打印时的默认打印格式。系统提供了金额式、外币金额式、数量金额式、外币数量式 4 种账页格式供选择。一般情况下，有外币核算的科目可设为外币金额式，有数量核算的科目可设为数量金额式，既有外币又有数量核算的科目可设为外币数量式，既无外币又无数量核算的科目可设为金额式。

辅助核算：也叫辅助账类。用于说明本科目是否有其他核算要求，系统除完成一般的总账、明细账核算外，并提供以下几种专项核算功能供用户选用：部门核算、个人往来核算、客户往来核算、供应商往来核算、项目核算。

辅助核算设置说明：

一个科目可同时设置 3 种专项核算。

辅助核算属性可以组合设置，例如可以进行部门 + 客户 + 项目、部门 + 供应商 + 项目的组合设置，但部门和个人不能组合设置，客户与供应商核算不能一同设置。

在设置辅助核算时请尽量慎重，因为，如果科目已有数据，又对科目的辅助核算进行修改，那么，很可能会造成总账与辅助账对账不平。

其他核算用于说明本科目是否其他要求，如银行账、日记账等。一般情况下，现金科目要设为日记账；银行存款科目要设为银行账和日记账。

科目性质（余额方向）：增加登记在借方的科目，科目性质为借方；增加登记在贷方的科目，科目性质为贷方。一般情况下，资产类科目的科目性质为借方，负债类科目的科目性质为贷方。

外币核算：用于设定该科目核算是否有外币核算，以及核算的外币名称。一个科目只能核算一种外币，只有外币核算要求的科目才允许也必须设定外币名，如果此科目核算的外币币种还没有定义，可以用鼠标点取 [参照] 按钮，进入 [外币设置] 中进行定义。

数量核算：用于设定该科目是否有数量核算，以及数量计量单位。计量单位可以是任何汉字或字符，如：千克、件、吨等。

封存：被封存的科目在制单时不可以使用。此选项只能在科目修改时进行设置。

（2）修改会计科目

选择要修改的科目，单击 [修改] 按钮或双击该科目，即可进入会计科目修改界面，用户可以在此对需要修改的会计科目进行调整。

注意：没有会计科目设置权的用户只能在此浏览科目的具体定义，而不能进行修改。已使用的科目可以增加下级，新增第一个下级科目为原上级科目的全部属性

（3）删除会计科目

删除选中的科目，[删除] 按钮：删除会计科目但已使用的科目不能删除。

对会计科目设置的其他操作，在此不再详述，请参照购买会计电算化软件时随附的使用说明。

事业单位支出类会计科目设置，根据《中国地质调查局国土资源地质调查项目经费核算暂行规定》的要求，一级科目为“事业支出”，在“事业支出”科目下设置“基

本支出”和“项目支出”二级科目，在“项目支出”科目下设置“人员费”、“专用仪器设备费”、“能源材料费”、“外协费”、“用地补偿费”、“差旅费”、“会议费”、“管理费”、“其他相关费用”等9大类，在9大类科目下按照支出的经济性质、具体用途以及实际费用的发生情况，根据“支出经济分类”设置款级科目；对甲类地质调查项目的地形测绘、地质测量、物探、化探、遥感、槽探、浅井、坑探、钻探、岩矿测试、其他地质工作、工地建筑等20项工作手段和乙类地质调查项目的地质调查综合与科学研究共13个工作进行辅助核算（利用部门核算，具体见部门档案设置），同时对各支出类会计科目进行项目核算。

地勘单位支出类的会计科目设置，根据《地质勘查单位会计制度》的要求并参照《中国地质调查局国土资源地质调查项目经费核算暂行规定》，一级科目为“地勘生产”、“间接费用”“辅助生产”“管理费用”，在“地勘生产”科目下设置明细科目的设置，同事业单位“项目支出”科目下设置的明细科目，辅助核算设置同事业单位。

2. 设置凭证类别

用户可根据本单位的需要对凭证进行分类设置。鼠标单击屏幕窗口左半部的[系统菜单]下的[设置]下的[凭证类别]，弹出界面。有几种凭证分类方式供大家参考：第一种：记账凭证；第二种：收款、付款、转账凭证；第三种：现金、银行、转账凭证；第四种：现金收款、现金付款、银行收款、银行付款、转账凭证；第五种：自定义凭证类别。用户可以根据本单位的需要进行凭证分类定义。

栏目说明如下：

点击[增加]按钮，在表格中新增空白行，在“类别字”、“类别名称”中分别填写相关内容即可。删除时，用鼠标单击要删除的凭证类别，再点[删除]按钮即可。修改时，直接在表格上修改即可，增加或修改完成后，单击[退出]完成凭证类别的设置。建议只设置记账凭证。

3. 设置辅助核算档案

（1）部门档案

在对支出类会计科目进行甲类项目“12项工作手段”和乙类项目“地质调查综合与科学研究”辅助核算时，由于会计电算化软件没有单独为地质调查类项目的工作手段设置辅助核算，故工作手段的辅助核算内容借用了部门核算，在设置单位部门时，增加了属于对地质调查项目进行工作手段辅助核算的工作手段内容，在此加以说明。

鼠标单击屏幕窗口左半部的[系统菜单]下的[设置]下的[编码档案]下的[部门档案]，弹出界面。点击[增加]按钮，在编辑区输入部门的编号、名称、负责人、部门属性、电话、地址、备注、信用额度、信用等级、信用天数等基础信息资料，其中部门编码和部门名称必须输入。部门编码必须符合部门编码级次原则。在输入地质调查项目的工作手段时，可先在一级设置“工作手段”项，在“工作手段”项下再设置13个明细工作手段。

（2）项目目录

单位在实际业务处理中会对多种类型的项目进行核算和管理，例如地质项目、在建工程、对外投资等。用户可以将具有相同特性的一类项目定义成一个项目大类，一个项目大类可以核算多个项目。为了便于管理，我们还可以对这些项目进行分类管理。使用项目核算与管理的首要步骤是设置项目档案，项目档案包括：增加或修改项目大类，定义项目核算科目、项目分类、项目栏目结构，并进行项目目录的维。

①新增项目大类

点击［增加］按钮，弹出界面。根据新增向导新增一个项目大类，选择大类的属性：普通项目、使用存货目录定义项目、成本对象、现金流量项目、项目成本核算大类。在“新项目大类名称”中输入要新增项目大类的名称，如地质项目。点击“下一步”，进入定义项目级次界面。项目分类可分为八级，用户可以在每级中手工输入该级中编码的长度（或通过按钮向上向下调整长度数字），每一级长度不能超过 9 位长度，总长度不能超过 22 位。项目分类定义中设置项目分类时，根据这里定义的编码原则和级次定义项目分类。

如定义项目分为二级，一级编码长度 1 位，二级编码长度 2 位，则项目分类定义中可以定义二级项目分类，编码规则为“*-**”。单击“下一步”定义项目栏目。一个项目除了项目名称外，有时还应加一些其他备注说明，比如课题核算除了课题名以外，还有课题性质、课题承担单位、课题负责人等备注说明，这些备注说明均可以设置为项目栏目。

点击“完成”按钮，则完成新增项目大类。

②建立项目档案

新增项目大类以后，就可以开始设置项目档案了。

第一步：设置核算科目。核算和管理项目的第一步就是设置项目大类的核算科目。这些核算科目将作为该项目大类在以后的数据输入、计算汇总中的依据。使用前提是，只有在会计科目设置中设置项目辅助核算属性的科目才能作为项目大类核算科目。例如事业单位对项目支出及其下级会计科目、地勘单位对地勘生产及其下级会计科目设置项目辅助核算。

［操作方法］如下：

a. 选择核算项目：从“项目大类”下拉框中选择要设置核算科目的项目大类名称：

b. 点击“核算科目”标签，从“待选科目”中选择该项目大类需要的核算科目到“已选科目”：

c. 点击“确定”按钮保存设置。

第二步：项目分类定义。

点击“项目分类定义”标签，根据项目级次和编码规则可以输入分类编码和分类名称。

对项目分类可以进行增加、修改、删除操作。已使用的项目分类不能被删除和修改。

第三步：项目目录维护。

点击“项目目录”标签，点击“维护”按钮，进入维护界面，可查看、增加、删除或修改项目目录，平时项目目录有变动就及时在本功能中进行调整，在每年年初应将已结算或不用的项目删除。

辅助核算编码档案中的职员档案、客户档案、供应商档案在此不一一详述，有关操作方法请参照购买会计电算化软件时所附的使用说明。

4. 期初余额

如果是第一次使用账务处理系统，必须使用此功能输入科目余额。如果系统中已有上年的数据，在“系统管理”中使用“结转上年余额”后，上年各账户余额将自动结转到本年。要录入期初余额，用鼠标单击屏幕窗口左半部的 [系统菜单] 下的 [设置] 下的 [期初余额]。

（1）新用户操作方法

如果用户是年中建账，比如是在 9 月开始使用账务系统，建账月份为 9 月，可以录入 9 月初的期初余额以及 1-8 月的借、贷方累计发生额，系统自动计算年初余额；若用户是年初建账，可以直接录入年初余额。

（2）老用户操作方法

①将光标移到需要输入数据的余额栏，直接输入数据即可。

②如果是年中启用，还可以录入年初至建账月份的借、贷方累计发生额。

③录完所有余额后，用鼠标点击“试算”按钮，检查总账、明细账、辅助账的期初余额是否一致。

（3）期初余额对账

由于初次使用，对系统不太熟悉的，用户在进行期初设置时的一些不经意的修改，可能会导致总账与辅助账、总账与明细账核对有误，系统提供对期初余额进行对账的功能，可以及时做到账账核对，并可尽快修正错误的账务数据。单击“对账”菜单，弹出界面，按“开始”按钮可对当前期初余额进行对账。如果对账后发现有错误，可按“显示对账错误”按钮，系统将把对账中发现的问题列出来。

4. 录入辅助核算科目期初余额

辅助核算科目必须按辅助项录入期初余额，往来科目（即含个人往来、客户往来、供应商往来账类的科目）应录入期初未达项，用鼠标双击辅助核算科目的期初余额（年中启用）或年初余额（年初启用），屏幕显示辅助核算科目期初余额录入窗口。

用鼠标单击“增加”按钮，屏幕增加一条新的期初余额明细，用户可顺序输入各项内容。如果输入过程中发现某项输入错误，可按 [ESC] 键取消当前项的输入，将光标移到需要修改的编辑项上，直接输入正确的数据即可。如果想放弃

整行增加数据，在取消当前输入后，再按 [ESC] 键即可。如果需要修改某个数据，

将光标移到要进行修改的数据上，直接输入正确的数据即可。

基础档案设置完成后，即可进行日常的业务处理了。

（五）凭证管理

记账凭证是日常账务处理的起点，也是所有调查数据的最主要的一个来源。凭证管理主要完成对记账凭证的填制、修改、打印、汇总、出纳签字、审核和记账等工作。

1. 填制修改凭证

（1）填制凭证

[操作步骤] 如下：

单击菜单 [凭证] 下的 [填制凭证]，显示单张凭证。

单击 [增加] 按钮或按 [F5] 键，增加一张新凭证，光标定位在凭证类别上，输入或参照选择一个凭证类别字。

凭证编号：如果在 [系统菜单] 下的 [设置] 下的 [选项] 中选择“系统编号”则由系统按时间顺序自动编号。否则，请手工编号，允许最大凭证号为 32767。系统规定每页凭证可以有 5 笔分录，当某号凭证不只一页，系统将自动在凭证号后标上几分之一，如：记 -0001 号 0002/0003 表示为记账凭证第 0001 号凭证共有三张分单，当前光标所在分录在第二张分单上。

系统自动取当前业务日期为记账凭证填制的日期，可修改。在“附单据数”处输入原始单据张数。

用户根据需要输入凭证自定义项，凭证自定义项是由用户自定义的凭证补充信息，单击凭证右上角的输入框输入。

输入凭证分录的摘要，按 F2 或参照按钮输入常用摘要，但常用摘要的选人不会清除原来输入的内容。

输入末级科目或按 [F2] 键参照录入，因为“事业支出”下的“项目支出”及其以下科目设置了部门核算和项目核算，在输入费用科目时会弹出窗口。必须同时输入工作手段（设置在部门核算中）和项目名称，才能进行下一步操作。

录入该笔分录的借方或贷方本币发生额，金额不能为零，但可以是红字，红字金额以负数形式输入。如果方向不符，可按空格键调整金额方向。

若想放弃当前未完成的分录的输入，可按 [删行] 按钮或 [Ctrl+D] 键删除当前分录即可在金额处按“=”，系统将根据借贷方差额自动计算此笔分录的金额。例如，填制某张凭证时，前两笔分为借 100，借 200，在录入第三笔分录的金额时，将光标移到贷方，按下“=”键，系统自动填写 300。

[功能按钮说明] 如下：

[余额]：可查询当前科目的最新余额一览表。

[插分]：插入一条分录。快捷键 CTRL +I。

[删分]：删除光标当前行分录。快捷键 CTRL+D。

[流量]：查询当前科目的现金流量明细。

[备查]：查询当前科目的备查资料。

[操作说明] 如下：

如何录入科目辅助明细：如果组成分录的科目有辅助核算属性，则系统提示要输入辅助明细内容，此功能只有在凭证第一次录入时有效。

如何修改辅助信息：当您需要对所录入的辅助项进行修改时，可双击备注栏中所要修改的辅助项，系统显示辅助信息录入窗，可进行修改。

（2）修改凭证

方法同填制凭证，单击菜单 [凭证] 下的 [填制凭证]，显示单张凭证。要修改哪一张凭证，通过点击“上一张”和“下一张”，翻到要修改的凭证，直接点击要修改的项目即可。

2. 出纳签字

出纳凭证由于涉及单位现金的收入与支出，应加强对出纳凭证的管理。出纳人员可通过出纳签字功能对制单员填制的带有现金银行科目的凭证进行检查核对，主要核对出纳凭证的出纳科目的金额是否正确，审查认为错误或有异议的凭证，应交与填制人员修改后再核对。

[操作方法] 如下：

选择主菜单 [凭证] 中 [出纳签字]，显示“出纳签字查询条件”界面。

输入要查询的凭证类别，选择在凭证类别中定义的类别名称；

选择查询月份和凭证号范围；

如果要专门查询某一段时间的凭证，请选择“日期范围”，此时凭证号范围不可选；

选择“全部”显示所有符合条件的凭证列表，选择“作废凭证”或“有错凭证”显示所有符合条件的作废或有错的凭证，三者任选其一；

选择凭证来源于哪个外部系统，为空表示所有系统的凭证；选择要对哪位审核人审核的、哪一位出纳员制作的凭证进行签字；

系统根据输入的查询条件，显示所有符合条件的凭证列表，输出“凭证一览表”；

已签字凭证背景为蓝色。摘要栏显示凭证的第一条分录的摘要；系统栏显示凭证来源；备注栏中作废凭证则显示“作废”，有错凭证则显示“有错”；

在凭证一览表中双击某张凭证，则屏幕显示此张凭证；点击 [查询] 按钮，可重新设置查询条件。

[操作说明] 如下：

出纳签字操作：双击某张凭证，则屏幕显示此张凭证，点击 [签字] 按钮，凭证下方出纳处显示当前操作员姓名，表示这张凭证出纳员已签字。若想对已签字的凭证取消签字，单击 [取消] 取消签字。

签字批量处理方式：为了提高工作效率，系统提供对已审核的凭证进行成批签字的功能，选择横向菜单[主管]中的[成批出纳签字]和[成批取消签字]，可进行签字的成批操作。

补结算方式和票号功能：如果在录入凭证时没有录入结算方式和票据号，系统提供在出纳签字时还可以补充录入。选择横向菜单中的[票据结算]，列示所有需要进行填充结算方式、票据号、票据日期的分录，包括已填写的分录；填制结算方式和票号时，针对票据的结算方式进行相应支票登记判断。

单位可根据实际需要决定是否要对出纳凭证进行出纳签字管理，若不需要此功能，可在[系统菜单]下的[设置]下的[选项]中取消"出纳凭证必须经由出纳签字"的设置。

3. 审核凭证

审核凭证是审核员按照会计制度，对制单员填制的记账凭证进行检查核对，主要审核记账凭证是否与原始凭证相符，会计分录是否正确等，审查认为错误或有异议的凭证，应交与填制人员修改后，再审核。只有审核权的人才能使用本功能。

[操作说明]如下：

选择主菜单[凭证]中[审核凭证]，显示"审核凭证查询条件"界面。

输入要查询的凭证类别，选择在凭证类别中定义的类别名称；

选择查询月份和凭证号范围；

如果要专门查询某一段时间的凭证，请选择"日期范围"，此时凭证号范围不可选；

选择"全部"显示所有符合条件的凭证列表，选择"作废凭证"或"有错凭证"显示所有符合条件的作废或有错的凭证，三者任选其一；

选择凭证来源于哪个外部系统，为空表示所有系统的凭证；选择要对哪位审核人审核的、哪一位出纳员制作的凭证进行审核；

输入审核凭证条件，显示凭证一览表；

在凭证一览表中，双击某张凭证，则显示此张凭证，如果此凭证不是你要审核的凭证，可用鼠标单击[首页][上页][下页][末页]按钮翻页查找或按[查询]按钮查找输入条件查找；

选择[查看]菜单下的[查最新余额]，可查看选中科目的最新余额一览表；

通过菜单[查看]下的[科目转换]可切换显示科目编码和科目名称，用或↓键在分录中移动时，凭证辅助信息位置将显示当前分录的辅助信息；

审核人员在确认该张凭证正确后，单击[审核]按钮将在审核处自动签上审核人名，即该张凭证审核完毕，系统自动显示下一张待审核凭证；

若审核人员发现该凭证有错误，可按[标错]按钮，对凭证进行标错，以便制单人可以对其进行修改；

如何对一批凭证进行审核或取消审核：

单击[查询]，输入查询条件后按[确定]，屏幕显示符合条件的凭证，单击[审核]菜单下的[成批审核]，系统自动对当前范围内的所有未审核凭证执行审核；单击[审核]菜单下的[成批取消审核]，系统自动对当前范围内的所有已审核凭证执行取消审核。

注意：审核人和制单人不能是同一个人；若想对已审核的凭证取消审核，单击［取消］取消审核。取消审核签字只能由审核人自己进行；凭证一经审核，就不能被修改、删除，只有被取消审核签字后才可以进行修改或删除；审核人除了要具有审核权外，还需要有对待审核凭证制单人所制凭证的审核权，这个权限在“基础设置”的“数据权限”中设置；采用手工制单的用户，在凭单上审核完后还须对录入机器中的凭证进行审核；作废凭证不能被审核，也不能被标错；已标错的凭证不能被审核，若想审核，需先按［取消］取消标错后才能审核。已审核的凭证不能标错。

4. 记账

记账凭证经审核签字后，即可用来登记总账和明细账、日记账、部门账、往来账、项目账以及备查账等。本系统记账采用向导方式，使记账过程更加明确。

［操作步骤］如下：

记账向导一：列示各期间的未记账凭证清单和其中的空号与已审核凭证编号，若编号不连续，则用逗号分割，若显示宽度不够，可用鼠标拖动表头调整列宽查看。

选择记账范围，可输入连续编号范围，例如 1-4 表示 1 号至 4 号凭证；也可输入不连续编号，例如“5，6，9”表示第 5 号、第 6 号、第 9 号凭证为此次要记账的凭证，选择完以后点击“下一步”按钮。

记账向导二：显示记账报告，是经过合法性检验后的提示信息，例如用户此次要记账的凭证中有些凭证没有审核或未经出纳签字，属于不能记账的凭证，您可根据提示修改后，再记账，此步骤操作完以后点击“下一步”按钮。

记账向导三：当以上工作都确认无误后，单击［记账］按钮，系统开始登录有关的总账和明细账，包括正式总账、明细账；数量总账与明细账；外币总账与明细账；项目总账与明细账，部门总账与明细账；个人往来总账与明细账，银行往来账等有关账簿。

5. 恢复记账前状态

在实际记账过程中出现以下情况的，需要“恢复记账前状态”：记账过程一旦断电或其他原因造成中断后，系统将自动调用“恢复记账前状态”恢复数据，然后您再重新记账；在记账过程操作以后，发现有错误的。

［操作方法］如下：

在期末对账界面，按下 Ctrl +H 键，激活［恢复记账前状态］功能，退出对账功能，在［凭证］菜单中显示［恢复记账前状态］功能。在对账界面，再次按下 Ctrl+H 键隐藏此菜单。

选择恢复方式：

①最近一次记账前状态：这种方式一般用于记账时系统造成的数据错误的恢复。

②上个月初状态：恢复到上个月初未记账时的状态，例如如果登录时间为 2020.10，则系统提示可恢复到 2020.9 初状态。

选择是否恢复“往来两清标志”和选择恢复两清标志的月份，系统根据选择在恢复时，清除恢复月份的两清标志。

系统提供灵活的恢复方式，用户可以根据需要不必恢复所有的会计科目，将需要恢复的科目从“不恢复的科目”选入“恢复的科目”，即可只恢复需要恢复的科目。

凭证管理的操作还有其他方面，例如作废凭证、整理凭证、查看凭证、常用凭证的调用与增加、凭证打印、凭证汇总、常用摘要等等，在此不再赘述。

（六）账簿查询

账簿查询主要目的是为了及时了解各会计科目的发生额、余额情况，便于及时掌握会计信息。为方便账簿查询，可以预先设置查询条件，根据用户要求查询相关会计科目资料。

1. 总账的查询与打印

（1）总账的查询

总账查询不但可以查询各总账科目的年初余额、各月发生额合计和月末余额，而且还可查询所有二至六级明细科目的年初余额、各月发生额合计和月末余额。查询总账时，标题显示为所查科目的一级科目名称 + 总账，如事业支出总账。联查总账对应的明细账时，明细账显示为事业支出明细账。

[操作步骤] 如下：

选择系统主菜单上的 [账表] 下的 [科目账] 下的 [总账]，屏幕显示总账查询条件窗口。可将查询条件保存为“我的账簿”，或直接调用“我的账簿”即可。

选择或输入要查询的科目和科目级次，或直接选择查询到末级科目；

选择是只查询已记账凭证，还是包括未记账凭证；

输入完成后，按 [确认] 按钮进入总账查询窗口。

在查询结果界面，可以点取科目下拉框，选择需要查看的科目。

单击工具栏中的 [明细] 按钮，即可联查到当前科目当前月份的明细账。当期初余额或上年结转所在行为当前行时，不能联查明细账。

[栏目说明] 如下：

科目范围：可输入起止科目范围，为空时，系统认为是所有科目。

科目级次：在确定科目范围后，可以按该范围内的某级科目，如将科目级次输入为 1-1，则只查一级科目，如将科目级次输为 1-3，则只查一至三级科目。如果需要查所有末级科目，则选择末级科目即可。

若想查询包含未记账凭证的总账，选择包含未记账凭证即可。

（2）总账的打印

选择系统主菜单上的 [账表]-[账簿打印]-[科目账簿打印]-[总账]，显示总账打印条件窗口。

[栏目说明] 如下：

科目范围：用于选择打印账簿的科目范围，如选择 101-103，表示打印 101 至 103 科目范围内各科目的总账；选择 103-，表示打印 103 以后各科目的总账。

级次范围：用于选择打印账簿的科目的级次范围，如选择 1-1，表示只打印一级科目的总账。若选择了“末级科目”选项，则只打印所选科目中的末级科目。

账页格式：用于选择所打印账簿的格式，系统提供 4 种打印格式供用户选择，即：金额式、外币金额式、数量金额式、外币数量式。

打印科目设置中账页格式为所选账页格式的科目。即：只打印科目设置中账页格式与所选的账页格式相同的科目的总账。

所选科目按所选账页格式打印。即：所选的科目全部按所选账页格式打印。

若只想打印出有余额或有发生额的总账科目，为此系统提供了两个选项可实现这个目的：“科目无年初余额，本年无发生也打印”及“科目有年初余额但本年无发生也打印”。

选择完成后，即可单击 [打印] 按钮进行打印或单击 [预览] 按钮查看打印效果

2. 余额表的查询与打印

（1）余额表的查询

余额表用于查询统计各级科目的本期发生额、累计发生额和余额等。传统的总账，是以总账科目分页设账，而余额表则可输出某月或某几个月的所有总账科目或明细科目的期初余额、本期发生额、累计发生额、期末余额，在实行计算机记账后，建议用户用余额表代替总账。

应用范围：

可输出总账科目、明细科目的某一时期内的本期发生额，累计发生额和余额；

可输出某科目范围的某 -- 时期内的本期发生额，累计发生额和余额；

可按某个余额范围内输出科目的余额情况；

本功能提供了很强的统计功能，用户可灵活运用，该功能不仅可以查询统计人民币金额账还可查询统计外币和数量发生额和余额。

可查询到包含未记账凭证在内的最新发生额及余额。

[操作步骤] 如下：

选择 [余额表] 菜单，显示余额表查询条件窗口，根据需要输入查询条件。

可参照输入具体科目查询，也可以选择某一科目类型查询这一类型的所有科目余额表；

可选择查询科目的级次和余额范围。

用户输入完查询条件后，按 [确认] 按钮，则屏幕显示查询统计结果。

用户可以点取屏幕右上方账页格式下拉框，可以金额式、外币金额式、数量金额式、数量外币式显示账页。

[栏目说明] 如下：

月份范围：选择起止月份，当只查某个月时，应将起止月都选择为同一月份，如

查 2020.09 月，则月份范围应选择为 2020.09-2020.09。

科目范围：可输入起止科目范围，为空时，系统认为是所有科目。

科目级次：在确定科目范围后，可以按该范围内的某级科目，如将科目级次输入为 1-1，则只查一级科目，如将科目级次输为 1-3，则只查一至三级科目。如果需要查所有末级科目，则用鼠标选择“末级科目”即可。

余额范围：用于指定要查找的余额范围，例如输入余额下限输入 0.01，上限不输，则表示查余额大于零的所有科目，若输入 200-400：表示余额≥200 且余额≤400 的所有科目。科目类型：为空时，系统默认全部类型。也可用鼠标点取科目类型选择下拉框，选择要查询的科目类型。

外币名称：为空时系统默认所有外币。指定外币名称时，将只查为核算该外币的科目。

包含未记账凭证：若想查询包含未记账凭证的余额表，用鼠标选择“包含未记账凭证”即可。按“确定”按钮，进入余额查询窗口。

[功能按钮] 如下：

[查询]：可输入新的查询条件查询发生额及余额表。

[定位]：可使用定位快速查询某一科目的余额表。

[过滤]：在余额表中点击 [过滤] 按钮，输入要过滤的科目编码，点击 [确认] 即可。

[转换]：如果在会计科目中设置了科目的英文名称，在这里可以通过转换按钮，进行中英文科目名称转换。

[还原]：当您调整列宽而隐藏某些列后，可使用还原按钮，将界面中的余额表还原为初始状态。

[累计]：在余额表中点击 [累计] 按钮，系统将显示或取消显示借贷方累计发生额。

[专项]：单击 [专项] 按钮，可联查光标所在行相应科目的科目明细账。

（2）余额表的打印

选择系统主菜单上的 [账表]，再选择二级菜单 [账簿打印]，最后选择三级菜单 [余额表]，屏幕显示余额表打印条件窗口。

[栏目说明] 如下：

月份：用于选择打印的月份范围。

科目：用于选择打印账簿的科目范围，如：选择 101-103，表示打印 101 至 103 科目范围内科目的余额表：选择 103-，表示打印 103 以后各科目的余额表。

级次：用于选择打印账簿的科目级次范围，如：选择 1-1，表示只打印一级科目的余额表。

账页格式：用于选择所打印账页的格式，系统提供 4 种打印格式供用户选择，即：金额式、外币金额式、数量金额式、外币数量式。

选择完成后，即可单击“打印”按钮进行打印或单击“预览”按钮查看打印效果。

3. 明细账的查询与打印

（1）明细账的查询

明细账的查询用于平时查询各账户的明细发生情况，及按任意条件组合查询明细账。在查询过程中可以包含未记账凭证。明细账的查询格式有 3 种：普通明细账、按科目排序明细账、月份综合明细账。普通明细账是按科目查询，按发生日期排序的明细账；按科目排序明细账是按非末级科目查询，按其有发生的末级科目排序的明细账；月份综合明细账是按非末级科目查询，包含非末级科目总账数据及末级科目明细数据的综合明细账，使用户对各级科目的数据关系一目了然。

[操作步骤] 如下：

第一步：用鼠标单击系统主菜单中的 [账表] 下的 [科目账] 下的 [明细账]，弹出窗口。

第二步：输入要查询的条件后，用鼠标点“确认”按钮，屏幕显示明细账查询窗口。

第三步：在查询明细账科目时，可以用鼠标点取科目下拉框选择需要查看的科目。

第四步：当屏幕显示明细账后，用户通过鼠标点取账页格式下拉选择框，选择用户需要查询的格式。

第五步：用鼠标双击某行或按“凭证”按钮，可查看相应的凭证。按“总账”按钮可查看些科目的总账。

（2）明细账的打印

选择 [账表]–[账簿打印]–[科目账簿打印]–[明细账]，屏幕显示明细账打印条件窗口。

[栏目说明] 如下：

账簿与账本：每一个科目可打印一份明细账，每一个总账科目可打印一本包括其所有下级科目的明细账。若选按“账簿”打印，则打印所选科目范围里每个科目的明细账，每换一个科目页都从 1 开始重新排页。若选按“账本”打印明细账，只能选择一个总账科目进行打印，打印时依次打印该科目及其所有下级科目的明细账，第一个科目从“起始页号”开始排页，每换一个科目，继续前面的页号排页，一直排到最后一个科目。系统默认“起始页号”为第 1 页。

月份：用于选择打印的月份范围。

科目：用于选择打印账簿的科目范围，如：选择 101–103，表示打印 101 至 103 科目范围内科目的明细账；选择 103–，表示打印 103 以后各科目的明细账。

级次：用于选择打印账簿的科目的级次范围，如选择 1–1，表示只打印一级科目的余额表。若选“只打印末级科目”，则只打印所选科目范围内的末级科目。

账页格式用于选择所打印账簿的格式，系统提供 4 种打印格式供用户选择，即：金额式、外币金额式、数量金额式、外币数量式。另外，系统提供了两种选项：

①打印科目设置中账页格式为所选账页格式的科目。即：只打印科目设置中账页格式与所选的账页格式相同的科目。

②所选科目按所选账页格式打印。即：所选的科目全部按所选账页格式打印。

若只想打印出有余额或有发生额的科目，为此系统提供了两个选项可实现这个目的：“科目无年初余额，本年无发生也打印”及“科目有年初余额但本年无发生也打印”。

若不选“最后一页未满页也打印”，则当所打印的明细账最后一页不能打满一页时，则不打印该页。若该科目明细账只有一页，且不满页，则不打印该科目明细账。

4. 综合多栏账

对于国土资源地质调查项目经费使用管理而言，综合多栏账更能详细地反映支出情况，在此，对综合多栏账加以讲解。多栏账不再详细说明，多栏账的设置及使用的具体操作可以参照购买会计电算化软件所附的使用说明。

综合多栏账是在多栏账的基础上新增的一个账簿查询方式，它除了可以以科目为分析栏目查询明细账，也可以以辅助项及自定义项为分析栏目查询明细账，并可完成多组借贷栏目在同一账表中的查询，如项目收支余情况多栏账。

（1）设置综合多栏账

[操作步骤]如下：

第一步：选择[综合多栏账]菜单，显示已定义的综合多栏账列表，第一次使用显示为空白窗口，需要用户自己定义。单击[增加]按钮，屏幕将显示综合多栏账定义窗。

[栏目说明]如下：

多栏账名称：录入用户要定义的综合多栏账的名称，例如“项目收支情况多栏账”。

辅助核算：综合多栏账与普通多栏账最大的不同是它的每一个栏目不仅明细到科目，而且明细到了辅助项。因此用户需先确定各栏目的辅助项是属于哪一类辅助核算的。如果选择了项目核算，还应选择相应的项目大类。

栏目组：可以定义多个栏目组，按“栏目组”框下方的“增加”按钮可增加新的栏目组。

计算栏：在综合多栏账的所有分析栏目之后，用户还可以根据需要自行定义计算栏，计算栏中的数据是在每一次生成综合多栏账时，对排在它前面的各栏目的数据按照运算公式计算出来的。

第二步：定义栏目组。

在定义综合多栏账窗口中，用鼠标单击栏目组下方的“增加”或“修改”按钮，屏幕显示项目组定义窗口。在“栏目组”项目中输入当前栏目名称；在“核算科目”项目中点击下拉菜单，输入当前栏目组主要核算的科目，它必须是该栏目组每个栏目中分析科目的上级或同级科目；在“栏目定义”框的下方点击“增加”按钮，可录入栏目组的每一个分析栏目，确定分析栏目所分析的科目；点击“确定”按钮即可。其他选项不作一一说明。

第三步：定义计算栏。

计算栏是由用户定义公式，可完成对前面已定义的各栏目数据的运算。完成的运算包括加、减、乘、除。

在“计算栏名称”项目中输入当前定义的计算栏名称；在“公式”项目中可以对

4 个栏目的数据进行加、减、乘、除的运算。如果用户只对两个栏目进行计算，则只需将第二个栏目的运算符选为空即可。

（2）修改和删除综合多栏账

若要修改已定义的综合多栏账，可单击 [修改] 按钮，屏幕显示综合多栏账定义窗，直接修改各项即可，具体操作同如何定义综合多栏账。

若要删除已定义的综合多栏账，按 [删除] 按钮即可。

（3）查询综合多栏账

[操作步骤] 如下：

第一步：在综合多栏账初始界面，用鼠标单击 [查询] 按钮或双击要查询的综合多栏账，屏幕显示综合多栏账查询条件窗。

第二步：选择所要查询的多栏账及查询月份，在“辅助查询条件”项目中输入要查询的项目，按 [确认] 按钮，屏幕显示多栏账查询结果，如图 3-6-9 所示。如果不输入辅助查询条件，屏幕则显示整个项目大类的多栏账查询结果。

（4）综合多栏账与普通多栏账的区别

综合多栏账与普通多栏账有以下几点不同：

①综合多栏账可以有多组栏目，每组栏目都可按借、贷、余顺序列示。而普通多栏账只能定义一组栏目。

②综合多栏账的每一个栏目不仅可按科目进行分析，而且更可明细到辅助项乃至自定义项进行分析。而普通多栏账只能按科目进行分析。

③综合多栏账在分析栏目的基础上增加了计算栏，加强了对数据的分析功能，而普通多栏账只能显示已有的数据。

④综合多栏账可将自定义项单独列示出来，而普通多栏账每行的自定义项只能与摘要合并成一列显示。

总的来说，综合多栏账比普通多栏账更灵活、功能更强大，也更复杂，定义工作的难度也较大。

5. 部门辅助账

这里所介绍的部门辅助账是指将国土资源地质调查项目的工作手段按部门进行辅助核算所形成的账簿，与基本支出的部门核算不相同，基本支出的部门核算在此不再详细说明，具体操作方法参照购买会计电算化软件所附的使用说明。

（1）部门总账

本功能用于查询国土资源地质调查项目各工作手段的各费用科目（即在 [会计科目] 中辅助核算设为部门核算的科目）的发生额及余额汇总情况。

[操作步骤] 如下：

单击系统主菜单中 [账表] 下的 [部门辅助账]，再选 [部门总账] 下的 [部门总账]，进入后，屏幕显示部门总账查询条件窗。也可将查询条件保存为“我的账簿”，或直接调用“我的账簿”即可。

在窗口中选择或输入要查询的工作手段、起止月份等查询条件。如果需要查看包含未记账凭证的部门总账，单击“包含未记账凭证”选项即可。条件输入后，单击[确认]按钮。屏幕显示部门总账的查询结果，如图3-6-13所示。

在查询过程中，可以点取部门参照按钮或直接输入部门编码，选择需要查看的工作手段。

单击工具栏中的[明细]按钮，即可联查到当前部门当前月份各科目的明细账。

单击工具栏中的[定位]按钮，可按所输条件定位查询辅助账。

（2）部门明细账

本功能用于查询国土资源地质调查项目各工作手段的各费用科目(即在[会计科目]中辅助核算设为部门核算的科目)的发生额及余额汇总情况的明细账。

[操作步骤]如下：

单击系统主菜单中[账表]下的[部门辅助账]，再选[部门明细账]下的[部门明细账]，进入后，屏幕显示部门明细账查询条件窗。也可将查询条件保存为“我的账簿”，或直接调用“我的账簿”即可。

在窗口中选择或输入要查询的工作手段、起止月份等查询条件。如果需要查看包含未记账凭证的部门明细账，单击“包含未记账凭证”选项框即可。条件输入后，单击[确认]按钮。屏幕显示部门明细账的查询结果。

在查询过程中，可以点取部门参照按钮或直接输入部门编码，选择需要查看的工作手段。

单击工具栏中的[总账]按钮，可联查到当前科目各部门的总账。单击工具栏中的[凭证]按钮，可联查到相应的凭证。

单击工具栏中的[定位]按钮，可按所输条件定位查询辅助账。

单击工具栏中的[摘要]按钮，可自定义摘要的显示组成。

（3）部门多栏明细账

本功能用于查询某工作手段的各个费用科目的多栏明细账。单击系统主菜单中[账表]下的[部门辅助账]，再选[部门明细账]下的[多栏明细账]，进入后，屏幕显示部门多栏明细账查询条件窗。也可将查询条件保存为“我的账簿”，或直接调用“我的账簿”即可。

在窗口中选择或输入要查询的工作手段、月份范围及上级科目。如果需要查看包含未记账凭证的部门多栏明细账，单击“包含未记账凭证”选项框即可。条件输入后，单击[确认]按钮。

在查询过程中，可以点取部门参照按钮或直接输入部门编码（或部门名称），选择需要查看的工作手段部门。

单击工具栏中的[凭证]按钮，可联查到相应的凭证。单击工具栏中的[摘要]按钮，可自定义摘要的显示组成。

部门辅助账中的“部门科目总账”、“部门三栏总账”、“部门科目明细账”、“门三栏式明细账”不再具体说明。

部门辅助账的缺点是查询的部门辅助账是某个工作手段或某个费用科目的全部工作手段的账簿，而不能只查询某个项目的某个工作手段。

6. 项目辅助账

在单位的经济业务中，有许多项目是作为核算对象来进行核算的，这些项目的核算量大且统计要求频繁，如果用传统的科目核算，有以下弊端：科目体系庞大，错账率高；统计核算不便。在手工记账的情况下，项目的核算一般是按项目设账本，按工作手段开设账页，并在账页中按成本费用设置专栏进行明细核算。按照这种方法则会造成会计科目庞大且难以方便地统计各种数据，为了更好地核算每个项目，我们将需要进行项目核算的会计科目在设置时，将辅助核算中的项目核算功能进行标识。而且在项目辅助核算的同时还提供了部门核算，这样就能方便地解决项目和工作手段同时对成本费用进行核算的要求。

（1）项目总账

本功能用于查询某工作手段、项目下的各费用科目（即在 [会计科目] 中辅助核算设为项目核算的科目）的发生额及余额汇总情况。

[操作步骤] 如下：

第一步：单击系统主菜单中 [账表] 下的 [项目辅助账]，再选 [项目总账] 下的 [项目总账]，进入后，屏幕显示项目总账查询条件窗。

第二步：先选择项目大类，然后在项目名称和部门名称处选择输入需要查询的项目和工作手段，并输入查询的起止月份。

如果需要查看包含未记账凭证的项目总账，用鼠标单击“包含未记账凭证”选项框即可。

第三步：按 [科目范围] 按钮，可选择要统计的科目。查询条件输入完毕后，用鼠标单击 [确认] 按钮，屏幕显示项目总账的查询结果。若不输入项目，则列出所有项目的发生额和余额。

说明：在查询过程中，可以用鼠标点取部门参照按钮或直接输入部门编码（或部门名称），选择需要查看的工作手段。

将光标移到要查询其他栏目信息的明细上，点击鼠标右键，弹出快捷菜单，然后用鼠标单击“列示字段”或用鼠标单击

[列示] 按钮，可查看列示字段。

若在查询条件中给定要查询的项目，或者在项目总账查询窗口用鼠标单击菜单中的 [详细] 按钮，则显示此项目（及部门）下各科目的发生额及余额。

在查询过程中，可以用鼠标点取项目及部门参照按钮或直接输入项目及部门编码（或项目部门名称），选择需要查看的项目、工作手段。

单击工具栏中的 [明细] 按钮，即可联查到当前项目当前月份各科目的明细账。

单击工具栏中的[定位]按钮，可按所输条件定位查询辅助账。

（2）项目部门总账

本功能用于查询某工作手段下各项目的发生额及余额情况。只能查询在[会计科目]中辅助核算设置为部门项目的科目。它提供了两种统计查询方式，即：按部门统计查询和按项目统计查询。

[操作步骤]如下：

第一步：单击系统主菜单中[账表]下的[项目辅助账]，再选[项目总账]下的[项目部门总账]，进入后，屏幕显示部门项目总账查询条件窗。

第二步：先在科目、部门处选择需要查询的科目、工作手段，并输入查询的起止月份。若工作手段为空表示查询所有工作手段。

如果不需查询所有项目的发生额及余额情况，系统提供五个条件组，用户可以输入五个并列的条件选择项目范围。每个条件组的第一栏用于选择用户在项目定义中定义的项目结构，如项目编码、项目名称等；第二栏用于选择关系运算符，如“=”、“≥”等；第三栏用于录入或选择条件判断内容，如“001”、“矿产资源评价”等。可按所输条件查询的部门项目总账。例如：分析“项目编码”为“001”的项目的发生额及余额情况。用户应在第一栏选择“项目编码”，在第二栏选择“=”，在第三栏输入或下拉选择“001”即可。

如果需要查看包含未记账凭证的部门项目总账，单击“包含未记账凭证”选项框，标上标记即可。

第三步：条件输入后，单击[确认]按钮，屏幕显示部门项目账的查询结果。

说明：在查询过程中，可以点击科目下拉框选择需要查看的科目。

选择屏幕右上方的查询方式下拉框，可分别按部门和项目进行汇总查询。

将光标移到要查询其他栏目信息的明细上，点击鼠标右键，弹出快捷菜单，然后单击“列示字段”或单击[列示]按钮，可查看列示字段。

单击工具栏中的[明细]按钮，即可联查到当前项目当前月份各科目的明细账。

单击工具栏中的[定位]按钮，可按所输条件定位查询辅助账。

（3）项目分类总账

本功能用于查询某科目下各项目分类的发生额及余额情况。单击系统主菜单中[账表]下的[项目辅助账]，再选[项目总账]下的[项目分类总账]，进入后，屏幕显示项目分类总账查询条件窗。

输入项目大类、科目、月份等条件，选择分类级次，确定要查询的项目分类。若只查最末级的项目分类，则只选择末级分类即可。

如果需要查看包含未记账凭证的项目分类总账，单击“包含未记账凭证”选项框，标上标记即可。

条件输入后，单击[确认]按钮，屏幕显示项目分类账的查询结果。

在查询过程中，可以点击科目下拉框选择需要查看的科目。

单击工具栏中的［明细］按钮，即可联查到当前项目当前月份各科目的明细账。

单击工具栏中的［定位］按钮，可按所输条件定位查询辅助账。

（4）项目多栏明细账

本功能用于查询某项目的各个费用、收入科目的多栏式明细账。

若想查询某科目的项目多栏账，则应先将该科目本身及要核算的下级科目都设为项目核算科目，再在项目多栏账查询条件中选择该科目即可。

［操作步骤］如下：

第一步：单击［账表］下的［项目辅助账］，然后再单击［项目明细账］下的［项目多栏式明细账］，屏幕显示项目多栏明细账查询条件窗。

第二步：在窗口中选择或输入要查询的项目、月份范围及上级科目。如果需要查看包含未记账凭证的项目三栏明细账，单击“包含未记账凭证”选项框即可。

系统提供两种分析方式：金额分析即根据科目性质分析其借方或贷方的发生额。余额分析即分析所有发生额。如“50402 项目支出”，按金额分析时只分析其下级科目的借方发生额；按余额分析时，借方发生额按正数显示，贷方发生额按负数显示。

第三步：输入查询条件后按［确定］按钮，屏幕显示项目多栏明细账的查询结果。

说明：在查询过程中，可以点取项目及部门参照按钮或直接输入项目及部门编码（或项目及部门名称），选择需要查看的项目及工作手段。

单击工具栏中的［凭证］按钮，可联查到相应的凭证。单击工具栏中的［摘要］按钮，可自定义摘要的显示组成。

项目辅助账中的“项目科目总账”、“项目三栏式总账”、“项目科目明细账”、“项目明细账”、“项目分类明细账”、“项目分类多栏式明细账”不再一一说明，具体操作参照购买会计电算化软件所附的使用说明。

（七）期末处理

期末处理是指在会计期末（一般是指月末）将当月发生的经济业务全部登记入账后所要做的工作，主要包括计提、分摊、结转、对账、结账等业务，由于事业单位计提、分摊等业务量较少，在此不作详细说明。

1. 转账

（1）转账定义

转账定义包括“自定义转账”、“对应结转”、“销售成本结转”、“售价（计划价）销售成本结转”、“汇兑损益”和“期间损益”5 种，在此只介绍“自定义转账”设置。自定义转账功能可以完成的转账业务主要有：

①“费用分配”的结转。如工资分配等。

②“费用分摊”的结转。如制造费用等。

③“税金计算”的结转。如增值税等。

④“提取各项费用”的结转。如提取福利费等。

⑤“部门核算”的结转。

⑥“项目核算”的结转。

⑦“个人核算”的结转。

⑧“客户核算”的结转。

⑨“供应商核算”的结转。

⑩其他转账业务。

[操作步骤]如下：

第一步：单击系统主菜单[期末]下的[转账定义]，再选择其下级菜单中的[自定义转账]，屏幕显示自动转账设置窗。

第二步：单击[增加]按钮，可定义一张转账凭证，屏幕弹出凭证主要信息录入窗口。

第三步：输入以上各项后，单击[确定]，开始定义转账凭证分录信息；公式录入完毕后，按[Enter]键，可继续编辑下一条转账分录；单击[插入]按钮，可插入一条分录。

[栏目说明]如下：

转账序号：是该张转账凭证的编号，转账编号不是凭证号，转账凭证的凭证号在每月转账时自动产生。一张转账凭证对应一个转账编号，转账编号可任意定义，但只能输入数字整数、英文字母大小写，转账编号不能重号。

转账摘要：可单击参照按钮或按[F2]键参照常用摘要录入，亦可手工输入。

凭证类别：定义该张转账凭证的凭证类别。

分录摘要：录入每笔转账凭证分录的摘要，可参照输入。科目：录入每笔转账凭证分录的科目，可参照输入科目编码。

部门：当输入的科目为部门核算科目时，如要按某部门进行结转时，则需在此指定部门，若此处不输，即表示按所有部门进行结转，对于非部门核算科目，此处不必输入。

项目：当输入的科目为项目核算科目时，如要按某项目结转时，则需在此指定项目，若此处不输，即表示按所有项目进行结转，若此处输入为项目分类，则表示此项目分类所有项目进行结转（或该科目有发生的项目，详见“转账生成”部分），对于非项目核算科目，此处不必输入。

个人：当输入的科目为个人往来科目时，如要按某个人结转时，则需在此指定个人，若此处不输，即表示按所有个人结转，若只输入部门不输入个人，则表示按该部门下所有个人结转，对于非个人往来科目，此处不必输入。

客户：当输入的科目为客户往来科目时，如要按某客户结转时，则需在此指定客户，若此处不输，即表示按所有客户进行结转，对于非客户往来科目，此处不必输入。

供应商：当输入的科目为供应商往来科目时，如要按某供应商结转时，则需在此指定供应商，若此处不输，即表示按所有供应商进行结转，对于非供应商往来科目，此处不必输入。

方向：输入转账数据发生的借贷方向。

公式：可参照录入计算公式（注：对于初级用户，建议用户通过参照录入公式，

对于高级用户，若已熟练掌握转账公式，也可直接输入转账函数公式）。

地勘单位间接费用、辅助生产、管理费用等科目向项目分配结转由于每月的比例不固定，不建议使用此功能；事业单位一般不需要进行转账定义，在此只是介绍此功能的使用方法，其他转账定义不再介绍。

（2）转账生成

在用户定义完转账凭证后，每月月末只需执行本功能即可快速生成转账凭证，在此生成的转账凭证将自动追加到未记账凭证中去了。

[操作步骤] 如下：

第一步：单击系统主菜单 [期末] 下的 [转账生成] 菜单，显示“转账生成”界面，上面提供可供选择的转账方式；

第二步：选择您要进行的转账工作（如：自定义转账、对应结转等），选择要进行结转的月份和要结转的凭证，可一次选择一张或多张转账凭证。具体操作方法：在“是否结转”栏内选择是否结转，选中后显示不同的背景颜色。这里的转账凭证是在转账定义中设置好的凭证；

第三步：选择完毕后，按 [确定] 按钮，屏幕显示您将要生成的转账凭证。即分别按 [首页][上页][下页][末页] 可翻页查看将要生成的转账凭证。若凭证类别、制单日期和附单据数与实际情况略有出入，可直接在当前凭证上进行修改即可。

第四步：当用户确定系统显示的凭证是希望生成的转账凭证时，按 [保存] 按钮将当前凭证追加到未记账凭证中。

说明：若转账科目有辅助核算，但未定义具体的转账辅助项，则应选择按所有辅助项结转还是按有发生的辅助项结转。

①按所有辅助项结转：转账科目的每一个辅助项生成一笔分录，如有 10 个部门，则生成 10 笔分录，每个部门生成一笔转账分录。

②按有发生的辅助项结转：按转账科目下每一个有发生的辅助项生成一笔分录，如有 10 个部门，其中转账科目下有 5 个部门有余额，则生成 5 笔分录，每个有余额的部门生成一笔转账分录。

③按所有科目有发生的辅助项结转：按所有科目下有发生的辅助项生成分录，如有 10 个部门，其中所有科目下有发生的 5 个部门有余额，则生成 5 笔分录，每个有发生且有余额的部门生成一笔分录。

第五步：选择完毕后，按 [确定] 按钮，系统开始进行结转计算。事业单位一般在年末才进行一次结转，在此只介绍转账生成的功能用法。

2. 对账

一般来说，只要记账凭证录入正确，计算机自动记账后各种账簿都应是正确、平衡的，但由于非法操作或计算机病毒或其他原因有时可能会造成某些数据被破坏，因而引起账账不符，为了保证账证相符、账账相符，用户应经常使用本功能进行对账，至少一个月一次，一般可在月末结账前进行。

[操作步骤] 如下：

第一步：单击系统主菜单 [期末] 下的 [对账]，显示待对账界面。

第二步：选择要对账的会计期间和对账内容，选择总账与哪些辅助账进行核对。

第三步：确定后，单击 [对账] 按钮，系统开始自动对账。在对账过程中，按 [对账] 按钮可停止对账。

若对账结果为账账相符，则对账月份的对账结果处显示“正确”；若对账结果为账账不符，则对账月份的对账结果处显示“错误”，按 [错误] 可查看引起账账不符的原因。

按 [试算] 按钮，可以对各科目类别余额进行试算平衡，显示试算平衡表。

三、结账

在手工会计处理中，都有结账的过程，在计算机会计处理中也应有这一过程，以符合会计制度的要求，因此系统特别提供了 [结账] 功能。结账只能每月进行一次。

[操作步骤] 如下：

第一步：单击系统主菜单 [期末] 下的 [结账] 进入此功能，屏幕显示结账向导一——选择结账月份，点击要结账月份。

第二步：选择结账月份后单击 [下一步]，屏幕显示结账向导二—核对账簿。

第三步：按 [对账] 按钮，系统对要结账的月份进行账账核对，在对账过程中，可按 [停止] 按钮中止对账，对账完成后，单击 [下一步]，屏幕显示结账向导三—月度工作报告。若需打印，则单击 [打印月度工作报告] 即可打印。

第四步：查看工作报告后，单击 [下一步]，屏幕显示结账向导四—完成结账。按 [结账] 按钮，若符合结账要求，系统将进行结账，否则不予结账。

说明：如果结账后发现有错误，可进行取消结账操作，即在结账向导一中，选择要取消结账的月份上，按 [Crl+Shi+F6] 键即可进行反结账。

上月未结账，则本月不能记账，但可以填制、复核凭证；如本月还有未记账凭证时，则本月不能结账；已结账月份不能再填制凭证；结账只能由有结账权的人进行；若总账与明细账对账不符，则不能结账；反结账操作只能由账套主管执行。

（八）报表设置

用户可以根据单位的实际需要设置会计报表、统计报表和其他分析表，用友软件提供了性能强大的 UFO 电子表格系统，与总账模块配套使用，可以方便地生成用户需要的各类报表。UFO 电子表格系统，是用户在安装会计电算化软件时，选择了 UFO 模块后同其他模块一同安装在用户的服务器和客户端上。它具有文件管理、格式管理、数据处理、图形、打印、二次开发等强大的功能，在此只介绍它的格式管理和数据处

理功能，用以生成可以满足用户需要的报表，根据《地质调查项目经费核算暂行规定》的要求，我们着重对国土资源地质调查项目专项资金会计报表中的 4 张报表的设置进行详细介绍。

1. 生成常用报表

根据用户在账套初始设置时默认的账套行业性质，自动生成资产负债表、损益表、利润分配表以及与该行业性质相关的其他报表。

[操作步骤] 如下：

第一步：登录 UF0 电子表格系统，具体操作见本章第二条；

第二步：用鼠标点击 [工具] 菜单中的 [生成常用报表] 菜单；

第三步：用鼠标点击 [浏览] 按钮选择您单位财务报表存放文件夹，然后点击 [确定] 按钮，系统会自动生成资产负债表、损益表、利润分配表以及相关的其他报表到您指定的文件夹下。在格式状态下操作，生成的报表为新建，保存或另存时选择路径。

一般不使用生成常用报表功能。

注意：在执行该功能之前，进入系统时正确设置了单位的账套行业性质。

2. 国土资源地质调查项目专项资金会计报表的设计

UFO 将含有数据的报表分为两大部分来处理，即报表格式设计工作与报表数据处理工作。报表的格式在“格式状态”下设计，报表的数据在“数据状态”下输入和计算。实现格式与数据状态切换的是在报表窗口左下角的一个按钮。

（1）登录 UFO 报表系统

操作员登录 UFO 模块，选择要进行报表处理的账套，进行相关的报表设置和数据处理，UFO 模块在企业门户中的财务会计产品中，如图 3 -8-1 所示，或者从计算机的桌面的快捷方式直接双击进入。

（2）报表格式设计

报表格式设计是对要生成的报表式样和报表中的数据进行处理的重点环节，在格式状态下，根据所要生成的报表样式，对报表的表尺寸、行高、列宽、单位属性、组合单元、关键字、可变区、报表中的单元公式等进行设计和定义。

（3）国土资源地质调查项目支出表

①登录系统

进行入 UFO 电子表格系统后，点击 [文件] 菜单中的 [新建] 命令，系统自动创建一个空的报表文件，文件名显示在标题栏中。

②设置报表尺寸

在空白报表文件的左下角有一个“格式 / 数据”切换按钮，将切换按钮点击为“格式”状态，在格式状态下，点击“格式”菜单下的“表尺寸”，弹出窗口。

输入 18 行，12 列。形成一个 18 行，12 列的表格，如果用户单位项目个数较多，可根据需要增加行数，将要画线的区域选定，单击图 3-8-1 中的 [格式] 下的 [区域画线]，在弹出的窗口中选择“网线”选项，再单击“确定”按钮，将图表的网格线画上。

③设置报表表样文字

a. 表头：在表的 A1 单元格中输入“国土资源地质调查项目支出表”，选定 A1：L1 区域，选择 [格式] 菜单下的 [组合单元]，然后点击“整体组合”按钮，可将“国土资源地质调查项目支出表”设置为报表表头；

b. 报表栏：报表各栏标题行的设置方法同表头设置，具体内容应同《地质调查项目经费核算暂行规定》中规定的报表格式，然后根据表式的内容逐一录入表样文字；

c. 表体中的表样文字：“项目名称”栏中各项目名称（要输入本单位所有国土资源地质调查项目的全称）；“项目性质”栏中各项目的性质（新开、续作、结转）；“项目编号”栏中各项目的项目编号（与项目任务书一致）；“预算 - 本期”、“预算 - 累计”栏中金额。

④设置关键字

报表中应将单位名称和报表日期（年月）设为关键字，将光标放在 A3，点击 [数据]–[关键字]–[设置] 菜单，弹出设置关键字对话框，在对话框中选择“单位名称”项，点击“确定”按钮完成对“单位名称”关键字的设置；“年月”设置同“单位名称”设置。关键字设置之后，点击 [数据]–[关键字]–[编移] 菜单，可以通过设置关键字偏移改变关键字在单元中的左右位置，以便得到更好的页面格式，单元格中可以设置多个关键字，通过设置关键字偏移量来显示其位置。

⑤设置单元公式

在格式状态下，设置各栏的单元公式。

a. 期初余额：将光标移到 D8 单元格，按键盘上的“=”或点击 UFO 报表设置窗口工具栏中的 fx 按钮，系统自动弹出定义公式对话框，点击“函数向导”按钮，在函数向导对话框的左边的函数分类列表框中，选中“用友账务函数”，在右边的函数名列表框中选择“期初余额（QC）”在对话框中双击“下一步”按钮，弹出用友账务函数录入对话框，在对话框中，单击“参照”按钮，进入用友账务函数对话框，在“账套号”项中选择“默认”，在“科目”项中选择“304- 财政补助结存”科目，在“期间”项中选择“月”，在“会计年度”项中选择“默认”，在“截止日期”项在不选择，在“方向”项中选择“默认”，在“辅助核算”框的“项目编码”项中选择与当前行项目一致的项目编码，可选择“包含未记账凭证”，如果选择，则可查询当前所有已经填制记账凭证的数据，不管凭证记没记账，单击“确定”按钮，再单击“确认”按钮，完成对当前项目的期初余额公式设置，其他项目期初余额公式设置相同，只是在不同行次将当前项目的项目编码修改即可。

b. 拨款 - 本期：将光标移到 G8 单元格，按键盘上的“=”或点击 UFO 报表设置窗口工具栏中的 x 按钮，系统自动弹出定义公式对话框，点击“函数向导”按钮，在函数向导对话框的左边的函数分类列表框中，选中“用友账务函数”，在右边的函数名列表框中选择“累计发生额（LFS）”，其他步骤同上述对应步骤，只是在“科目”

项中选择“40102-财政补助收入－项目经费”（具体科目根据单位实际情况），单击“确定”按钮后，弹出定义公式窗口，再单击“确认”按钮，完成对当前项目的“拨款－本期”的公式设置，其他项目本期拨款公式设置相同，只是在不同行次将当前项目的项目编码修改即可。

c.支出－本期：将光标移到I8单元格，按键盘上的“=”或点击UF0报表设置窗口工具栏中的x按钮，系统自动弹出定义公式对话框，点击“函数向导”按钮，在函数向导对话框的左边的函数分类列表框中，选中“用友账务函数”，在右边的函数名列表框中选择“累计发生额（LFS）”，其他步骤同上述对应步骤，只是在“科目”项中选择“50402-事业支出－项目支出”，在“辅助核算”框中多了一个“部门编码”选项，在此选项中不选，表示选择所有部门（工作手段），单击“确定”按钮后，弹出定义公式窗口，再单击“确认”按钮，完成对当前项目的“支出－本期”的公式设置，其他项目本期支出公式设置相同，只是在不同行次将当前项目的项目编码修改即可。

d.期末预算结余－小计：将光标移到K8，按键盘上的“=”或点击UF0报表设置窗口工具栏中的x按钮，在编辑工具栏中的编辑窗口中输入C8+G8-I8，然后回车确定，其他项目的“期末预算结余－小计”公式设置相同，只是在不同行次将当前项目的行序列号修改即可。

⑥数字输入

在本表中，涉及输入的栏次为“预算－本期”、“预算－累计”、“拨款－累计”、“支出－累计”、“期末预算结余－其中：国库结余”等。

数字输入的方法是：将报表切换到“数据”格式，选中要输入数字的单元格，输入当前项目当前栏次的数字即可。

⑦报表计算

将项目和收支科目单元公式和有关数字设计好后，将报表切换到“数据”格式，再点击[数据]菜单下的“表页重算”项目，弹出“是否要重算当前页”对话框，按“确定”按钮，对报表数据进行计算，则自动得到表格。

第三章 项目实施管理

第一节 地质调查项目的技术管理

一、项目的系统管理

在国家地质工作中，任何一个单独的地质调查项目都不是孤立存在的，如同任何一座楼房都不可能独立存在于所在区域的规划之外一样。地质调查的项目与项目之间存在内在的联系，项目与社会发展和经济建设同样存在有机的联系。因此，地质调查项目本身即是一个有机系统，同时与项目环境存在不可分割的联系，构成了一个更大的社会经济系统。

地质调查项目系统实际上是一个“树型结构”的项目树，也可以称作项目体系，这一体系符合系统理论的原则和特点，适用于系统的管理方法。了解和掌握系统理论的一些基本原理，其目的是解决地质调查项目设置和管理过程中系统不顺、层次不清的问题。

（一）系统及其特征

系统是指由若干相互联系、相互作用的部分所组成，并与其外部环境发生交互影响的有机整体。系统一般具有如下特征：

1. 集合性

这是系统最基本的特征，是项目系统的横向分解。一个系统至少由两个或两个以上的子系统构成，构成系统的子系统称为要素，也就是说，系统是由各个要素结合而成的，这就是系统的集合性。

地质调查项目的集合性特征重点表现在专业的集成。例如，基础地质调查是为矿产资源评价、水资源和环境地质调查提供基础支撑的地质调查；而地质调查项目中的

科学研究，是针对地质调查过程中需要解决的技术难题而开展的，尽管各专业开展的地质调查可以单独形成成果，但是，如果将地质调查从一开始就按专业割裂为相互独立的项目，则弱化了地质调查项目的集合性特征，不符合地质调查项目的经济属性，不利于地质调查项目成果的应用。

2. 层次性

系统的结构是有层次的，构成一个系统的子系统和子子系统分别处于不同的地位，是项目系统的纵向分解。总体上讲，项目树系统存在宏观和微观之分，在微观上，还有层次分别。项目层次的客观存在，是由项目的规模和范围决定的。一个大型或特大型项目的组织实施，必须划分成可以具体操作的若干层次，按照一定的规则进行作业，才能保证项目在规定的时间内保质保量地完成。

强调地质调查项目的层次性特征，主要解决地质调查项目从一级到末级、从上到下"一般粗"的问题。地质调查项目的分级，一、二级项目按地区分级，三、四级项目按专业分级。如果把一个地质调查项目比喻为建造一条船的话，不可能把整条船按电、焊、铆、车、钻进行项目分解，必须先将整条船按船头、船尾、上部、下部分成几个部分，这是一级分解；然后在各部分上进行专业的项目分别。对于动力系统、照明系统、通讯系统等独立的系统，则按专业分解为工作项目。

3. 相关性

这是项目系统很重要的一个特征，是项目树系统内在纵向和横向上各要素之间的相互依存、相互制约、相互影响的关系。项目系统是根据项目任务目标完成的需要在横向上分解成不同的子系统、在纵向上分解成不同层次的项目集合而成，系统内的项目之间必然存在很强的相关性。如果在项目的分解设置过程中忽略了系统的这一特征，就会造成子系统、低层次的项目脱离了项目的总目标而成为一个不受项目系统制约的独立系统，最终结果是子系统、低层次的项目目标取代或弱化项目的总目标，形成无法有机集成的项目群。

（二）系统原理要点

1. 整体性原理

从系统目的的整体性来说，局部与整体存在着复杂的联系和交叉效应。大多数情况下，局部与整体是一致的，对局部有利，对整体也有利，反之亦然；但有时并不一致，局部认为是有利的，从整体来看并不是有利的，甚至是有害的。有时，对局部的利越大，整体的弊反而越多。因此，当局部与整体发生矛盾的时候，局部利益必须服从整体利益。

从系统功能的整体性来说，系统功能不等于要素功能的简单相加，而是往往大于各个部分功能的总和。整体功能相对于要素功能而言，是量变与质变的关系，国家地质工作的服务目标是满足国家需求，是宏观的，这种宏观目标的实现，依赖于不同层次、不同专业项目功能的协调实施。

在现实情形中，在一个项目系统中，经常遇到把一个项目人为割裂开来、项目与项目之间不协调、无沟通、重局部、轻整体的现象。在这种情况下，可能有的局部是好的，高效的，但对整体项目而言，可能就是不好的和低效的。

2. 动态性原理

项目的动态性，取决于地质调查的研究性质。众所周知，地质调查的工作对象是客观地质体，运用地质工作方法对地质体进行调查工作，不仅仅是地质现象的简单观察和描述，需要地质技术人员解释地质现象，总结地质规律，运用地质规律寻找矿产资源，解决社会经济需要解决的地质问题。因此，在地质调查的过程中，充分发挥地质技术人员的主观能动性和丰富的工作经验，根据地质体的变化来调整设计和方案。例如，某一普查项目，根据已有的地质资料编制了地质设计，预计了可能求得的资源储量。但在实施的过程中发现实际情况与已知的认识有很大的差异，那么就要及时地调整设计，甚至终止项目。

在同一地区、为同一目的实施的不同性质的项目之间的联系，如方法手段的配合、调查与研究的相互支撑、不同工作阶段的有机衔接等等，都是项目动态性的表现。

项目的动态性还表现为项目与社会经济的互动。项目的实施离不开社会资源的使用，同时项目的成果必须应用于社会发展和经济建设。

3. 开放性原理

热力学定律同样适合项目系统。封闭系统，熵值越大，活力越小。项目的开放系统，一方面表现为地质调查项目从开始立项就要注重社会需求，必须改变自我服务的状态；另一方面要多手段、多方法协同作战，不能搞行业垄断、单位垄断和学术垄断。

一个项目无论大小，都可以作为一个相对独立的系统，这个系统相对于其他的或者更大的系统而言，是开放的，与项目的环境发生着密切的关联。作为项目系统本身，则是处于相对封闭的回路状态：从立项开始，经过实施，在规定的周期内完成项目，提交成果。在这一过程的管理中，应注意以下三点：

①经常评估后果，在各种不良后果中循踪追迹；

②有效发挥专家顾问的作用；

③注意封闭的相对性。

4. 综合性原理

所谓综合，就是把系统的各个部分、各个方面和各种因素联系起来，考察其中的共同性和规律性。地质调查项目的整个实施过程中，都需要综合性的工作，也可以说，地质调查项目就是一个复杂的综合体。

系统理论认为，系统的综合性原理包含两方面的含义：一是系统目标的多样性和综合性，项目的层级不同，项目的目标和服务对象不同，综合的内容和考虑的因素就不相同。二是系统实施方案选择的多样性和综合性，解决不同的问题，需要不同的方案，

甚至解决同一问题，也存在多个方案的选优。

实际上，并非只有发现或设计生产出世界上没有的东西才是创造，综合就是创造的一种非常重要的方法和形式。阿波罗飞船所应用的技术和材料、日本松下彩电的应用技术，绝大多数都是对已有技术和材料的成功应用，应用的过程就是综合研究，通过量的综合实现质的飞跃。从这个意义上讲，世界上没有什么新的东西不是通过综合而得到的。

（三）管理系统与业务系统

1. 管理系统与业务系统的相互关系

所谓业务系统，是指在项目组织内部高效完成项目总任务的专业化协作系统，项目的管理系统则是项目专业化协作系统的替代。这种替代的前提，一是项目的规模已经大到需要形成组织的管理才能保持项目的运行；二是项目的专业化分工需要协调才能保持项目的整体性。因此，一个项目系统实际上是项目的业务系统与管理系统的复合系统。

管理是因业务的需要而产生的，项目的管理同样是因为项目的实施和项目任务目标的实现而产生的。有的人认为，地质调查项目是干出来的，不是管出来的。是的，如果地质调查项目仅仅需要一个人来干，确实用不着管理，即使是需要几个人来干，当项目负责人依靠个人的人格魅力可以调控项目的实施，或者依靠项目成员自觉地协调保持项目的进展，实现项目的目标，这种情况下，项目的管理的确是多余的。在当前社会化生产组织当中，在专业化分工日趋精细的时代，上述情况极其罕见。即使是在数千年前生产力和生产技术尚不发达的时候，古埃及金字塔的建设就已经显现出管理在大规模生产中的作用。考古学家在考证吉萨大金字塔的劳力人数和劳动组织时得出了普遍认识，修建吉萨金字塔需要 2 万 ~ 2.5 万名工人，耗时 20 年。在吉萨，劳动力全部被分成 2000 人一组的帮，然后又分成 1000 人一组的亚帮，在亚帮下，每 200 人为一个单位的班，在班下面又划分出 20 人为一个单位的组，每个帮、亚帮、班、组都有自己的管理者。以组为单位，工程任务就可以具体落实了，就这样，2 万人的劳动大军变成了有效的、易于管理的劳动组织，也使得看起来不可能实现的巨大工程，由梦想变成了现实。诸如三峡工程、航天工程等现代大规模、多技术、高科技相互配合的项目，都需要在管理下形成协调的组织统一体，才有可能使项目任务得以保质保量地完成。

分工是协作的前提，没有分工不需要协作；协作是完成项目的手段，否则分工就没有意义。在一个项目系统内，管理系统与业务系统是一架车子的两个轮子，缺一不可。而管理系统的功能，就在于协调分工协作关系提供一个基本的框架。

对于较小的项目，项目的分工协作可以通过项目成员之间的默契或自发的协商来完成，随着项目规模的扩大和专业化协作关系的复杂化，仅靠个人指令或成员之间的默契来调整或协调整个系统就远远不够了，就需要建立管理系统来提供一个基本的协调框架，动态地规定管理对象、管理范围和联络路线等事宜。根据有关的研究，1000人的相互自发交往，其信息传递路线可达50万条之多，如果按10人一组将其划分为100个小组，分别配置100个小组管理员，然后再依次配置10位中层管理者和1位高级管理者，则可以使信息传递总路线锐减至1110条，仅为原来的1/445，从而简化成员之间的交往关系，提高项目的效率。

2. 管理的幅度和层次

大型化项目通常采用横向的多维式和纵向的多层次部门组织结构。维数和层次的多少，决定于管理的幅度。管理的幅度宽，管理层次就少；反之，管理的层次就多。在管理学中，管理幅度窄、管理层次多的，称为高长式组织结构；管理幅度宽、管理层次少的，称为扁平式组织结构。

在高长式的组织结构中，每一个管理人员的下属人数少，其优点是：可以进行严密的监督和控制，上下级之间的联络迅速。其缺点是：上级往往过多地参与下级的工作；管理的层次多，管理费用多，信息传递慢，容易失真。

在扁平式的组织结构中，由于管理的幅度宽，管理的层次就少，其优点是：管理的层次少，管理人员就少，管理费用相应地可以节约下来。其缺点是：加大管理的幅度，管理的技术难度加大，对管理人员的素质要求相应提高，往往是在上级授权的情况下完成管理职责，失控的风险相应加大，上级主管的责任增加。

有的研究者曾提出，6～8个下属是最大的管理幅度。在一个组织中，至于多大的幅度和层次是最合适的，并没有一成不变的定数，需要考虑管理者的控制能力、管理人员的综合素质、管理内容的特点等综合因素，使管理的跨度和层次维持均衡，从而以最低的管理成本完成项目的目标。

在项目管理中，项目分解与集成形成的项目体系，除了考虑项目与项目之间的内在联系外，还应考虑项目管理的幅度和层次，在可控状态下以最低的管理费用进行项目或任务的分解与集成。

二、项目的过程管理

（一）项目过程管理的一般特点

项目由多个过程组成，这些过程相互交叉，相互作用。美国管理协会把项目管理过程分成5个过程组，每个过程组有一个或多个管理过程。

项目过程组不是离散的，也不是一次性事件。过程组与过程组之间有重叠，其重叠程度在不同的阶段和不同的项目中不一致。

1. 启动

启动是一个项目开始的标志。启动过程侧重于需求分析，确定下一阶段是否有必要开展。这样，一旦项目的目标需求不被满足或消失，那么项目就会终止。

2. 计划

根据项目的目标和任务制定一个切实可行的计划。项目的独特性和一次性使得项目计划的编制非常重要。计划的详细和复杂程度与项目的规模、类型密切相关，但计划的编制

工作顺序大体上相同。

①目标分解：把这一阶段或项目要达到的目标进行分解，使其更明朗、具体。

②任务活动的确定：要达到预定的项目或阶段目标必须完成的任务和进行的活动。

③任务分解和排序：分析各项任务的结构以及相互关系，按先后顺序排列。

④完成任务的时间估算：各项任务所需时间的估算。

⑤进度计划：根据对任务的分析和历时估计以及资源的要求，编制进度计划。

⑥资源计划：确定完成各项任务所需的人员、资金、设备、原材料和技术等。

⑦费用预算：根据各项活动所需的费用分配资金。

⑧编成计划文档：汇总以上成果，编成文档。

除此之外，还要制定质量计划、组织计划、物资采购计划和管理计划等。在计划阶段，对各方面考虑得越周详，越有利于下一阶段的进行。

3. 实施

地质调查项目的实施是根据编制的设计进行的，实施阶段的各种具体活动和任务与相关的专业关系密切，每个专业都有自己的工作程序与标准，要按设计、标准及规范进行。

4. 控制

控制阶段的任务是定期检查项目的执行情况，以便发现与设计的偏差，及时调整工作部署。因为地质情况十分复杂，因此，在工作过程中一旦发现与设计有较大的偏差，就需要通过调整设计来改变项目实施的方式、工程手段和实物工作量。例如，当项目进展与设计出现较大偏差时，要分析并找出影响的原因，并采取相应的措施，保证项目按时完成，当无法采取任何措施也无法按时完成项目时，需向上级主管部门提出书面请示，延缓项目完成的时间，批准后方可执行。控制阶段主要依据项目控制质量、进度、费用和安全等。

5. 收尾

收尾是项目完成的标志，这个阶段要编写、收集和分发各种文件和信息，及时进行原始资料归档、成果登记和汇交。同时，完成合同的结算。

（二）地质调查项目过程管理划分

根据项目过程管理理论研究，项目过程管理可以分为启动、计划、施工、控制和收尾5个阶段。地质调查项目的过程管理既有一般项目过程管理的特征，又有其自己的专业特点，大致可以分为立项、设计、施工、野外验收、成果审查、资料汇交和项目终结7个过程或阶段，其中野外验收和成果审查相当于控制过程的关键点，资料汇交和项目终结相当于收尾。在总体目标、预期成果和实施过程管理等方面要充分体现国家意志和国家需求。

（三）立项管理

地质调查项目正式启动之前，必须进行充分的项目立项论证，必然要进行大量的项目前期准备工作，包括调研、可行性研究与项目立项评估工作，这些工作直接决定了项目最终能否立项。因此，立项是整个项目过程管理的重要内容。为了对项目立项工作有更加规范和系统的认识，通常把项目立项分为4个步骤，即信息资料的收集与处理、项目调研、可行性研究和项目评估。项目立项在整个项目生命周期中处于起始阶段，对于项目能否成立并得到实施非常关键。

地质调查项目的确立要根据国家的需要，贯彻中央关于地质工作的要求，加强资源调查评价，更好地为经济发展和社会进步服务，加强地质勘查工作，力争实现战略性矿产勘查的新突破，全面加强地质灾害的监测预防，继续做好重点地区地质灾害防治工作。

为了科学决策，使工作部署更加合理，使有限的资金发挥更大更好的效益，目前地质调查项目立项采用自上而下与自下而上相结合的方式，并强化自上而下的作用，发布内容具体、针对性强的项目指南。逐级分解、落实具体工作项目。例如采用“三会两审”的项目决策机制，三会是指“专家咨询会、供需见面会、项目协商会”，两审是指“局审和部审”。

立项的目的是确定地质调查项目，并选择项目实施单位。在立项方面，作为国家地质工作组织管理实施的中国地质调查局，制定国家地质工作规划，编制项目指南；作为承担项目的地质调查单位，则要根据中国地质调查局的相关要求，围绕项目需求开展立项工作。

1. 项目信息资料的收集与处理

项目信息资料占有的多少，直接影响立项活动的成功与否。通过各种形式、渠道和途径在社会和市场中广泛收集与地质调查项目的相关信息和资料，是立项的一项重要工作。与项目相关的信息资料非常广泛，主要包括以下3个方面：

①各级政府制定发布的社会经济发展规划、政府部门实施的计划、重点工程建设规划与计划；

②各类社会经济统计资料、专门研究机构的分析预测资料；

③相关的技术资料，如地质资料、水文资料、气象资料、地理资料和环境资料等。

资料收集的方式多种多样，通过各类公开载体获取信息资料应是主要的方式。一般情况下，按信息来源可分为自然收集、相关市场衍生收集和意外获取。自然收集是通过正常的工作渠道，如参加各种会议等，获取上级相关部门的项目指南和国家重大建设项目及规划信息等，这种方式通常是最主要的方式，具有资质的地质调查单位将根据这些信息开展立项申请。相关市场衍生收集，是在原有项目基础上派生出的新项目，如在早期的资源评价项目基础上新发现的矿化带、矿点等成矿有利地段，利用资源补偿费进一步开展矿产勘查工作，争取申请资源补偿费项目。意外获取则是某些非常偶然的机会得到的信息。

大量信息通过各种渠道反馈到单位的相关部门，如科技处或总工办，通过这些部门将这些信息资料分类整理并筛选，有价值的信息被确定为下一步调研和立项申请的对象，暂时利用不上的信息被整理保存。收集到的信息资料经过整理以后，根据可利用的程度分别建立信息库、资料库和项目库，同时建立与地质调查项目相关的客户库。因此，项目信息资料的处理过程是立项阶段非常必要的。

值得注意的是，与使用地质调查成果的政府部门、社会组织建立经常的沟通联系，是社会主义市场经济条件下地质调查必须建立的一种机制，这既是获取立项信息资料的需要，也是地质调查成果更好地为社会经济服务的必然要求。

2. 项目调研

项目调研是指针对一定的项目目标，在特定的条件下系统地收集、分析和报告有关项目信息的过程。项目调研是整个项目可靠性论证的一个重要环节，也是决定是否立项的重要依据。只有通过项目调研，才能及时准确地掌握周围的各种情况，使立项更有针对性，决策更有依据，减少风险。

项目调研的内容主要包括以下几个方面：

①项目涉及专业方向和工作内容；

②项目的成果特点；

③项目运作所需要的经费、技术及人力资源条件；

④项目运作的内外部环境及竞争对手；

⑤项目周期与运作的风险；

⑥项目的经费概算。

项目调研是一项比较复杂和烦琐的工作，它的质量好坏直接影响到项目是否可以成功立项；同时，所收集的各种信息和资料也直接对日后项目实施有重要影响。因此，项目调研要求参与工作的人员既要有一定的专业知识，又要有高度的责任感。鼓励和提倡在尊重科学原则的同时，更多地采用综合方式和创新方式。一般情况下，首先由单位的技术主管部门组织学术委员会成员和技术骨干，通过分析获取的各种信息和资料，确定调研和立项的目标，既要适用，又要避免目标太宽或太窄。其次是制定调研与立项计划，根据前面列出的调研内容，在较短时间内进行调查与研究，作出是否立项的初步结论。

3. 可行性研究

可行性研究是针对某个项目目标，为论证技术、工程、经济上是否科学、合理、可行而开展的调查、分析、评估的一种科学论证方法。对地质调查项目来说，主要是编制立项申请书。立项申请书的内容包括：

①技术经济部分：包括立项依据、目标任务、技术路线、实施方案、预期成果、主要实物工作量、组织管理和经费概算等，并附有关图件。

②资质部分：包括申报单位基本情况、工作业绩、组织结构和人员装备等。

③项目立项评估：项目立项评估是运用科学的方法，对立项报告进行综合分析，从而确定立项报告引用的资料是否真实，研究方法是否得当，所得结论是否正确，项目成果是否有人使用，为最终立项决策提供判断依据。在评估过程中，要着重从整体上衡量项目对社会和经济建设的作用，从国家地质工作对经济的支撑作用角度考虑项目的价值，同时要提交立项评估报告。其程序包括：

①初审。大区地调中心对立项申请进行初审，并提出初审意见后报中国地质调查局。

②组织专家论证。在初审的基础上，组织专家进行论证，并提出论证结果和意见，作为项目立项审批的依据。

③综合平衡和确定项目。在专家论证的基础上，根据国家对地质工作的需要和资金的可能，经综合平衡确定地质调查项目。

④确定项目承担单位。根据项目承担单位的资质条件和实际情况，通过招标或委托方式确定项目承担单位。

（四）设计编写与审查

1. 设计编写程序

设计是根据下达的任务，按照有关技术标准，结合工作区的实际情况而制定的具体工作方案。设计的目的是合理地确定工作部署，选择科学的技术方法、进行经费的合理安排，保证地质调查项目任务目标的完成。设计编写的依据主要是项目任务书、以往地质工作资料、相关技术标准和预算标准。其编写程序为：

①明确任务。项目承担单位应认真研究理解项目任务书所确定的任务目标，并将任务按年度或工作阶段逐一分解，按先后时间顺序进行排列。

②收集资料和现场踏勘。设计编写前要系统收集工作区内已有的相关资料，并进行分析整理，必要时要对项目工作区域进行野外现场踏勘。

③设计编制。设计编写时，项目负责人必须依据有关技术标准和有关要求，编制详细的设计提纲，报单位业务主管部门审批。项目组按批准的提纲，及时组织项目组成员，按时保质完成设计图表的编制和文稿编写工作。

④设计初审。设计初稿完成后，项目承担单位应组织初审，初审的重点是设计书

的内容是否真实可靠，是否能满足任务书的要求。项目组应根据初审意见进行认真修改，完成设计书送审稿，经单位业务主管部门审核后送审。

2. 设计的主要内容

地质调查项目的设计工作与实施基本上是由同一单位进行的，因此，项目设计书是项目的总体安排和部署，它是技术、进度、人员、设备和经费等多个计划的总和。具体内容包括下列 7 个方面。

①目标任务；

②地质工作程度综合评述；

③地质背景；

④技术路线和工作部署；

⑤实物工作量与预期成果；

⑥经费预算；

⑦组织措施。

3. 设计编写要求

①依靠科技进步，充分运用地质新理论、新技术和新方法；

②充分收集并综合研究前人资料；

③符合有关专业规范、规定、操作规程和要求；

④按有关要求编制设计预算；

⑤内容完整、重点突出，附图、附表齐全。

4. 设计审查程序

地质调查项目的设计审查工作由中国地质调查局统一组织，分级实施。重要项目由中国地质调查局组织审查，一般项目由大区地调中心或实施单位组织审查。

①按照地质调查局的统一安排，项目承担单位按规定向设计审查组织单位提交项目设计书（送审稿），同时附地质调查局下达的项目任务书和项目承担单位的初审意见书。

②项目设计审查组织单位接到项目设计书后，根据统一要求落实设计审查组织工作，并把设计审查工作的有关事项通知项目承担单位。

③设计审查组织单位聘请有关专家组成审查组，并预先把设计书（送审稿）送达审查组成员审阅。

④设计审查可以采用会议审查方式。审查组通过听取设计编写人员的介绍、提问和答辩，经过讨论，形成设计审查意见书，同时填写设计质量评分表。

⑤审查组成员的意见如发生重大分歧，应在设计审查意见书中如实反映。

5. 设计审查的主要内容

设计审查的主要内容包括：目的任务、以往资料的收集和综合研究、工作部署、技术路线、工作方法及技术要求、实物工作量、经费预算、组织管理和质量保证措施和预期成果等。

不同专业应突出本专业的特点。

6. 设计审查的认定

项目承担单位要根据专家审查意见书规定的时间内修改补充设计；中国地质调查局或大区地调中心对设计审查结果进行认定，经过认定的设计方可实施。

（五）项目施工管理

项目施工是指在地质调查过程中，为完成某一地质调查项目任务，根据不同的地质条件和地质目的，选择适当的技术手段和技术方法而实施的实际工作。施工分为野外实地调查和室内研究两类。

1. 准备工作

①依据项目设计和技术标准制定施工方案；

②编制野外作业计划；

③落实作业组织和物资装备；

④制定相关工作细则。

2. 管理内容

①计划任务管理：按专业工种、按时间进度制定阶段性任务目标。例如矿产普查工作，可以分为地质组、矿产组、化探组和综合组，每个组都要在指定的时间完成相应的工作任务。

②生产技术管理：包括作业组织管理、技术业务指导和施工安全管理等。

③质量管理：制定质量责任制度，编制技术标准实施细则、作业指导书和质量检验标准，保证质量体系正常运行。

④经费财务管理：在批准的项目经费预算内，合理安排资金，严格开支标准和范围，按规定进行财务核算。地质调查项目经费的管理是过程管理中的一项很重要的内容，细化项目经费预算科目，科学测定定额，本着“谁花钱谁负责”的原则，确定各类科目的经费责任人，控制经费的开支。地质调查项目经费的开支，严格执行预算规定。例如，测试经费是根据设计的样品种类和数量按照测试定额确定的测试工作经费，只能用来分析测试设计的样品，不得随意增减测试样品的种类和样品数量。当设计与实际不符需要调整测试样品的种类和数量时，需书面请示项目下达单位，经同意后方可调整。由于各种原因没有完成设计的测试工作量而形成经费节余的，不能用来支付其他工作内容的开支。

⑤物资装备管理：确保野外施工必备的装备和物资供应。

⑥生活保障管理：积极创造条件，采取多种措施，努力改善野外工作人员的食宿

条件和文化生活。

3. 日常检查和年度检查

对地质调查项目进行日常检查和年度检查的目的是为了保证原始资料取得过程的真实性和正确性，由于地质调查野外作业获取原始资料的过程大多数情况是无法重复进行的，因此，对原始资料的日常检查和年度检查尤为重要。通过不同层次的监督检查，保证地质调查项目的工作质量和项目经费的合理使用。同时，对项目实施阶段性控制管理，提出阶段性工作的调整部署意见。具体组织可以分为项目组的日常检查、项目承担单位的常规检查、地区地调中心和中国地质调查局的抽查。检查的内容、数量和比例依次减少。

具体检查内容包括：

①工作进展和任务完成；

②地质成果；

③工作质量；

④经费使用。

检查形式有：

①野外现场检查。主要内容为：任务完成情况、地质工作成果、原始资料质量。

②年度成果汇报会或项目中期评估。主要内容为：工作进展、主要成果、存在问题、下一步工作建议等。

（六）野外验收

野外验收是地质调查工作的重要阶段，为了检查项目任务的完成情况和保证成果报告的编写质量，必须做好野外验收工作。野外验收工作由地区地调中心或受委托的项目实施单位聘请项目监督审查专家和有关人员，按照规定的程序和要求进行。

1. 野外验收的程序

①项目承担单位提出野外验收申请；

②项目主管单位组成专家组，并确定验收时间；

③项目实施单位提供全部野外原始资料和野外工作总结报告；

④专家组审查原始资料并按规定实地抽查；

⑤专家组提交野外验收报告。

2. 野外验收的主要内容

①原始资料是否齐全、准确；

②是否完成了规定的目标、任务；

③是否完成了批准的工作量；

④项目工作部署、工程布置是否合理，工作质量是否符合各类规范、规定要求；

⑤地质资料综合整理、综合研究是否符合有关要求；

⑥质量管理体系执行情况是否正常；

⑦野外验收简报是否系统、全面；

⑧野外实地抽查是否合格。

3. 提供野外验收的资料

①全部野外实际资料：野外原始图件；野外记录本、原始野外记录卡片、原始数据记录、相册、表格等；野外各类原始编录资料及相应的图件；样品鉴定、分析、测试送样单和分析测试结果；各类典型实物标本；过渡性综合解释成果资料和综合整理、综合研究成果资料；其他相关资料。

②质量检查记录：包括年度原始资料检查记录小结；

③野外工作总结：包括任务完成情况（含工作量），地质成果和质量等；

④提供野外检查路线及其地层、岩浆岩、构造、矿产等文字和图件资料。要求原始资料齐全、准确；文字、图件与实际相吻合。

4. 野外补课

野外验收后，项目实施单位必须按验收意见组织野外补课，并向有关单位提交野外补课工作总结。

（七）成果报告编写与审查

1. 成果报告编写

报告编写是地调工作的最后阶段。通过总结整理野外资料，总结规律，提高认识。全面、准确地反映地质调查工作成果。该阶段要认真学习有关技术标准，制定具体要求，明确组织分工，落实责任制度，加强质量管理。

编写成果报告的程序：

①编写报告提纲；

②整理各类原始资料和数据处理；

③编制各类综合图件和文字报告；

④整理原本档案和实物资料，进行原本档案归档；

⑤在编写地质调查项目成果报告的同时，单位财务部门应简要编写项目财务报告，总结项目经费使用情况。

报告内容参照各专业的具体要求。

2. 成果报告审查的依据

成果报告审查是地调项目工作内容的全面考核和取得成果的技术评定，是对项目成果质量最终把关。成果报告审查由中国地质调查局、地区地调中心或指定的单位聘请技术质量监审专家及有关人员进行。对成果报告进行评审的主要依据有：

①任务书、设计书、设计审批意见书；
②野外验收意见书；
③有关技术标准。

3. 报告评审的主要内容

①主要地质成果是否符合规定的要求；
②各项技术资料是否齐全准确；
③地质成果的综合研究水平；
④地质成果和原始资料的符合程度；
⑤地质成果和综合图件的质量评价；
⑥存在的问题。

4. 报告评审的程序

①项目实施单位提出报告审查申请；
②组织审查单位组成专家组，并确定审查时间和地点；
③项目实施单位提供所有资料并汇报成果报告主要内容；
④专家组审核各类资料、评议报告内容、提交审查意见书。

5. 成果报告的审查认定

项目报告编写单位根据专家审查意见在规定的时间内对报告补充修改；中国地质调查局或地区地调中心对报告审查工作进行认定。认定内容包括：审查程序、审查专家的组成、报告是否符合设计任务要求、依据的技术标准、根据专家意见的修改情况等。

（八）资料汇交

地质资料是项目成果的重要组成部分，项目承担单位对承担的地质调查项目形成的地质资料除了按规定向政府有关部门汇交外，必须按照中国地质调查局的规定，向中国地质调查局和地区地调中心汇交，作为部署新的地质调查工作的基础资料，由中国地质调查局提供政府和社会化服务。凡中国地质调查局组织实施的地质调查项目所形成的资料均应汇交。

1. 汇交内容

地质调查成果资料、地质调查原始资料、地质调查实物资料。

2. 汇交形式

地质调查成果资料应以正式印刷的纸介质资料和光（磁）盘数据资料两种形式汇交。

3. 资料接收单位

向中国地质调查局资料管理部门或中国地质调查局委托的资料管理部门汇交，资料接收单位出具资料签收文据。

（九）项目终结

项目任务终结是指项目所有工作结束后，对项目任务完成情况进行最终认定，这是项目管理的最后一个环节，认定结果可作为项目实施单位资质评定及有关部门奖励、惩罚等的重要依据。由中国地质调查局负责组织，地区地质调查中心负责实施。

1. 内容

①成果报告审查情况；
②经费结算和审计情况；
③资料汇交情况；
④合同执行情况。

2. 程序

①项目承担单位完成资料汇交任务后，提出终结申请；
②管理部门按照验收内容逐项审核；
③形成书面验收意见；
④项目完成，合同终止。

项目管理是一个封闭过程。从立项开始到项目终结，不论项目管理部门还是项目承担单位，都要有始有终，按照规定的时间和方式进行。项目管理又是不同层次的管理过程。不同层级的管理部门应负责不同项目层级的管理阶段和范围。比如中国地质调查局管理计划项目，地区地调中心负责管理工作项目，各承担单位负责工作项目的实施。承担哪个层级项目的单位负责本层级项目设计的编写，由上一层级组织审查，使整个过程得到有序地运行。

三、项目的时间管理

（一）项目的生命周期及其特点

通常情况下，把一个项目从开始到结束整个过程所需用的时间定义为项目的生命周期。在设计阶段，通常对项目所需时间进行预计，例如，一个地质调查项目在编制设计的时候，根据项目目标任务的完成，确定这个项目所需要的时间，这个时间经过一定的程序确定，就是这个项目的设计周期，一般情况下，项目的设计周期通常就是项目的生命周期。

实际上，项目正式施工之前，除了设计以外，还有大量的立项论证和立项前期的准备工作。项目实施之前的准备可以作为项目的孕育阶段。地质调查项目除了完成地

质调查学科的地质内容以外，重要的是要将取得的地质认识和成果应用于经济建设，因此，项目的酝酿阶段就是对社会需求的调查研究阶段，这一阶段的工作扎实不扎实，直接影响地质调查成果的应用效果。

地质调查项目的成果是原始资料、地质调查报告和系列图件。应该说，当完成了报告编写、资料汇交、项目决算以后，一个地质调查项目的周期就结束了。对于探求资源储量的地质勘查，可以把勘探地质报告交由矿山建设。但是勘探前期特别是公益性的地质调查，其成果的社会应用也是项目不可忽视的重要环节。

影响地质调查项目成果的应用，立项论证和成果的社会经济转化是非常重要的两个阶段，是地质调查项目的“一头一尾”构成项目生命周期的孕育与终结。

认识并理解项目的生命周期，其目的在于认识地质调查项目的生命价值所在，在地质调查的整个周期里，合理地安排人力、物力和财力，使得地质调查项目成果能够最大限度地在社会经济建设和科学研究中发挥其应有的生命力。

大多数项目具有以下特点：

①人、财、物的投入水平在项目开始时较低，随着项目的进展逐渐增加，项目收尾时又迅速降低。在项目开始时，成功完成项目的概率是最低的，风险和不确定性也最高，随着项目的进展，完成项目的概率通常会逐步增加。

②项目相关人员影响项目费用和项目产品最终产品特性的能力在项目开始时最高，随着项目进展通常会逐步降低，这一现象的主要原因是随着项目的发展，变更和错误纠正的成本增加。

（二）项目的分解结构（WBS）

项目的工作分解结构（work breakdown structure，WBS）主要是运用 WBS 工具和方法将整个项目分解成一个分级的树型结构，使复杂庞大的项目转换成便于管理的具体工作。

地质调查项目的形成过程大致可以用“一上一下”来表达。“一上”即自下而上的立项过程，在这一过程中，重点是汇集地质调查的社会需求和地质调查重点解决的问题，最终形成国家需求的项目。“一下”则是项目的工作分解过程，形成项目树。

对项目的分解过程非常重要，涉及所有参与项目的人员和单位。WBS 是对项目元素的分组，面向可交付成果的项目承担单位，其作用在于保持了项目分解与集成的一致性，组织并定义了整个项目的范围。一旦项目的分解以一定的文书形式确定下来，不在 WBS 中的工作就不是该项目的工作，既不允许人为地捆绑，也不允许脱离项目的整体目标而人为地增减工作内容。

1. 制定 WBS 的过程

①拿到总项目任务书；

②召集与项目实施相关联的地区或专业的单位、部门和有关人员，理解项目的任

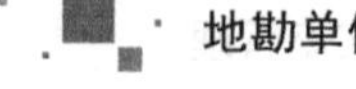

务和要求，提出各自的工作项目立项设想；

③分解项目工作；

④画出类似组织结构图的树状图；

⑤定义工作项目任务目标和项目周期；

⑥验证分解的正确性，建立一套统一的编号系统；

⑦随着其他计划编制活动的进行，对 WBS 更新或修正。

2. WBS 的分解类型

①按区域划分（图 3-1），上层按块分解，下层按专业划分；

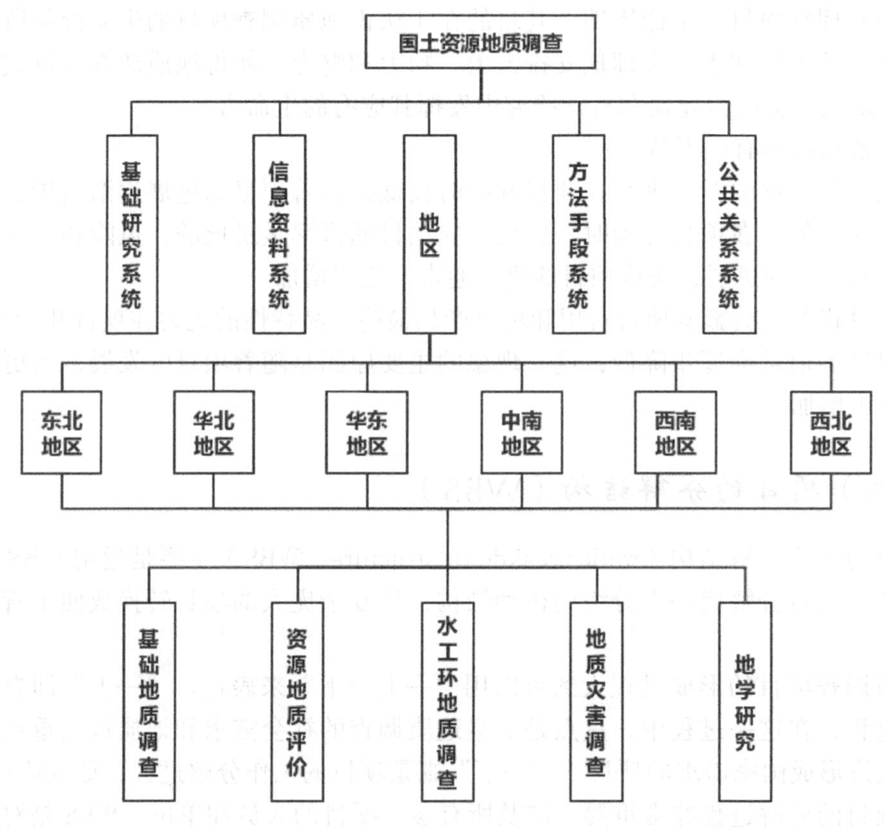

图 3-1 按区域项目的分解

②按工作过程的划分(3-2)，上层按照工作的流程划分，下层按照工作的内容划分。

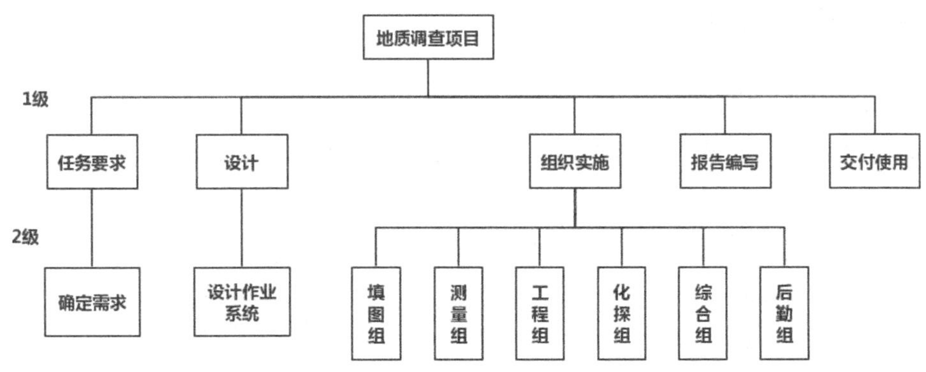

图 3-2　按工作过程项目的分解

3. WBS 的一般步骤

①总项目；
②计划项目；
③预算工作项目或主体工作；
④主要工作；
⑤次要工作；
⑥工作元素。

4. WBS 的原则

①功能或技术的原则：考虑每一阶段需要的技术或专家；
②组织结构：考虑处于不同地区的子项目；
③系统或子系统：根据项目在某些方面的特点或差异将项目分为几个不同的子项目。

5. WBS 注意事项

①分解后的任务应该是可管理的、可定量检查的、可分配任务的、独立的；
②复杂工作至少应分解成二项任务；
③表示出任务之间的联系；
④不表示顺序关系；
⑤最低层工作应具备可比较性；
⑥与任务描述表一起进行；
⑦包括管理活动；
⑧包括次承包商的活动。

（三）项目的进度计划

1. 项目活动的历时估计

活动历时表示完成该活动所需的工作时间。其主要工作如图 3-3。

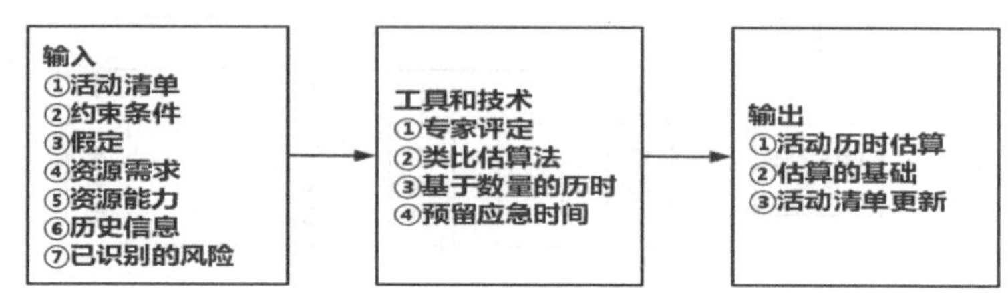

图 3-3 项目历时估计流程图

2. 项目的进度计划

制定项目进度的主要工作如图 3-4 所示。

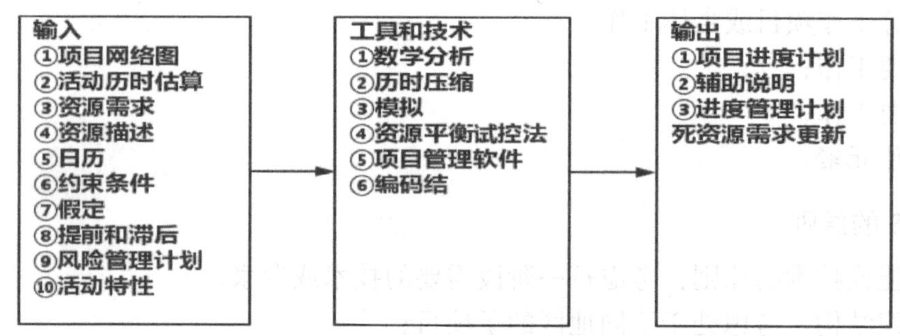

图 3-4 项目进度安排工作流程图

项目活动的顺序和时间安排的表述方法很多，通常采用网络图、甘特图和计划表进行表示。

①计划进度表。把活动内容和时间的安排对应地用表格方式表述出来，对于项目规模较小、活动相对单一的项目，可以用此种方法描述项目的进度安排。

②甘特图。用比较醒目的横道把工作内容的延续时间描述出来，就形成了项目的甘特图，它实际上是计划表的另外一种表述方法，直观、简单。

③ AOA 网络图。对于规模大、工序多、技术复杂的大型项目，甘特图和计划表无法满足项目时间安排的需要，计划评审技术 PERT（program evaluation and technique）应运而生，其中，AOA 网络就是 PERT 的主要形式之一。

由于地质调查项目需要野外作业，受季节的影响较大，在时间的安排上，室内与室外、工程与采样、资料整理与设计报告编写等项目的工作内容（项目活动）需要合理地分配时间，才能有效地缩短项目周期，提高项目的效率。例如，收集资料不能挤占野外作业时间，一般是在把野外工程布置以后，再收集资料。另外，野外的工程开

工以后，要及时地采集样品并迅速送达实验室进行分析，根据样品分析结果指导后面的工作。如果把全年的样品集中起来，待野外工作结束了以后再一次性地送样，即可能由于样品采集的位置和方法、指定分析的方法、分析的元素选择误差造成不必要的浪费，很可能造成工期的延误。

四、项目的决策方法

决策是人们在政治、经济、技术和日常生活中普遍存在的一种选择方案的行为，是在管理中普遍发生的一种活动。决策就是决定，就是选择。因此，项目决策是指投资者和项目负责人根据既定目标和实际需要，确定投资方向、解决项目问题的决定过程或者方案选择过程。关于决策，诺贝尔奖获得者西蒙有一句名言："管理就是决策"。项目的科学决策是保证项目质量、效益的重要手段，是项目管理的重要内容。在项目管理中，从项目酝酿、可行性研究、立项、实施，直到项目完成每一个阶段都离不开决策。因此，决策是项目管理的核心，是执行各种管理职能的基础。

（一）决策的层次

根据决策者在地质调查项目实施过程中所起的作用和承担的责任，决策可分为高层决策、中层决策和基层决策3个层次。

1. 高层决策

属于战略决策。从立项的角度来看，高层决策应站在国家地质工作的高度，从国家社会经济发展对地质调查的需求出发，重点解决地质调查的规划、方向、规模和涉及国家安全的重大地质问题；从项目实施的角度，高层决策围绕项目的整体运行和总目标的实现，重点解决组织、标准和制度等问题。

2. 中层决策

属于策略决策。中层决策是高层决策的展开和延伸，通过中层的决策，将高层决策转化为具体的方案进行组织实施。这类决策包括制定项目计划、选择项目方案、协调项目实施、综合项目成果等内容。

在决策中，中层决策是非常重要的一项决策内容，应注意出现决策下移的偏离。即不是把高层决策如何转化为中层决策来具体贯彻实施，而是将基层决策的事务作为中层决策的内容。

3. 基层决策

属于执行决策，或者称业务决策。以质量和成本为中心，负责工作项目实施中的具体业务安排和组织。

按决策的结构，决策可分为程序决策和非程序决策，程序决策是一种有章可循的

决策，一般是可重复的。

（二）决策的准则

科学的决策，除了需要科学的决策程序、决策方法以外，必须符合以下的5个准则：

①必须有明确的项目目标。如地质调查项目解决什么地质问题，是提交查明的资源储量，还是查明地质条件；这些地质成果提供给哪个部门使用、干什么用；预期的成果是什么；都需要在项目立项的时候予以明确。

②必须有可靠的决策依据。没有依据的决策不可能是科学的决策，同样，没有科学依据的决策，自然也不可能保证决策的科学性和正确性。决策最基本的科学依据就是技术经济可行性研究、论证和评估。

③可行的决策保证。决策的正确与否固然重要，在没有人、财、物、环境保障的情况下，正确的决策未必能达到理想的效果。

④必须符合经济原则。技术的可行，是决策的基础，仅仅是技术上的可行，还不能成为决策的依据，还必须在经济上可行。所谓经济原则，一是效益原则，就是一定要能够产生与投资相一致的社会经济效果；二是以最小的投入实现上述的效果。

⑤必须具备一定的应变能力。项目的内部与外部环境是不断变化的，在变化的环境中，任何一项决策都不可能保持始终不变，当环境发生变化时，必须根据项目实施的需要，及时地调整决策。例如，某矿区设计时，预计矿体的决策关为东西走向，因此，勘探线设计为南北走向，钻孔沿勘探线布置，第一个钻孔完成施工，没有见到预计的矿体。地表工程揭露显示，矿体的产状为南北走向、向北倾斜，此时就必须根据取得的资料进行综合分析，调整并确定下一步的部署，而不能一味地按设计施工下去。

（三）决策的方法

项目决策的方法很多，大体上分为三类：第一类是确定型决策方法，如线性规划分析法、库存管理分析法；第二类是不确定型决策方法，如悲观法、最大最大法、系数法、等可能法和遗憾值法；第三类是风险分析方法，如期望值准则分析法、边际概率准则分析法等。上述决策方法在地质调查项目管理中应用得不是很普遍，究其原因有二：一是地质调查项目的经济社会效益很难给予定量地表达；二是受传统的地质工作管理影响较深，项目管理仍属于初级阶段。另外，过多地强调了地质工作的特殊性，弱化了项目管理的普遍性，对地质调查项目管理研究不够，也是科学决策方法在地质调查项目管理中应用较少的原因之一。

1. 线性规划分析法

线性规划分析法属于确定型决策方法，是在已知的情况下，研究怎样合理和充分地使用已知一定数量的人力、物力和财力，才能使完成的任务量最大，或者在已知任务的情况下，消耗的人、财、物最低。线性规划分析可以在一组线性约束条件下，通

过求解目标函数的解（最大值或最小值），解决线性规划问题。其中，约束条件可以是人力、资源、设备、材料、资金等限制条件；目标函数可以是利润最大或成本最低；决策变量可以是工作任务量、产量、销量、运输量等。线性规划数学模型的一般形式如下：

求解一组决策变量 x_j，满足一组线性约束条件：

$$\sum a_i \sum x_{j„} (= 或 ..) b_i$$ （i=1，2，…，m；j=1，2，…，n）

$$x_{ij} .. 0$$ （j=1，2，…，n）

使得目标函数最大或最小：

$$Y = C_j X_j$$ （j=1，2，…，n）

一般应用线性规划建立资源管理数学模型时，应大致经过以下 4 个步骤：

第一步，明确决策目标，分析约束条件；

第二步，建立包含一组线性约束条件等式或不等式、最优线性目标函数表达式的数学模型；

第三步，利用线性规划的图形求解法、代数求解法来求解模型，找到决策变量的最优解；

第四步，优化后分析。

2. 不确定型决策方法

（1）华尔德（Wold）法

华尔德法又叫 max min 法或小中取大法，是保守悲观论者偏爱的方法。它的原则是：先找出在各种状态下每个决策目标的最小值，再从这些决策的最小值中选一个最大值，所对应的决策就是最优决策。用公式表达为：

$$Q = F\left(S_i, a_j\right)$$

式中 Q 为 S_i 状态下 a_j 决策的收益。

根据最小最大法则

$$\max \min F\left(S_i, a_j\right) = Q^*$$

式中 Q^* 为在 S_i 最小，a_j 最大情况下的最优收益。

则最优决策

$$a^* = a_j$$

（2）最大最大法

最大最大法记为 max max 方法，它是受冒险的乐观主义者偏爱的方法，因此又叫乐观法。用公式表达为：

$$Q=F\left(S_i,a_j\right)$$

式中 Q 为 S_i 状态下，a_j 决策的收益。

根据最大最大法则

$$\max\max F\left(S_i,a_j\right)=Q^*$$

式中 Q^* 为在 S_i 最大，a_j 最大情况下的最优收益。

则最优决策

$$a^*=a_j$$

对于上例用该法的计算过程是：

j=1 时：$\max F\left(S_i,a_1\right)=\max[20,-3]=20$

j=2 时：$\max F\left(S_i,a_2\right)=\max[0,0]=0$

$$\max[20,0]=20=F\left(S_i,a_1\right)=Q^*$$

所以 $a^*=a_1$

这个结果表明，对于开明的决策者，为了取得 20 万元的收益，他宁愿冒可能损失 3 万元的风险，也要使用新技术 P。

3. 决策树法

为了使决策方法形象化，把计算的过程画成由点和分支的树形结构，称之为决策树，适用于任何一种决策方法的形象化。其中，条件节点用△表示结果信息，决策节点用正方形□表示，状态节点用圆形○进行标记。

第一步：从左向右建立决策的树状模型

建树过程：从左端的决策点出发，按备选方案的数目分出几条树枝，每条树枝上都注明方案的简要内容，每条树枝到达一个节点，节点用○表示，并在○内标明方案的序号，再从节点出发，每个方案按可能出现的客观状态的数目又分出几条分枝，在每条分枝上简要地注明客观状态的内容和出现的概率。

第二步：从右往左进行决策。先计算各方案的期望值，再把计算结果标注在状态节点的上方，比较各方案期望值的大小，从中选出最佳方案，并把期望值写在决策节点的上方，表示选择结果。同时，在代表其他方案的树枝上划上双截线，表示这些方案已经被淘汰。

第二节　地质调查项目的质量管理

一、质量管理体系

质量管理体系是指在质量方面指挥和控制组织的管理体系。这一管理体系是由建立质量方针和目标并实现这些目标的相互关联或相互作用的一组要素所组成。质量管理体系将影响质量的技术、管理、人员和资源等因素综合在一起，使之成为一个共同的目的——在质量方针的指引下，为达到质量目标而互相配合、努力工作。质量管理体系包括硬件和软件两大部分。组织在进行质量管理时，首先根据质量目标的需要，准备必要的条件如人员素质、实验、加工、检测设备的能力等资源，然后，通过设置组织机构，分析确定需要开发的各项质量活动（过程）。分配、协调各项活动的职责和接口，通过程序的制定给出从事各项质量活动的工作方法，使各项质量活动能够经济、有效、协调地进行，这样组成的有机整体就是组织的质量管理体系。

一般来说，项目的实施总是以组织为依托。组织是否建立质量管理体系及建立的质量管理体系能否有效运行将直接关系到项目质量的保证程度。本书拟根据质量管理体系的总体要求，对质量管理体系作一介绍。

（一）质量管理八项原则

质量管理八项原则是在总结质量管理实践经验的基础上用高度概括的语言所表达的最基本、最通用的一般规律，可以指导一个组织在一定时期内通过关注顾客及其他相关方的需求和期望而达到改进总体业绩的目的。它可以成为组织文化的一个重要组成部分。

在“质量管理原则”中，对八项原则有一个概括性的解释：“为了成功地领导和运作一个组织，需要采用一种系统和透明的方式进行管理。针对所有相关方的需求，实施并保持持续改进其业绩的管理体系，可使组织获得成功。质量管理是组织各项管理的内容之一。最高管理者可在八项质量管理原则的指导下，领导组织进行业绩改进。”论述了组织应采用的管理方式是系统、透明的；组织获得成功的途径是针对所有相关需求，实施并保持持续改进的管理体系；八项质量管理原则的作用是为改进业绩提供指导思想；八项质量管理原则的目的是帮助组织获得持久成功。

1. 以顾客为关注焦点

组织依存于顾客。因此，组织应理解顾客当前的和未来的需求，满足顾客要求并争取超越顾客的期望。顾客是每个组织存在的基础，组织应将顾客的要求放在第一位。所以，组织应明确自己的顾客是谁；应调查顾客的需求是什么；应研究怎样满足顾客的需求。

什么是顾客？ISO-9000 质量管理体系给出的定义是：顾客是“接受产品的组织或个人”。可见，顾客既指组织外部的消费者、购物者、最终使用者、零销售商、受益者和采购方，也指组织内部的生产、服务中接受前一个过程输出的部门、岗位或个人。同时，还应注意到有潜在的顾客。随着经济的发展，供应链日趋复杂，除了组织直接面对的顾客外，还可能有顾客的顾客，直到最终使用者。顾客是动态的，顾客的需求和期望也是不断发展和变化的。因此，应及时调整自己的策略，采取必要的措施以适应市场的变化，满足顾客不断发展的需求和期望，还应超越顾客的需求和期望，使自己的产品或服务始终处于领先的地位。

实施本原则，应采取以下主要措施：

①组织应全面、不断地了解顾客的需求和期望。

②确保组织的各项目标，包括质量目标能直接体现顾客的需求和期望。

③顾客的需求和期望在整体组织中得到沟通，使各级领导和全体员工都能了解顾客需求的内容、细节和变化，并采取措施以满足顾客的要求。

④有计划、系统地了解顾客满意程度并针对了解的结果采取改进措施。

⑤处理好与顾客的关系，力求顾客满意。

⑥在重点关注顾客的前提下，确保兼顾其他相关方的利益，使组织得到全面、持续的发展。

2. 领导作用

领导者建立组织统一的宗旨及方向，应当创造并保持员工能够充分参与实现组织目标的内部环境。

一个组织的领导者，即最高管理者是“在最高层指挥和控制组织的一个人或一组人。”最高管理者要想指挥和控制好一个组织，必须做好确定方向、策划未来、激励员工、协调活动和营造一个良好的内容环境等工作。GB/T19004-2000 中指出：“最高管理者的领导作用、承诺和积极参与，对建立一个有效的和高效率的质量管理体系，并使所有相关方获准是必不可少的”。在领导方式上，最高管理者还要做到透明、务实和以身作则。

实施本原则应采取的主要措施包括：

①全面考虑所有相关方的需求。

②做好发展规划，为组织设计一个清晰的远景。

③在整个组织及各级、各有关部门设定富有挑战性的目标。

④创造并坚持一种共同的价值观，并树立职业首选榜样，形成组织的精神和文化。

⑤使所有员工工作在一个比较密切配合、和谐的环境之中，建立信任，消除忧虑。

⑥为员工提供所需的资源、培训及在职责范围内的自主权。

⑦激发、激励并承认员工的贡献。

⑧提倡公开和诚恳的交流和沟通。

⑨实施为达到目标所需的发展战略。

3. 全员参与

员工是组织之本。只有他们的充分参与，才能使他们的才干为组织带来收益。全体员工是每个组织的基础。组织的质量管理不仅需要最高管理者的正确领导，还有赖于全员的参与。所以应对员工进行质量意识、职业道德，以顾客为关注焦点的意识和敬业精神的教育；应激发他们的积极性和责任感。员工还应具备足够的知识、技能和经验，才能胜任工作，实现充分参与。

实施本原则应采取的主要措施：

①对员工进行职业道德的教育，使员工了解其贡献的重要性和在组织中的作用。

②能识别影响其工作的制约条件，使其能在一定的制约条件下取得最好的效果。

③使员工有一定的自主权，并承担解决问题的责任。

④组织的总目标分解到各有关部门和层次，使员工能看到更贴近自己的目标，激励员工为实现目标而努力，并评价员工的业绩。

⑤启发员工积极寻找机会来提高自己的能力、知识和经验。

⑥在组织内部，应提倡自由地分享知识和经验，使先进的知识和经验成为共同的财富。

4. 过程方法

将活动和相关的资源作为过程进行管理，可以更高效地得到期望的结果。

任何利用资源并通过将输入转化为输出的活动，均可视为过程。所谓过程方法，是指系统地识别和管理组织所应用的过程，特别是这些过程之间的相互作用。过程方法的目的是获得持续改进的动态循环，并使组织的总体业绩得到提高。过程方法通过识别、实施和管理组织内的关键过程，并不断进行持续改进，最终达到顾客满意。

实施本原则应采取的主要措施：

①识别质量管理体系所需要的过程，包括管理活动、资源管理、产品实现和测量有关的过程，确定过程的顺序和相互作用。

②确定每个过程为必须开发的关键活动，并明确为了管理好关键过程的职责和义务。

③确定对过程的运行实施有效控制的准则和方法，并实施对过程的监视和测量，包括测量关键过程的能力。

④对过程的监视和测量的结果进行数据分析，发现改进的机会，并采取措施，以提高过程的有效性和效率。

⑤评价过程结果可能产生的风险、后果及对顾客、供方和其他相关方的影响。

5. 管理的系统方法

将相互关联的过程作为系统加以识别、理解和管理，有助于组织提高实现目标的有效性和效率。

系统是指由若干相互作用和相互依赖的要素所组成的具有特定功能的有机整体。系统的特点之一就是通过各子系统协同作用，互相促进，使总体的作用往往大于各子系统的作用之和。系统方法是在系统地分析有关的数据、资料或客观事实的基础上，确定要达到的优化目标；通过系统工程，设计或策划为达到目标而应采取的各项措施和步骤以及应配置的资源，形成一个完整的方案；在方案的实施中，通过系统管理而提高有效性和效率。

实施本原则应采取的主要措施：

①建立一个以过程方法为主体的质量管理体系。

②明确质量管理过程的顺序和相互作用，使这些过程相互协调。

③控制并协调质量管理体系每个过程的运行。

④测量和评审质量管理体系，采取措施以持续改进体系，提高组织的业绩。

6. 持续改进

持续改进整体业绩是组织的一个永恒的目标。

质量管理体系标准指出：持续改进是“增强满足要求能力的循环活动”。为了改进组织的整体业绩，组织应不断改进其产品的质量，提高质量管理体系及过程的有效性和效率，以满足顾客和其他相关方日益增长和不断变化的需求与期望。只有坚持持续改进，组织才能不断进步。持续改进是永无止境的，应成为每一个组织永恒的追求、永恒的目标和永恒的活动。

实施本原则应采取的主要措施：

①在组织内使持续改进成为一种制度。

②对员工进行持续改进的方法和工具的培训。

③使产品、过程和体系的持续改进成为组织内每个员工的目标。

④为跟踪持续改进规定指导和测量的目标。

⑤承认改进的结果，并对改进有功的员工进行表扬和奖励。

7. 基于事实的决策方法

有效决策应建立在数据和信息分析的基础上。

决策是针对预定目标，在一定的约束条件下，从各种可行方案中选择一种最佳方案。决策者应采用科学的态度，以事实或正确的信息为基础，通过合乎逻辑的分析，作出正确的决策。在质量管理过程中，决策应以事实为依据，以避免盲目决策。

实施本原则应采取的主要措施：

①明确规定收集信息的种类、渠道和职责，并有意识地收集与目标有关的各种数据和信息。

②鉴别数据和信息，确保其准确性和可靠性。

③采用统计技术等有效方法，分析所收集的数据和信息。

④确保数据和信息能为使用者得到和利用。

⑤根据对事实的分析、经验和直觉判断等作出决策并采取措施。

8. 与供方互利的关系

组织与供方是相互依存的，互利的关系可增强双方创造价值的能力。

供方向组织提供的产品将对组织向顾客提供的产品产生重要的影响。处理好与供方的关系，将对组织是否能持续稳定地向顾客提供满意的产品产生影响。在专业化和协作日益发展、供应链日趋复杂的今天，与供方的关系还将影响到组织对市场的快速反应能力。因此，对供方不仅要讲控制，还应讲互利合作，这对组织和供方都是有利的。

实施本原则应采取的主要措施：

①识别并选择重要供方。

②与供方建立关系时，既要考虑当前利益，又应考虑长远利益。

③与重要供方共享专门技术、信息和资源。

④创造一个畅通和公开的沟通渠道，及时解决有关问题。

⑤确定联合改进活动。

⑥激发、鼓励和承认供方的改进及其成果。

（二）质量管理体系基础

质量管理体系标准中列出了12条，包括两大部分内容：一部分是质量管理八项原则具体应用于质量管理体系的说明；另一部分是对其他问题的说明。它是质量管理体系的建立和运行基础。

1. 质量管理体系要求与产品要求

质量管理体系要求与产品要求是不同的，两者具有不同的性质。质量管理体系标准是对质量管理体系的要求。这种要求是通用的适用于各种行业或经济部门的，提供各种类别的产品，包括硬件、软件、服务和流程性的，各种规模的组织。但是，每个组织为符合质量管理体系标准的要求而采取的措施却是不同的。因此，每个组织要根据自己的具体情况建立质量管理体系。

质量管理体系标准并未对产品提出具体的要求。组织应按照标准中“与产品有关的要求的确定”来界定对自己产品的要求。一般来说，对产品的要求在技术规范、产品标准、过程标准或规范、合同协议以及法律法规中规定。

对每一个组织来说，产品要求与质量管理体系要求缺一不可，相辅相成，不能互相取代。

2. 质量管理体系方法

质量管理体系方法是管理的系统方法在建立和实施质量管理体系中的具体应用，包括系统分析、系统工程和系统管理。质量管理体系标准列举了建立和实施质量管理体系的 8 个步骤。

①确定顾客和相关方的需求和期望。

②建立组织的质量方针和质量目标。

③确定实现质量目标必需的过程和职责。

④确定和提供实现质量目标必需的资源。

⑤规定测量每个过程的有效性和效率的方法。

⑥应用规定的方法确定每个过程的有效性和效率。

⑦确定防止不合格并消除产生原因的措施。

⑧建立和应用持续改进质量管理体系的过程。

3. 质量方针和质量目标

质量方针是指“由组织的最高管理者正式发布的该组织总的质量宗旨和方向”。质量目标则是指“在质量方面所追求的目的”。

质量方针和质量目标指出了组织在质量方面的方向和追求的目标，使组织的各项质量活动都能围绕该方针和目标进行，使全体员工都关注它的实施和实现。质量方针指出了组织满足顾客要求的意图和策略。而质量目标则是实现这些意图和策略的具体要求。两者都确定了要达到的预期结果，使组织利用其资源实现这些结果。这两者应保持一致，不能互相脱节和偏离。例如，某地质调查单位根据自己的专业特色和业务范围，确定的质量方针和质量目标分别是：

质量方针：由老到新，雕琢地学精品；持续改进，服务社会需求。

质量目标：包括产品质量目标和管理质量目标；

产品质量目标是：设计合格率 100%，优良率 90%，原始资料合格率 100%，优良率 90%，成果报告合格率 100%，优良率 90%。

管理质量目标是：部门职责履行率 100%，制度执行率 100%，各项工作达标率 100%。

该单位确定的质量方针中包含以下几个方面的含义：

①动态的含义：表明了质量管理是个过程的管理、体系的管理；

②范围的含义：暗含了管理是“从老到新”的专业范围和专业特色，突出了地质时代的特点；

③产品的含义：一是精雕细琢，二是出精品；

④持续的含义：质量管理体系的持续，不仅仅是一个动态的概念，还包含了定向提高质量和螺旋式循环提高质量的含义，即通过 PDCA 循环，实现产品的持续提高；

⑤客户的含义：地学特别是公益性地质调查成果的主要客户是社会，包括政府、行政事业单位和公众。

质量目标与质量方针相对应，是质量方针的具体和量化。既包含了产品的质量目标，也包括了为产品质量服务的职责目标。这一质量方针和质量目标的制定，为质量体系的建立确立了方向和要求。

4. 质量管理体系文件

文件是“信息及其承载媒体”。质量管理体系文件的用途是：满足顾客要求和质量改进；提供适宜的培训；重复性和可追溯性；提供客观证据；评价质量管理体系的有效性和持续改进的适宜性。

质量管理体系中使用的文件类型主要有以下几种：

①质量手册：质量手册是“规定组织质量管理体系的文件”，它向组织内部和外部提供关于质量管理体系的一致信息。

②程序文件：是“对特定的项目、产品、过程或合同，规定由谁及何时应使用哪些程序和相关资源的文件”。

③作业指导书：是提供如何一致地完成同一专业或同一性质的工作和过程的文件。

④质量记录：记录是“阐明所取得的结果或提供所完成活动的证据的文件”。

在质量管理体系的建立过程中，文件的编制是非常重要的，但编制文件并不是建立质量管理体系的最终目的。质量管理体系标准所要求的是：将你现在或将来要做的管理活动按照质量管理体系标准的要求形成书面的文件。文件的多少及详略程度取决于活动的复杂性、过程接口的多少、人员的技能水平等因素。文件的目的是使质量管理体系的过程得到有效的运作和实施。

（三）质量管理体系的建立和运行

1. 质量管理体系的建立

一个组织在进行质量管理体系认证前，可能已存在一个质量管理体系，但这种质量管理体系不一定符合统一的标准，也不一定具有足够的保证能力。所以，建立质量管理体系并不意味着将现有体系一律废止，而是改造、更新和完善现有体系，使之符合标准要求。

建立质量管理体系主要包括以下环节：

①统一认识及决策：组织的领导层应认真学习有关标准和文件，统一认识，在此基础上进行决策，建立质量管理体系。

②组织落实：成立领导小组或工作委员会，领导质量管理体系的建立和认证工作；同时组织一个既懂技术又懂管理，有较强分析能力和文字表达能力的技术人员组成的工作组，具体执行质量管理体系的建立和运行任务。

③培训：在组织内部广泛树立对建立质量管理体系意义的认识，使全体员工能充分理解这项工作的重要性，并对这项工作予以支持与配合。根据在质量管理体系中承担的职责不同，分别对中层人员及工作组人员、质量控制人员、全体员工进行分层次

培训。

④制定工作计划：建立质量管理体系是一项系统工程，应分步推进。为使该工作能有条不紊地进行，应编制工作计划。该计划应明确规定各阶段或某项工作的时间进度和内容，并明确各有关部门和人员的协调和配合。

⑤制定质量方针和质量目标：组织应在第一责任人的主持下，由领导层负责制定质量方针和质量目标。

⑥明确过程：过程方法是质量管理原则之一。为贯彻这一原则，应识别质量管理体系所需要的过程，包括管理活动、资源管理、产品实现和测量等有关过程，并明确这些过程的顺序和相互作用。

⑦质量管理体系设计：在对本组织现有质量管理体系进行全面分析研究的基础上，根据质量管理体系标准，对将要建立的质量管理体系进行统筹规划、系统分析和总体设计。

⑧编制质量管理体系文件：针对质量管理体系的具体情况，确定应编制的文件种类，并进行编制。

2. 质量管理体系的运行

建立质量管理体系的根本目的是使之有效运行，以达到保证质量和提高组织业绩的目的。

①运行准备：运行准备主要包括：正式颁布质量管理体系文件；进行各职能部门的职责分配；制定运行计划；进行全员培训；建立质量信息系统等。

②运行：各部门、全体员工应严格按照质量管理体系的要求开展工作，并建立相应的控制机制。

二、质量手册的主要内容

为了不断地提高地质调查成果质量，按照中国地质调查局的要求，地质调查单位应依据质量管理标准，建立适合地质调查工作的质量管理体系。《质量手册》是质量管理体系的核心文件，《质量手册》主要阐述地质调查项目承担单位的质量方针和质量目标，地质调查项目的组织结构和质量职责，地质调查项目中各项质量活动的程序和规定，质量管理体系文件的管理办法等。《质量手册》中阐述的规定是地质调查单位在地质调查质量管理活动中必须长期遵循的法规。通过质量管理体系的实施，向国家和其他顾客提供优良成果和满意服务。

《质量手册》一般由 8 个部分组成，主要包括范围、引用标准、术语和定义、质量管理体系、管理职责、资源管理、产品实现、测量、分析和改进。

（一）范围

指出了本单位适合所承担的主要业务方向。如区域地质、矿产地质、水文地质、环境地质调查和基础地质的综合研究、矿产资源综合研究、环境和水资源地质综合研究、信息技术、实验测试及其相关的管理活动。

（二）术语和定义

①产品。地质调查项目工作过程的结果（成果报告、原始资料和实物资料）。

②组织。具有承担地质调查项目资质的地质调查单位。

③顾客（委托方）。地质调查项目的立项和出资单位，一般是指中国地质调查局，也可以是政府部门、工业部门、矿山企业及需求地质调查成果的出资单位。

④项目。指地质调查项目、综合研究项目以及其他地质调查项目的统称。

⑤设计（设计和开发）。将委托方的地质调查项目要求（如任务书和有关规程、规范等）转换为项目调查所采用的工作部署、手段、方法、步骤、实物工作量及预期成果，提出地质调查和综合研究的工作方案及精度等特性规范的过程。

⑥施工。地质调查项目和综合研究项目的野外作业过程。

⑦综合研究。针对特定区域或特定专业所面临的共性问题，跟踪国内外进展，提出先进可行的技术路线和理论方法，遵循野外调查与室内综合相结合的原则，在大量收集资料的基础上，进行有重点的野外实际查证，运用先进的理论，高科技手段进行综合性分析研究。在规定的时间内取得研究成果，为该地区部署和开展进一步的地质调查提供理论依据。其成果表达形式为可持续合成的数字化的成果报告。

（三）质量管理体系

1. 总要求

按照质量管理标准要求建立质量管理体系，形成文件，在地质调查项目中加以实施、保持和持续改进。总要求是分析、评价和验证地质调查单位质量管理体系的适宜性、充分性和有效性的准则与依据。根据地质调查项目的工作特点，一般情况下，可确定影响成果质量的 7 个主要过程：

①立项与初审；

②设计编写与审查；

③野外作业与综合研究；

④报告编制与审查；

⑤资料归档与汇交；

⑥项目终结；

⑦信息反馈。

这个过程是按顺序进行的，围绕以上 7 个相互联系的过程，制定有效运作和控制所需的程序、准则和方法的程序文件和作业文件。同时，建立一套测量、监视和分析系统，成立质量管理办公室，相关部门及人员必须按照质量管理体系文件要求进行管理和执行；对运作过程中存在的问题，应采取必要的措施，以实现质量方针和质量目标的要求，并对这些过程进行持续改进。

2. 文件要求

按照质量管理标准建立的质量管理体系，用文件形式将质量管理体系的要求进行描述，主要包括组织机构、职责权限、资源、过程和方法。

质量管理体系文件共分 3 个层次：

第一层次：质量手册；

第二层次：程序文件；

第三层次：作业文件、质量记录和有关质量的规章制度。

《质量手册》是“质量管理体系”的纲领性文件，对内提供关于质量管理体系的一致信息，对外展示质量管理体系符合有关标准。《质量手册》由管理者代表审核，组织的最高管理者批准，签署颁布令并规定实施日期。《质量手册》由管理者代表负责组织实施，质量管理办公室负责具体管理、解释工作。手册分“受控”和“非受控”两种，在封面上予以标识。

程序文件是提供一个地质调查单位如何一致完成项目及其过程的信息文件，是对实施质量管理体系所涉及到的部门及人员的活动提出的标准化要求，是《质量手册》的支持性文件。其中包含了标准要求的 6 个控制程序（文件控制、质量记录、质量体系内部审核、纠正措施、预防措施和不合格品控制）。

作业文件是质量管理体系要求的，能够指导完成地质调查和综合研究活动与过程，对作业现场或特定岗位操作具有指导性的文件。作业文件是程序文件的支持文件。规范、规定、规章制度及某些技术性文件也属于作业文件的范畴。

质量记录用于证明产品（成果）满足质量要求的程度和质量管理体系运行的有效性提供可追溯性文件，并提供验证、预防措施和纠正措施的客观证明。

（四）管理职责

1. 管理承诺

组织的最高管理者要向社会承诺：依据质量管理标准，在本单位建立、实施、保持并持续改进地质调查和科学研究工作质量管理体系，并通过各种活动加以证明。

遵循以顾客为焦点的原则，通过文件、会议、培训或其他方法向内部管理人员和全体职工传达满足顾客和法律、法规要求的重要性。

2. 以顾客为关注焦点

以增强顾客满意为目标，教育和要求全体职工在质量管理体系运作的每一个过程都确保顾客的要求期望得到确定并予以满足，并将顾客的要求和期望转化为产品的要求和质量体系、管理体系要求；确保质量方针、质量目标与顾客的要求和期望相结合。通过体系的有效运行，提供一流地质成果。

3. 质量方针

根据地质调查单位的性质和特点，制定适合本单位的质量方针，确保质量方针要与本单位的宗旨相适应，质量方针要与本单位的管理机构和产品特点相结合，让全体员工理解并执行质量方针，并据客观条件的变化，对质量方针的持续适宜性进行评价。

4. 策划

根据质量方针，确定本单位的质量目标和管理服务目标，确保本单位相关职能部门和不同层次上建立质量目标并分层展开。质量目标实行动态管理，在质量方针框架内每年结合质量改进的需要进行制定和修改。

质量管理体系策划。为达到制定的质量目标。应确保策划质量管理体系涉及的专业范围和过程，确定质量策划的重点，保持质量管理体系的完整，进行体系内部审核，并配备必要的资源。质量计划通常是质量策划的结果之一，可随过程实施加以变更。

5. 职责、权限与沟通

职责和权限。为实现质量目标，使质量体系有效运行，根据需要设立相应组织机构，规定各部门的职责和相应人员的职责和权限。

单位法人一般为本单位的最高管理者，其主要的管理职责和权限：制定质量方针和质量目标，任命管理者代表，领导质量管理体系的实施，批准颁布实施质量手册，确定组织机构形式，确定并批准各岗位的职责权限，贯彻执行国家和上级部门有关质量工作的方针、政策和规定，确保成果质量满足顾客要求，对成果质量负领导责任。定期评审质量管理体系，主持管理评审，批准管理评审报告，为实施和改进质量管理体系提供必要的资源。

内部沟通。单位法人应确保在单位内建立起适当的沟通过程，并确保对质量管理体系有效性进行沟通。形式自上而下、自下而上、部门之间、会议及书面等沟通形式。

6. 管理评审

每年进行一次质量管理体系的评审，以确保质量管理体系的适宜性、充分性和有效性。管理评审包括：评价质量管理体系改进的机会和变更的需要；包括质量方针和质量目标。

管理评审间隔不超过一年，由单位法人主持，必须具有充分的资料和信息。评审会议应有记录、有结论。

（五）资源管理

1. 资源提供

确定并提供所需资源的目的是满足顾客的要求，保持质量管理体系和持续改进的有效性，保证产品质量。资源范围一般包括人力资源、基础设施、设备、硬件、软件、信息、工作环境、财务保证及可靠的供方合作者。

单位法人与相应的职能部门确定质量管理和产品实现过程所需资源，并在过程中及时提供。技术主管部门确定项目的专业技术人员、设备、资金需求及可靠的供方，向人事、财务和物业等部门提供信息。人事部门负责人力资源的管理，财务部门负责过程所需的资金，装备部门负责项目实施所需的设备，物业部门负责过程所需的基础设施、工作环境及物资。

2. 人力资源

承担质量管理体系规定职责的人员应具有相应的能力。识别和判断其能力应从受教育程度、所学专业、培训状况、技能水平、经历和以往业绩等方面考虑。对于野外技术人员和职工除了上述能力外，对其集体协作精神、身体健康状况和面临危难时的意志品质等要进行相应的考察。

能力、意识和培训。根据标准要求，确定相关人员所必需的能力，提供培训，确保员工从事质量活动的意识，保持教育和技能培训的记录，编制《人员能力统计表》。由人事部门具体负责，其他部门配合。

3. 基础设施

办公、实验测试生产场所及相关的设施；过程设备有各种设备、测量器具和计算机硬件软件；支持性服务有运输、通讯设施等后勤保证，尤其是在恶劣的自然条件下或不同季节时应确定救援系统和救援方案。

4. 工作环境

地质调查工作有室内和野外作业两种工作环境。特别强调野外作业过程中的工作环境对实现产品符合性的影响。野外地形等自然条件难尽人意，应确保人身安全，选择环境较好的驻地。作为项目负责人应认真考虑并善于营造良好的野外工作和生活环境，各项目组野外作业期间，注意营造活泼的学术环境、比较舒适的生活环境、尊重理解的社会环境。

办公楼、图书馆、资料室、计算（网络）中心、实验测试室及重要仪器、设备的工作环境也是应当关注的；保持环境整洁，消除环境污染，保证水、电、热的供给。

计算（网络）中心是信息技术工作场所，计算机等仪器设备要注意软硬件工作环境、病毒防范。非专职（责任）人员，不得动用相应设备，防止资料丢失。

资料档案室是资料成果的保存场所，要注意资料的保密、防火、防盗、防潮、防虫、防晒工作，防止丢失、损坏；规定资料管理人员职责。

实验测试室是实验检测场所，仪器设备必须有专人负责，非测试人员未经许可，不得动用。测试人员必须按操作规程操作，保持测试场所良好工作环境。

各部门负责人，应注意本部门工作环境的保证，做好安全工作，实施安全责任制；各部、处、室、项目组应负责本部门重要仪器设备（如计算机、打印机、复印机、一体机、扫描仪、GPS、显微镜、投影仪、照相机、数码相机、摄影机等）工作环境的保证和维护，防止损坏。

（六）产品实现

1. 产品实现的策划

对产品（成果）实现过程进行策划，确保影响产品（成果）的主要活动得到控制。

如前所述，从事地质工作的产品为地质调查和科研的成果，其实现过程可以分为7个阶段：立项与初审、设计编写与审查、野外作业与综合研究、野外检查与验收、报告编制与审查、资料归档与汇交、项目终结与信息反馈。

业务主管部门负责确认项目质量目标、实施方案、检查、评审、验收准则、技术标准和质量记录。质管办负责确认项目采用的程序文件及作业文件。业务机构和项目组负责拟定、收集、整理和保存项目质量目标、技术标准和质量记录，编写实施方案，组织实施，接受上级部门及相关部门的监督和检查。

项目实施策划主要包括：

①根据任务书的要求，确定地调项目质量目标和要求；

②确定项目的控制过程，采用程序文件、作业文件和技术标准；

③确定人力资源需求与保证，应当重视项目实施过程中业务技术骨干的能力、意识和必要的培训；重视项目实施过程中需要的技术设备及必要资源；

④将顾客要求和法律、法规要求转化为验收规范和准则，确定每个过程验收要求；

⑤对过程和产品的关键特性，应安排测量和监控。

⑥确定实现过程及其产品提供的记录。

2. 与顾客有关的过程

为充分了解顾客的要求和期望，确保提供顾客满意产品，业务主管部门应确定产品各项要求。明确顾客规定的产品要求和质量要求，如地调项目的目的、任务、范围、预期成果和工作期限等；了解顾客未作规定，但预期（通常隐含的）或规定用途所必需的产品要求；查明与产品有关的法律、法规要求；落实本单位质量方针和质量目标及承诺的附加要求，按程序做好设计准备。

在正式开展项目前，要认真研究顾客或其他用户对地调项目的要求，保证满足对产品的规定。每次研究均应填写产品要求的研究意见书，归档保存。

3. 设计

（1）设计策划

根据地质调查局对地质调查项目管理的有关文件要求，对承接的地调项目设计进行策划。根据项目任务书，由业务主管部门负责，会同业务室和项目负责人对项目的设计进行策划，形成项目设计计划书，随着设计过程的进展加以完善和补充。通常情况下，项目设计计划要报单位技术负责人批准。项目设计计划书的内容包括：设计编写的总体安排和主要内容，项目组成员的组成、职责和分工，信息资料、设备、资金保证及其他相关内容。

（2）设计输入

业务主管部门和项目负责人，应针对具体项目的特点，确定设计输入内容和要求。设计的输入应形成记录，并加以保存。设计输入要求明确地调项目的目标、任务和要求，指明需要执行的国家和行业的标准，可以借鉴的类似设计和工作方法。

（3）设计输出

项目负责人和项目组成员应对照设计输入要求，通过自检、审核过程加以验证。首先由项目负责人组织项目组成员进行充分讨论、检查和修改，之后由业务主管部门进行审核验证。项目设计书必须满足项目任务书要求，满足地调项目技术标准和精度要求，有先进的技术路线、组织保证、工作部署和质量保证措施，按照有关规定编制项目的总预算和年度预算。

（4）设计的评审

设计输出后，业务主管部门要按照计划和要求对设计书进行系统评审，并提交设计初审意见书。初审的重点是设计书是否满足设计输入要求，设计书中的工作方案、技术路线、精度要求、人员、设备、实物工作量、工作部署和各项措施是否得当，与地调项目有关的职能部门必须参加设计初审会议。设计评审结果和提出问题涉及的责任部门应及时整改落实。设计评审结果、提出的问题及所采取措施要进行记录，按《质量记录控制程序》的规定予以归档保存。

（5）设计验证

项目组根据设计初审意见认真修改后，由业务主管部门对设计书进行验证，以确保设计输出满足设计输入要求。对设计验证发现的问题，项目负责人应采取措施，对设计进行修改，满足设计输入要求。验证合格后，需经单位技术负责人批准后提交正式评审。

（6）设计认定

为确保项目成果能够满足要求，在完成设计评审后，要对设计审查结果进行确认。项目管理单位下达的设计认定书为设计最终确认，对设计认定中存在的问题，业务主管部门和项目负责人应采取措施进行整改。

（7）设计更改的控制

在地调项目实施过程中，由于顾客要求的变化，技术标准的更改，地质条件变化以及项目负责人对客观事物的认识发生变化，造成已确认的设计不能满足继续运作的要求时，应对设计进行更改。首先确定设计更改的内容，然后对设计更改的内容进行单位内部评审，待报主管部门批准后方可实施。

4. 采购

地调项目的采购可分为项目的分包、原材料及设备采购等。物业部门负责对供方进行评价，编制《合格供方目录》，并对供方的供货业绩定期评价，建立供方档案；负责制定采购计划，执行采购作业；业务主管部门负责对委托协作单位的资质和业绩进行评价，协助项目负责人对项目实施过程所需劳务的能力进行评价。资产部门负责设备清单审核管理。

对于协作单位分包项目，业务主管部门应按其规模大小和复杂程度评价选择供方。对于原材料（物资）、设备、仪器、专业软件、配件及用品的采购，财务部门和物业部门负责按规定程序和手续实施评价，对已选用的合格供方，应按时间间隔（一年为宜）和评价准则要求，重新进行评价，以确保供方具有持续提供合格产品的能力。对供方评价的结果和采取的跟踪措施，应保存相应记录。

对采购产品要进行验证，以确保采购产品符合规定要求。验证依据为采购文件、设计书及规定的规范标准。首先，对于分包的各项工作，业务主管部门及项目组应结合分包工作特点，对其工作方案和野外勘查过程进行监督控制和审查。分包工作完成后，由业务主管部门组织专业人员，对地调项目的原始资料及提交的报告进行审查。其次，对于原材料、设备、设施、仪器、专业软件及用品，物业部门应按检验计划要求实施进货检验。

5. 生产和服务提供

（1）生产和服务的控制

对地调项目实施过程要进行认真策划，使各阶段都能在受控状态下完成，确保满足任务书和项目设计要求。在地调项目实施准备过程中，应认真审核施工方案和野外作业计划，严格执行地调项目设计，收集有关技术标准与规范，做好人员安排、职责的确定和物资装备的准备。在野外踏勘时要及时制定相关工作细则，在野外作业过程中，应根据地调项目的规模和复杂程度，选择不同的野外勘查手段和方法，严格按照野外作业方案和有关规程、规范执行。野外工作结束之前，应对野外原始资料进行整理，上墨、分析和研究，确保原始资料齐全、准确，并进行野外资料的自检和互检，注意野外地质资料的综合整理和综合研究。对野外作业过程中存在的问题，应及时进行野外补课。在正式野外验收前，项目承担单位要对野外验收资料和野外工作进行检查。

业务主管部门、质管办负责组织专家对项目进行全面检查。经过检查后出据检查意见书，并签字确认。经过正式验收后，项目组应根据野外验收意见书，完成野外补课工作后，才能转入编写报告阶段。编写地质调查报告是对全部地质工作整理和研究过程，必须编写详尽的成果报告提纲，在项目组内进行明确而详细分工，整理各类原始资料和数据，编制各类图件和文字报告，确保成果报告符合地调项目任务书、设计书和相关规范要求。

（2）生产和服务提供过程的确认

对一些工作特殊过程要进行必要的确认，如特殊环境下的野外地质考察、野外路线剖面测量和野外路线观察等。业务主管部门负责按标准要求对特殊过程进行确认。

（3）标识和可追溯性

产品及产品状态应以适当方式标识，防止不同项目成果的混淆和误用，防止原始资料、实物资料及相关文件的混淆，实现成果质量形成过程及产品的可追溯性。标识适用于采购产品、顾客提供产品和阶段性成果等，如样品标签、剖面测制、图件责任表和野外记录本等。标识需要更改时，须制定更改要求，并书面下达到各有关部门执行。项目名称、成果名称以及成果形成过程要按规范进行标识，其中惟一标识应有单位印章、领导签字和单位名称等。必要时应注明标识名称、编号、地点、时间、人员姓名等，使之具有可追溯性。

（4）顾客财产

对顾客提供的财产要进行控制，在完成地调项目期间，由顾客提供使用的原材料、设备、劳务和最终形成的地调成果（包括顾客所有的知识产权）。相关职能部门要组织项目组对顾客财产进行登记，检验并按规定标识，注意对保密性资料的保密工作。

（5）产品防护

防止产品在形成过程中和最终完成交付的过程中受到损坏，保证交付给顾客的产品符合规范、规定要求。本单位对实施的地调项目各阶段产品和最终成果的搬运、贮存、包装、防护和交付过程进行控制并规定防护要求。

6. 监视和测量装置的控制

根据地调项目需要，建立并保持《监视和测量装置控制程序》，确保监视和测量装置处于合格准用状态，并与要求的测量能力一致，以证实产品符合规定要求。设备主管部门和各相关使用单位共同对监视和测量装置进行控制。设备主管部门负责组织制定并实施《监视和测量装置控制程序》，编制内部校准规程，编制相关仪器设备年度校准计划，建立本单位监视和测量装置校准台账。

（七）测量、分析和改进

通过对测量、分析和改进过程的策划和实施，确保本单位建立的质量管理体系运行有效和不断改进。对地调项目各种检验和各级审查进行安排，以证实项目实施的每个过程符合规定要求。对影响成果质量的主要活动进行监视和测量，及时掌握顾客对

产品的要求，评价和分析项目是否符合规范要求，发现问题应及时采取纠正和预防措施。对质量管理体系进行内部审核及管理评审，确保质量管理体系的符合性。对测量、分析和改进过程采用过程方法、管理系统方法和基于事实的决策方法，包括运用统计工具，在调查、收集、分析的基础上进行改进并予以实施。

1. 监视和测量

（1）顾客满意

这是一个单位质量管理所追求的目标。它是来自外部对质量管理体系运作有效性及对地调项目实施是否满足要求的一种客观的、真实的监视和测量方式。采取正确方法，客观地收集来自各方面的信息，以便对质量管理体系和所提供的地调项目成果作出正确的评价。

业务主管部门负责对顾客满意的直接测量，直接的办法是来自顾客对本单位的各类监视信息和审查结果。也可以根据市场调查和回访等形式进行顾客满意调查，掌握顾客满意程度信息。业务主管部门和质管办负责顾客信息的收集、整理和保存，并提交管理评审。

（2）内部审核

内部审核（简称内审）是本单位最高管理者独立地、公正地、系统地测量和评价质量管理体系的一种方法。按标准要求，就内审的策划、实施、内审报告及问题跟踪与纠正等过程编制程序文件，明确内审的管理要求、职责与活动并保存相关的记录。目的是通过内审确定质量管理体系实施、保持符合性、有效性是否达到标准要求并符合策划安排。为进一步完善、改进质量管理体系提供依据。

最高管理者批准质量管理体系内部审核年度计划。管理者代表审核质量管理体系内部审核年度计划，批准内部审核工作计划，任命审核组长，批准纠正措施。质管办负责制定内部审核年度计划，下发内部审核通知，组织实施内部审核，跟踪检查纠正措施的落实情况，验证实施效果。

（3）过程的监视和测量

除了通过内部审核测量评价质量管理体系以外，还要采用日常的调查、分析、考评等适宜的方法对质量管理体系过程进行监视和测量。业务主管部门和质管办负责过程的监视和测量，要对关键过程（即影响成果的 7 个主要活动过程，包括不易由后续的手段加以验证的特殊过程）的运行情况进行控制。

（4）产品的监视和测量

对各种产品特性进行监视的测量，以验证产品（成果）是否满足要求。地调项目的野外验收、中间报告和最终成果报告评审就是对产品监视和测量。在各项产品交付前，单位技术负责人要进行审核和确认，组织对大型项目成果的评审。

2. 不合格控制

对不合格产品进行控制的目的是防止不合格品转入下一阶段和交给顾客，它适用于采购产品、顾客提供产品、过程产品及最终产品中发现的不合格的控制。业务主管部门、质管办、物业部门、研究室和项目组质量检查人员负责不合格品的识别发现，并在相应范围内进行监督和处置。

不合格品分为严重不合格和一般不合格两类。严重不合格指经评审认定产品整体不合格，或造成较大经济损失，直接影响产品质量、主要及重要功能、性能技术指标等不合格。一般不合格指个别、少量不影响产品质量的不合格。

检验审核人员或授权人发现不合格品后，要及时记录产品偏离质量要求的情况，对不合格的性质进行初步评价，报告给部门负责人和质管办。对不合格品由质量检查人员标识，与合格品分开，防止不合格品被下阶段或其他项目误用，业务主管部门负责对不合格品进行处置。

对不合格品的处置，第一是调整工作方案及方法，或补充工作使之达到规定要求，补充工作完成后，应按规定进行再验证，确保符合规定要求。第二是由管理者代表批准，适当时向顾客提出报告，经批准后对不合格品进行让步或接收。第三是拒收或报废。

3. 数据分析

确定、收集和分析适当的数据，证实本单位质量管理体系的适宜性和有效性，并评价保持质量管理体系持续改进的地方。主要包括产品质量信息的收集、识别、分类方法和途径；产品质量及其趋势统计分析，产品及过程质量影响因素分析及测试数据数理统计。

业务主管部门负责统计技术应用效果的验证，各部门、项目组负责统计技术的具体应用，质管办确认信息有效性、评价体系持续改进的可行性及有效性。推荐采用常用的统计方法和工具如数理统计分析、曲线图和直方图等，主要了解质量动态，发现质量异常波动后寻找主要因素，提供给单位领导及各级管理者作决策的依据。

4. 改进

（1）持续改进

持续改进的目的是建立持续改进的机制，并根据顾客要求不断变化，不断地提高顾客满意程度，在纠正和预防措施基础上，实现质量管理体系的持续改进，达到顾客满意。

管理者代表负责审核质量改进计划，最高管理者批准；质管办负责完善质量管理体系，组织编写质量改进计划，指导单位各部门围绕质量薄弱环节开展质量改进活动。业务主管部门、相关业务部门及各项目组，要在项目实施过程中，按体系要求强化质量管理，了解顾客需求和满意程度，针对已发生的不合格原因，采取纠正措施，防止再次发生；针对潜在不合格原因，采取预防措施。不断增强满足要求的能力，达到持续改进。

（2）纠正措施

通过分析，对实际存在的不合格原因采取纠正措施，防止不合格再次发生。最高管理者协调跨部门之间制定和实施重大纠正措施，管理者代表组织对重大事故的原因分析，指导责任部门（含项目组）制定纠正措施，质管办负责跟踪、评审纠正措施完成情况及纠正措施的有效性，责任部门分析引起不合格的原因，制定并实施纠正或预防措施。

各类检查验证人员识别评审不合格，质管办识别顾客的投诉、评审不合格及顾客投诉的严重程度和影响范围，并进行分类（严重、一般、轻微不合格），从而确定评价、控制及采取措施的方式、部门和岗位，查找和分析不合格产生的原因。

（3）预防措施

通过分析，对潜在的不合格原因采取预防措施，防止发生不合格。

最高管理者协调跨部门之间重大的预防措施的制定和实施。管理者代表组织对重大事故的原因分析，指导责任部门制定预防措施。责任部门对本部门引起的不合格应分析原因，制定并实施预防措施。质管办负责跟踪、评审预防措施完成情况，并将预防措施实施结果汇总之后，报管理部门评审。

责任部门及时将本部门所发现的有可能发生的潜在不合格的信息及时向归口管理部门报告，以便采取预防措施。对有效的预防措施进行总结和记录，必要时通过更改质量体系文件加以巩固，确保质量体系的有效运行。

第三节　地质调查项目的成果管理

一、地质调查项目的成果

（一）地质调查项目成果的含义

广义上，地质调查成果可以表述为：在一定的地质理论指导下，运用一定的地质方法和手段，由专门的地质技术人员对客观地质体取得的认识。在社会经济的应用当中，地质成果是指“为国民经济和社会发展所提供的各种阶段性或最终的矿产资源储量和地质资料”。

在上述的成果定义中，包含了以下几方面的理解：

①地质调查成果是在一定的地质理论指导下取得的。不同的客观地质体，需要不同的地质理论，地质理论与客观地质体相一致。如在岩浆岩区开展地质工作，必须运

用岩浆岩地质学理论指导地质工作。

②运用一定的地质方法和手段。不同的地质工作、不同的地质工作阶段需要不同的手段和方法，如地质填图、钻探、物探、化探等。

③地质工作的对象是客观地质体。这个客观地质体主要是指地球上的客观地质体，因为目前经济社会发展阶段，为国民经济和社会发展所提供的物质原料仍然来源于地球。但是天体地质学也可以对诸如月球、火星等其他天体上的地质自然现象进行研究，取得地质成果。

④地质调查成果是由专门的地质技术人员取得的。说明地质工作是一种研究工作，需要专门的技能和理论。

⑤地质调查成果是一种信息“产品”，是用报告、图表、数据、实物、模型等综合表达方法描述对客观地质体的认识，并提出对客观地质体的评价，包括客观地质体位置、数量与质量、价值、成因、规律和运动等。

地质调查成果是地质成果的主体成果，地质调查成果大多数是基础性、公益性和战略性的成果。以项目形式取得的成果就是地质调查项目成果。

（二）地质调查项目成果的特征

地质调查项目成果属于科技成果，它既有科技成果的一般特征，又有自己的特殊性。科技成果是指某一科学技术研究课题，通过试验研究、调查考察取得的具有一定实用价值或学术意义的结果，包括研究课题结束，已取得的最后结果，研究课题虽未全部结束，但已取得的可以独立应用或具有一定学术意义的阶段性成果。研究工作的一般工作进展不属于阶段性成果。地质调查项目成果具有以下基本特征：

①信息性。地质调查项目成果资料是一种信息“产品”，通过地质调查活动，获得对客观地质体的认识和了解，提交反映客观地质体情况和矿产储量的地质调查报告，通常用文字、图表、影像、数据来表达，还有一些具有代表意义的实物资料。

②述实性。地质调查成果是按地质调查的规则取得的对客观地质体的认识，这种认识是调查取得的，是客观存在的，即使有推测的成分，也是按照允许的规则所作的主观判断。例如，经过地质调查查明了一条断层的倾向、走向、规模及断层的性质，并对其活动性质作出的评价，都是客观存在的，经验证查实的，具备一定的精度和准确性，可以用于国民经济规划和建设的地质依据。

③地质调查成果产出的周期长。地质调查活动以地质调查项目为单元进行，一个地质调查项目从开始立项到最终提交地质调查报告通常需要几年的时间，有的勘查项目，从普查到勘探甚至需要几十年的时间，无论是阶段性成果还是最终成果的产出，都不是在短期内所能完成的。

④地质调查成果既有使用价值，又具有潜在价值。有效的地质调查成果可以满足国民经济建设和社会发展的需要，这就是地质调查成果的使用价值。地质调查成果中的各种地质资料对于国民经济各部门来讲具有现实的使用价值，而探明的矿产资源储

量则是一种潜在的使用价值，会在以后的矿产开采中得到体现。

马克思说："一切劳动，从一方面看，是人类劳动力在生理学意义上的耗费，作为相同的或抽象的人类劳动，它形成商品的价值。"地质调查活动既然是生产与科研的统一，其劳动也是科研的一部分，劳动的耗费凝结在地质调查成果中，形成地质调查成果的价值。

⑤地质调查成果的公益属性与排他性。从地质调查成果的经济属性来讲，公益的地质调查工作由政府投资进行，其成果无偿向社会公众提供使用，为政府规划决策和商业投资提供基础依据。而商业地质勘查成果则具有排他性，其成果往往表现为矿权（包括探矿权和采矿权）和勘查评价报告，在经济活动中可以作为无形资产参与投资、转让等商业运作。

（三）地质调查项目成果的表达形式与内容

1. 表达形式

如上所述，地质调查项目成果是一种信息产品，与工农业产品和一般的信息产品不同。地质调查项目成果，其本质是用一种合适的方式，对认知的客观地质体的形体、成分、规律、成因的表达，其目的是将取得的认知应用于现实的经济社会发展和建设，因此，有其特殊的表达方式。它既包括项目完成后提交的成果报告、矿产资源量、科研成果、相关软件和技术方法，也包括了调查和研究过程中形成的一系列原始资料。地质调查项目成果一般有以下几种表达方式：

①纸介质为载体的成果报告。目前仍然是地质调查成果的主要表达形式，如各类地质调查评价报告、专题报告、各类图件表格、照片、影像、在各类专业刊物上发表的论文等。

②计算机为载体的成果报告。包括纸介质的成果报告直接转化成的各类电子文档、数据库，平面的、立体的、动画的模拟、演示系统，计算软件等。

③实物资料。如需要保存的岩（矿）心、样品、标本等。

④原始资料。野外地质调查过程中取得的原始记录、原始数据、原始图件等。原始资料是地质调查项目成果的重要组成部分，通过对原始资料的综合整理、研究，形成了可提供社会使用的成果形式。

2. 成果分类

在社会主义市场经济条件下，必须建立国土资源科学技术成果管理的新体系，实现对国土资源科技成果的科学化、规范化管理，加强知识产权保护，促进科技成果共享和转化，国土资源科技成果可以分为三类：

（1）基础研究类科技成果

指阐明某一自然现象、特征、规律及其内在联系的在学术上具有新见解，并对科学技术发展具有指导意义的基础研究和应用基础研究的理论成果。

（2）应用基础研究类科技成果

①具有新颖性、先进性和实用价值的新产品、新技术、新工艺、新材料、新设计和生物、矿产新品种以及计量、标准、科技信息、环境科学等研究成果。

②科技成果在应用推广、转化过程中取得新的进展、创造或与之配套的科技成果(包括工艺技术、检测方法等）。

③消化、吸收、引进技术取得的科技成果。

（3）软科学类科技成果

为推动决策科学化和管理现代化，对促进科技、经济与社会协调发展起重大作用，并在社会主义现代化建设中直接应用的研究成果。

中国地质调查局将地质调查项目成果按项目性质分为3类：

①地质调查评价类报告(包括区域地质、矿产地质、区域地球物理、区域地球化学、水文地质、工程地质、环境地质、遥感地质等）。

②技术方法类报告(包括物探、化探、钻探工艺、遥感技术、实验测试、信息技术等)。

③研究类报告（包括基础研究、战略研究、规划编制、标准制定、管理制度制定、数据库建设、重大项目预研究等）。

上述成果内容侧重于成果的表达，或者说侧重于可以提供用户使用的成果形式，而将原始资料作为科技档案的管理内容，归入了地质资料的内容。实际上，地质调查的主要任务是对客观地质体和地质现象认识取得的客观、公正、科学的数据，经过整理加工以后直接提供社会使用，而这些数据恰恰存在于原始资料当中。因此，对地质调查项目成果的不同认识，决定了对地质调查项目取得的原始资料的对待方式和管理形式。

二、地质调查项目成果管理

地质调查项目成果管理由中国地质调查局、大区地质调查中心和项目承担单位共同负责。地质调查项目成果报告由中国地质调查局统一组织，分级实施。中国地质调查局负责组织计划项目和重大工作项目的成果报告审查；大区地调中心受地质调查局委托组织计划项目的成果报告审查，按规定接收大区内工作项目地质调查成果资料；实施单位负责组织工作项目成果报告审查，集成、整合工作项目成果，提交计划项目成果报告；承担单位受实施单位委托组织工作项目成果报告审查，汇交地质调查成果资料及规定的原始资料，保管地质调查原始资料和实物资料。

（一）项目成果报告的评审

1. 评审程序

地调项目成果报告评审已经有比较成熟的程序，具体程序如下：

①地质调查项目应按照有关规定、技术标准和要求，编写项目成果报告。

②成果报告提交单位在完成项目报告并进行初审后，向组织审查单位填报成果报告审查申请表一式两份，同时附单位初审意见。申请评审必须具备以下条件：

a. 全面完成了设计书的任务；

b. 通过了野外验收或相关检查；

c. 各类技术资料齐全；

d. 形成文字报告和各类图件。

③地质调查项目成果报告审查工作分为评审和审查两部分。评审形式分函审和会审两种，以函审为主。组织审查单位根据成果报告审查申请及项目情况确定评审形式和评审专家人员组成。会审时评审委员会通过审阅成果报告，查阅各类资料，听取项目组汇报、答辩，并与项目组在交换意见的基础上，由主审专家主笔并汇总其他评委的意见，提出评审意见初稿和报告质量评分建议，经评审委员会讨论形成最终评审意见。函审时由评审委员分别审阅成果报告、进行报告质量评分、形成书面评审意见，由组织评审单位汇总，形成评审意见。

④成果报告评审和审查依据为项目任务书、设计书、设计评审意见书、设计审批意见书和有关技术标准。报告评审应坚持实事求是、客观公正、注重质量、讲求实效的原则，保证评审工作的严肃性和科学性。

⑤评审应形成专家评审意见，组织审查单位据此签署评审意见书，下发项目成果报告提交单位。

⑥成果报告提交单位在收到评审意见书 30 日内按照评审意见书对成果报告进行修改后，送组织审查单位审查。

⑦评审委员会一般由 5 ~ 9 人组成，经费较少的项目，人数可酌情减少，组成人员应覆盖项目工作涉及的主要专业。

⑧组织审查单位在收到修改后的成果报告 15 日内进行审查，对审查合格的成果报告，由审查单位下发审查意见书，同时报地质调查局业务主管部门和成果资料管理部门各一份。对审查未合格的报告通知成果报告提交单位限期完成修改。

⑨技术方法和研究类成果报告的评审除按本要求进行外，还应参照国家科委下发的《科学技术成果鉴定办法》、《软科学研究成果评审办法》执行。

2. 评审的主要内容

①技术资料是否齐全、准确；

②成果和原始资料的吻合程度；

③成果是否符合设计和有关技术标准的规定；

④项目工作任务和预期成果目标的完成情况；

⑤成果的综合研究水平；

⑥成果报告和综合图件的质量；

⑦成果的社会经济效益、推广应用前景；

⑧存在问题及建议。

（二）项目成果资料汇交程序及要求

①承担单位为地质调查资料汇交单位，各项目承担单位是地调成果的管理机构，负责本单位及下属单位科技成果的原始档案管理工作，对已归档的科技成果逐步实现社会共享。中国地质调查局大区地调中心和发展研究中心为地质调查成果资料的管理部门。

②大区地调中心负责接收辖区地质调查成果资料。发展研究中心负责接收全国地质调查成果资料。

③地质调查资料汇交单位应在成果报告审查意见书下发之日起 180 日内，按国家有关规定向国家资料管理部门汇交地质资料，并向地质调查局成果资料管理部门汇交地质调查成果资料纸介质和电子文档资料各一式两套。

④汇交的地质调查成果资料应当符合有关技术标准和地质调查局地质调查成果资料管理办法要求。

⑤地质调查局成果资料管理部门在每季度开始 10 日内向地质调查局上报上季度地质调查成果资料汇交情况统计报表。

⑥负责向部科技成果管理办公室报送本单位需要登记的科技成果有关材料。

（三）项目成果的登记

国土资源部科技成果管理办公室，负责部门的科技成果登记、科技成果数据库管理、科技成果统计分析和国内外科技信息跟踪等。地质调查项目成果也属于国土资源部科技成果一部分，完成成果报告评审和原本档案归档后，应及时到部成果管理办公室进行登记。

各项目承担单位的科技成果管理机构，负责本单位及下属单位科技成果的原始档案管理工作，对已归档的科技成果逐步实现社会共享；负责向部科技成果管理办公室报送本单位需要登记的科技成果有关材料。

①各项目承担单位在科技项目验收之前，必须向本单位的科技成果管理部门汇交科技成果原始档案，然后向部科技成果管理办公室办理成果登记手续。

②科技成果的原始档案包括各种原始观测记录、野外观测数据、野外记录本、原始分析测试数据、有注释文档的源程序和操作手册、文字报告及有关的电子版本资料。

③各项目承担单位在完成科技成果原始档案归档后，方可到部科技成果管理办公

室办理登记手续。

④各项目承担单位在部科技成果管理办公室办理科技成果登记时，必须提交下列材料：

a. 项目合同书或设计书一份；

b. 完整的科研报告两份及公开刊物发表论文复印件；

c. 科技成果原始资料归档证明；

d. 按合同书规定的关键科学数据、技术文件等相应的电子版；

e.《国土资源部科技成果登记表》两份；

f. 文字报告及其附件、附表的规格为：长 27cm、宽 19cm（标准 16 开本）或标准的 A4 版本。附图应按同样规格进行折叠，图签折在外面。正文、附表、附件等应采用线装订，不得用易锈蚀的金属物装订。

⑤凡符合登记要求的科技成果，经正式登记，由科技成果管理办公室出具《科技成果登记证明书》。

⑥两个或两个以上单位共同完成的科技成果，由其第一承担单位负责，向部科技成果管理办公室办理登记手续。

⑦对于已登记的科技成果，如果得到专家、中介机构、应用单位的评价，可在两年内向部科技成果管理办公室补交相关证明材料；如果根据验收委员会及有关专家的意见，对科研报告作重大修改的，应及时向部科技成果管理办公室提供新版本的报告。

⑧已登记的科技成果，凡涉及国家机密的，主管部门将按照保密的有关法律法规实行管理。

地质调查项目成果作为科技成果的重要组成部分，其管理已经形成了比较完善的体系。在组织管理上，科学技术部统一领导全国的科技成果管理工作，国土资源部和中国地质调查局科技主管部门设有专门的管理机构，对科技成果和地质调查成果实行分级管理。在管理流程上，科技成果和地质调查成果管理各项工作是一个有机的整体，同时科技成果和地质调查成果管理工作又贯穿于科技活动和地质调查的全过程。在国土资源大调查计划制定阶段，技术档案、保密及地调成果的统计与分析，为国土资源大调查计划的制定提供决策依据；在地质大调查实施阶段，地质调查成果管理工作为计划的过程管理提供各项职能服务，及时反馈地质大调查计划的进展。

三、地质调查项目成果应用

我国社会主义市场经济的不断发展，对地质调查项目成果的需求已经由单一的矿产需求向包括生态地质、农业地质、地质环境、地质灾害等在内的多专业、多学科的需求扩展，与国际地学和全球经济的融合以及地质事业发展的需要，对地质调查成果管理工作不断提出更高的要求。同时，市场经济的不断完善，使得市场对地质调查成果的评价、鉴定机制日趋显现，在市场的检验下，其地质调查项目成果应用的社会经济效果如何，成为评价地质调查项目成果好坏的重要因素。因此，地质调查成果管理工作需要在更高层次、更深内涵方面下工夫。

（一）项目成果应用的领域

地质调查项目成果的应用领域极其广泛，可以说在国民经济的各个领域、各个环节都会使用地质调查项目成果，因此，地质调查工作是一个国家非常基础的一项为社会经济服务的专业工作。地质调查项目成果的主要应用领域有以下几个方面：

①为各级政府的规划、决策和制定相关政策所使用的地质调查成果。如为农业规划服务的农业地质调查成果、为城市规划服务的城市地质调查成果、为大型重点工程建设服务的稳定性评价、为政府制定经济政策服务的资源潜力评价等等。

②为企业的投资、开发、经营等提供的地质调查项目成果。如矿业公司对资源储量的需求、勘查公司对基本地质情况的掌握、旅游公司对旅游资源调查成果的需求等。随着社会主义市场经济的发展，地质调查成果在企业的应用会越来越多，越来越广泛。

③为公众了解地学知识提供科普资料的地质调查项目成果。生活水平的提高，公众对掌握与地学相关的科普知识的需求增加，从大众媒体增加的地学栏目以及公众的收视率可以印证这一点。提高公众对地学科普知识的了解和对地球环境的关注，认识自然规律与人类活动的相互影响，自觉地规范人类的开发活动和人的日常行为，对于树立科学的发展观，保持经济社会的可持续发展和人与自然的和谐有着重要的意义。

④为地学理论的研究和发展所使用的地质调查基础资料成果。如围绕认识地质规律、创新地质理论、解释地质现象、研究地质成因等重大地学研究所开展的地质调查项目。地学研究从来就不是孤立进行的，因此，地学研究与地质调查的有机结合，是地质工作的永恒主题。

（二）项目成果应用的层次与形式

有需求，才会有应用；注重了应用，才会促进需求。因此，应用与需求是辩证统一的。相对于地质调查成果而言，需求强调的是成果的使用者，应用强调的是成果的生产者，但是目的是一致的，那就是使地质调查成果发挥应有的效果。服务的层次与对象不同，成果应用的层次与形式亦有不同，在这一点上，成果应用的层次与形式，与地质调查的需求层次是_致的。大致可以确定为4个层次，并且不同层次的应用，其形式有所不同。

1. 国家层面的应用

服务对象以国家部委和国家级的社会团体为主，应用于国民经济和社会发展规划的制定依据和涉及国家安全的重大举措、重大工程和法律法规。因此，国家层面的应用，要求地质调查成果是区域性、全国性乃至是全球性的综合和集成，具有战略性的高度，提出决断性的建议。这个层次的应用，满足的是国家需求，体现在国家机关的各个部门，

因此，其形式以“国家订货”为主。即由国家机关的各部门提出需求，由地质调查部门根据需求提出满足需求的可能与方案，双方签订使用协议，项目完成后，由使用方组织验收。

2. 地方层面的应用

服务对象以省（直辖市）、跨省域的经济发展带为主，应用于流域、县域、区域经济社会的发展规划，寻求地方经济社会发展与国家总体的协调。要求地质调查成果具体、明确、适用，针对性强。这个层面的成果应用以省级地质调查队伍为主，对于国家地质调查项目，在满足国家对地质调查成果需要的同时，可以结合地方的具体需求，由地方政府出资，采取“合作协议”的方式，共同出资，实现国家与地方需求的有机结合。

3. 企业层面的应用（包括社会团体）

服务对象以企业、社会团体为主，应用于企业的具体需求，如矿业公司需要寻求新的资源基地，为了降低投资风险，需要获取基础的地质调查成果。企业层面对地质调查成果的需求面大，成果要求单一、具体，有的可能就是一组数据或一个结论，如天津建地铁在什么位置可以过海河。应用于企业层面的成果，特殊的可以采取“合同订货”的方式进行；一般地，可以充分利用现代化的信息系统服务手段，完善服务功能，建立服务网络，全方位地为企业提供公益服务。

4. 公众层面的应用

服务对象为公众，服务内容以科普为主，通俗易懂，服务形式可以多种多样，广播、电视、报刊、网络等公众媒体都是宣传地学科普知识的载体。

综上所述，地质调查成果的应用领域广泛，应用形式多样。不难看出，从应用的角度讲，地质调查成果的表达形式不应该是单一的报告和论文，其内容也不应该是单一的技术表述，而应该是根据不同的应用领域和需求对象，提供不同内容和表达的成果。

（三）项目成果应用的途径

地质调查最直接的成果是向社会提供公正、客观、科学的系统数据，由使用者利用这些数据进行加工、整理，得到自己所需要的评价结论或判断。同样的数据，不同的人，用不同的观点和方法、应用的领域不同，会得出不同的结论或判断。同样的，由于应用领域的不同，在同一地区重复调查、采样、分析，在经济上也不是最佳的方案。因此，现代地质调查项目的成果应该注重原始数据的收集，保证原始数据的客观、公正。

1. 多渠道、多手段宣传和发布地质调查成果

①采用成果公报形式及时宣传每年取得的成果。中国地质调查局和大区地质调查中心，应采取成果公报形式，向相关部委、厅、局及工作所在地人民政府，及时通报取得的成果，以便当地政府制定规划和决策。

②采用网络形式及时公布取得的成果。由于网络技术的迅速发展，可以及时查询等优越条件，在网上及时发布本地区的地质调查成果；对于重大项目，还应通报阶段取得的重要进展。

③利用报纸、杂志和电视等媒体及时公布成果。利用中央电视台、地方电视台、国土资源报和各类专业期刊、杂志，及时公布有关成果，并对有关地质、矿产、水工环等问题进行探讨，形成共识，促进问题的解决，以便取得更好的效果。

④组织多种形式的交流活动，及时与地方政府沟通和联系。通过与地方政府、人大代表、规划设计部门和相关协会的及时交流，宣传取得的成果，征求他们对地质调查工作的需求，以便在将来立项过程中更有针对性，取得更多能服务于国民经济建设和社会发展需求的有效成果。

2. 推广与应用

地质调查成果的推广和应用是一项服务于经济建设的工作，是成果管理工作的出发点和落脚点，是各级成果管理机构的重要职责之一。

①积极推广和应用地质新理论和新认识，推广基础地质、矿产资源和水工环等调查成果。通过区域地质调查、矿产资源评价和水工环地质调查与评价，取得了对一个地区地质特征的基本认识，为经济建设和社会发展提供了许多重要的地质资料，总结出地质发展的基本规律，为人们认识自然、改造自然提供了方法和武器，所以，应当及时推广和应用这些新理论和新成果，指导地质找矿、环境保护和资源开发。

②普及与推广地质施工过程中的新工艺和新流程。在工作过程中，由于新工艺和新流程的出现，给地质调查工作带来了更高的效率和更好的效果，有必要及时普及与推广。例如，深穿透地球化学与隐伏区矿产勘查技术，由于出露区经历了人类肉眼上千年的找矿历史和一个多世纪的系统地质勘查，找到新的矿产地的可能性越来越少。寻找新的大型矿床的最大机遇在隐伏区。国际勘查界正聚集于占陆地面积一半的隐伏区矿产勘查。这是进入获取深部直接信息找矿时代所面临的真正挑战。要解决外来运积物覆盖区的地球化学调查与矿产评价问题，首先就必须发展一整套从样品采集、样品处理、分析测试、质量监控、数据处理到图件制作的新方法。在地质大调查中使用这一整套战略性与战术性深穿透地球化学调查方法，可大大减少在隐伏区特别是在西部沙漠、黄土及冲积扇地区找矿的盲目性。而在大调查中及时应用这些研究成果，其成败又可进一步推进深穿透地球化学理论与方法的发展，使之更好地为隐伏区的矿产勘查服务。

③及时转化矿产普查过程中形成的矿业权。近年来，我国矿业权交易的市场化获得了蓬勃发展，矿业权交易的市场化不仅符合我国加入 WTO 和建设社会主义市场经济的需要，而且有利于充分发挥市场机制提高资源配置效率，实现矿产资源国家所有权益，促进经济可持续发展和资源永续利用，有效避免矿业权行政审批中各种腐败现象的产生。而在地质大调查和资源补偿费项目工作过程中，已经不断形成自己本单位的探矿权或采矿权。每个单位，要根据国家对于矿权管理规定，及时对矿业权进行转让、

开发或拍卖，为单位和地方经济的持续发展取得更好的经济效益。

④为地区和城市建设规划提供依据。地质大调查工作获取了许多现时性很好的成果，对政府制定国土资源规划、编制地质灾害防治与地质遗迹保护规划，指导矿产资源合理开发和利用有极大的帮助，可以帮助政府工作人员更好地按照地质规律来制定有关政策。目前，长江三峡地质灾害和环境保护地质调查工作已经取得了良好的效果。

⑤在地质调查机构内设立专门的成果应用部门，根据不同的需求，将专业的地质调查成果“翻译”成非地质专业人员可以使用的、针对需求的成果表达，连接需求与生产，传递需求信息。

四、地质调查项目成果评估

成果评估属于项目的后评价的组成内容，是指成果经过验收以后，根据项目成果的使用效果，对项目的立项、施工、管理、验收等全部环节进行系统评价的过程，属于项目收尾的管理部分。截至目前，地质调查项目管理的过程还没有延伸到项目的后评估，只是项目终结以后，将成果资料汇交到指定的专门管理部门即完成了一个项目的周期。

（一）项目成果评估的种类和程序

成果评估通常是在项目完成以后的一定时间内进行，对于业主来讲，项目的后评估具有重要的作用。它可以帮助业主通过对该项目的管理和执行找出项目各个环节的不足，从而提高项目整体管理水平和决策能力。因此，项目成果的评估是项目管理的重要内容。成果评估一般可分为跟踪评估、实施效果评价和成果影响评估。

①跟踪评估。项目开始实施后到项目完成验收之前任何一个时点的评估，主要是考查和评价项目实施过程中资金调整、设计调整、目标调整等对项目预期效益的作用和影响。

②成果评估。世界银行和亚洲开发银行所称的项目实施效果评价（project performance audit report），相当于地质调查的成果评估，是在项目完成以后的一段时间内对项目的评价。通常认为，生产性企业在项目完成以后 2 年左右，基础设施行业在项目完成以后 5 年左右，社会基础设施行业可能更长一些。这种评估的主要目的是评价成果使用的效果程度、成果使用中的经验教训等。

③成果影响。评估是在成果评估报告以后的一种评估，主要评估成果使用以后对社会、经济和环境的综合影响。

（二）项目成果评估的内容

成果评估包括 6 个方面的内容：

①立项决策评价。立项决策评价主要是对项目的根本性问题进行评价。如项目调研是否具有一定的力度、项目策划是否具有成效、项目是否应该立项并实施、项目决策程序是否科学等，其中要害的是调研力度和决策是否科学。

②项目实施评价。项目实施评价包括设计、施工、测试、整理和报告编写等实施过程好坏的评估。可以总结经验，找出不足，持续改进。

③运行管理评价。主要是对项目实施的前期准备、物资管理、人员管理、资金管理等进行评估。如果说项目的施工直接关系到项目质量的话，那么项目的运行管理直接影响费用和项目周期控制问题。

④应用效果评价。地质调查项目的成果最终的目的是提供给需求成果的部门或人使用，同时项目承担单位还应评价内部收益等效益指标。

⑤项目影响评价。主要包括经济影响、环境影响和社会影响 3 个方面的评价。

⑥项目持续性评价。是指项目的投入完成以后，项目的既定目标是否还能继续，是否还能持续地发展下去，项目业主是否愿意继续实现既定的目标，项目是否具有重复性，即是否可以在未来以同样的方式开展同类的项目等。世界银行和亚洲发展银行等组织常把项目的可持续性视为其援助项目成败的关键之一，要求对援助项目进行单独的持续性分析和评价。项目持续性的影响因素一般包括：本国政府的政策；项目的组织和管理；地方参与程度；财务因素；社会文化因素；技术因素；生态因素；其他因素等等。

（三）项目成果评估的方法

①调查统计预测法对项目的各种资料进行收集和整理，采用科学的方法，对成果使用以后的综合效果运用预测原理进行评估。通常分为调查统计、资料整理、统计分析、预测 4 个阶段，预测是获得评估结论必不可少的阶段。

②对比法是根据项目成果使用以后的前后对比、预测和实际发生值的对比、有无项目的对比等，判断并分析成果使用的综合效果。

③逻辑框架法是美国国际开发署 1970 年开发出来的一种专门用于项目后评价的方法——logical framework approach 简称 LFAO 其基本模式如表 3-1 所示。

表 3-1　LPA 的基本模式

层次描述	客观指标	验证方法	重要外部条件
目标	目标指标	监测和监督手段和方法	实现目标的主要条件
目的	目的指标	监测和监督手段和方法	实现目的的主要条件
产出	产出物定量指标	监测和监督手段和方法	实现产出的主要条件
投入	投入物定量指标	监测和监督手段和方法	实现投入的主要条件

④专家评审与使用者的评价相结合。目前，地质调查成果经过专家评审后，进行原本档案归档和成果报告汇交后，一般可以公开使用和借阅。然而，每年有多少使用

者，使用者对成果和原始资料给予如何评价，还需要我们成果管理部门认真分析和思考，制定有效的办法和措施，进行及时跟踪，以便指导今后的立项与计划管理。例如，澳大利亚地质调查管理部门的经验非常值得借鉴。他们在区域地质调查、矿产资源勘查和水工环地质评价工作成果完成后，对使用者在借阅资料的同时，发放评价表，要求使用者对成果及原始资料进行客观公正的评价，成果管理部门定期对使用者评价进行分析和整理，对质量较差的地质成果的主要责任者，将限制他们从事地质工作的机会，或者从事次要的工作，他们也将失去提升的机会；对于很少有人过问的地质成果，负责立项和规划的部门就要认真研究和思考，及时调整今后工作的目标和方向。

⑤成果引用率统计与分析。借鉴科技期刊评比办法，对成果引用率进行统计和分析，使用取得的成果得到更加客观的评价，减少人为因素，减少管理成本，增加成果管理对项目立项与实施的指导作用。

⑥引入 IS09000 质量管理标准，制定相关标准及管理程序。上述措施只是设想，要落实到具体工作中，有必要引入 IS09000 质量管理标准，或者将现有的质量体系加以改进，把成果跟踪管理纳入到现有地调项目管理中，制定成果跟踪的时间、方法、程序和标准，为今后开展工作提供依据，使地质调查项目成果水平不断提高，能够更加主动地为社会发展和经济建设服务。

第四章　地勘单位内部控制基本理论

第一节　单位内部控制一般理论

一、单位内部控制的内涵

单位内部控制的内涵是指单位内部控制的含义、适用主体、责任主体、目标、原则及核心理念等。

（一）单位内部控制的含义

单位内部控制是单位为实现控制目标，通过制定制度、实施措施和执行程序，对经济活动风险进行防范和管控的过程。单位内部控制规范以经济活动管控为对象，以制定制度、实施措施和执行程序为方法，以内部控制涉及经济活动的人、财、物为内容，属于单位内部管理规范范畴。

（二）单位内部控制的适用主体

内部控制规范适用主体为各级党的机关、人大机关、行政机关、政协机关、审判机关、检察机关、各民主党派机关、人民团体和事业单位（以下统称“单位”）经济活动的内部控制。按类型划分，适用主体有三大类：国家机关、人民团体和事业单位。这些单位的正常运转都离不开公共资金，都是应当执行单位内部控制规范的责任主体，也是单位内部控制报告的责任主体。国家机关是指国家为行使其职能而设立的各种机构，是专司国家权力和国家管理职能的组织，包括中央和地方各级党的机关、人大机关、行政机关、政协机关、审判机关、检察机关、监察委机关、各民主党派机关等。国家机关即为内部控制意义上的行政单位；机关法人是特别法人，有独立经费的机关和承担行政职能的法定机构从成立之日起，具有机关法人资格，可以从事为履行职能所需

要的民事活动。事业单位是指国家为了社会公益目的，由国家机关举办或者其他组织利用国有资产举办的，从事教育、科技、文化、卫生等活动的社会服务组织，纳入企业财务管理体系的事业单位和事业单位举办的独立核算的营利性组织不执行单位内部控制规范；事业单位、社会团体等是非营利法人，是为公益目的或者其他非营利目的成立，不向出资人、设立人或者会员分配所取得利润的法人。人民团体是按照法律规定和其各自特点组成的从事特定的社会活动的群众组织，如工会、共青团、妇联、科协、侨联、台联、青联、工商联等单位及各种协会等。

需要分清行政机关和行政单位、行政单位和事业单位的区别。行政机关是行使国家行政职权的单位，指依宪法和有关组织法的规定设置的，行使国家行政职权，负责对国家各项行政事务进行组织、管理、监督和指挥的国家机关。行政单位是进行国家行政管理、组织经济建设和文化建设、维护社会公共秩序的单位，主要包括国家权力机关、行政机关、司法机关、检察机关以及实行预算管理的其他机关、政党组织等。行政单位与行政机关是有区别的，这里主要是财政上的概念，其人员实行公务员体制管理，经费、工资福利等全部由政府拨付。行政单位和事业单位的主要区别如下：一是内涵不同——行政单位是国家机关，而事业单位是实施政府某项公共服务的部门，是社会服务组织。二是担负的职责不同——行政单位是负责对国家各项行政事务进行组织、管理和指挥；而事业单位是为了社会的公益目的从事教育、文化、卫生、科技等活动。三是编制和工资待遇的来源不同。行政单位使用行政编制，由国家行政经费负担；事业单位使用事业编制，由国家事业经费负担；事业单位有全额拨款的，有部分拨款的，还有事业单位企业化管理的。行政单位人员的工资按《中华人民共和国公务员法》（以下简称《公务员法》）由国家负担，而事业单位则根据不同的管理模式实行不同的待遇。行政单位或事业单位根据工作性质，也有具有行政事业编制的非公务员的人就职，一般是从事后勤保障的工勤人员。

（三）单位内部控制的责任主体

内部控制的责任主体是指各级国家机关、人民团体、事业单位及其负责人。各级国家机关、人民团体、事业单位应当按照单位内部控制规范的规定负起相应的责任，做好内部控制工作。各级国家机关、人民团体、事业单位的负责人作为个人主体也是内部控制的责任主体，单位负责人是内部控制工作的第一责任人，内部控制工作是单位“一把手”工程。

按照我国干部管理的相关制度，单位的负责人是单位正职领导人。单位负责人对单位整体工作负总责，当然应对内部控制工作负责，是单位内部控制的责任主体。单位负责人与内部控制相关的责任体现在两个方面：一是对单位经济活动的法定责任；二是对内部控制工作的领导责任。相关法律法规规定了单位负责人对单位经济活动的法定责任。比如《中华人民共和国会计法》（以下简称《会计法》）规定：单位负责人是指单位法定代表人或者法律、行政法规规定代表单位行使职权的主要负责人，对本单位的会计工作和会计资料的真实性、完整性负责。财务会计报告应当由单位负责人和主管会计工作的负责人、会计机构负责人（会计主管人员）签名并盖章。单位负责人应当保证会计机构、会计人员依法履行职责，不得授意、指使、强令会计机构、会计人员违法办理会计事项。单位负责人对依法履行职责、抵制违反本法规定行为的会计人员以降级、撤职、调离工作岗位、解聘或者开除等方式实行打击报复，构成犯罪的，依法追究刑事责任；尚不构成犯罪的，由其所在单位或者有关单位依法给予行政处分。对受打击报复的会计人员，应当恢复其名誉和原有职务、级别。

内部控制主要是对单位经济活动的管控，单位负责人对单位经济活动的管控具有领导责任。按照单位内部控制规范的规定，单位负责人对本单位内部控制的建立健全和有效实施负责；单位开展经济活动风险评估应当成立风险评估工作小组，单位领导担任组长；单位主要负责人应当主持制定工作方案，明确工作分工，配备工作人员，健全工作机制，充分利用信息化手段，组织、推动本单位内部控制建设，并对建立与实施内部控制的有效性承担领导责任；单位应当按照规定规范单位内部控制报告的编制、报送、使用及报告信息质量的监督检查等工作，单位主要负责人对本单位内部控制报告的真实性和完整性负责。单位内部控制规范要求单位要将内部监督、自我评价与干部考核、追责问责结合起来，并将内部监督、自我评价结果采取适当的方式予以内部公开，强化自我监督、自我约束的自觉性，促进自我监督、自我约束机制的不断完善，这也需要单位负责人负起领导责任。

具体说来，单位负责人承担内部控制工作的以下责任：应在内部控制体系的建立上负起责任来，统一领导和指挥单位层面和业务层面内部控制体系的建设工作；应对内部控制体系的有效运行负最终责任，统一领导和协调对经济活动全过程、全方位控制，并把控制措施落到实处；应对内部控制建立和执行的有效监督管理负责，有效监督全体人员和各个部门有效执行内部控制；应对单位内部控制报告的编制、报送、使用及报告信息质量的监督检查等作出布置与安排，对本单位内部控制报告的真实性和完整性负责。从实践中看，单位负责人对内部控制工作承担起总责任也是内部控制工作的实际需要。内部控制工作涉及单位全部业务领域和治理结构、部门职责等单位层面的事项，是单位全局性的工作，没有单位负责人的重视、组织与领导，内部控制工作将难以开展并见成效。上述规定和要求，明确了单位负责人的内部控制主体责任，即单位负责人是内部控制工作的第一责任人，内部控制工作是单位“一把手”工程。当然，单位负责人不可能承担内部控制建立和实施的具体工作，主要是承担统一领导、指挥和协调的领导责任。

（四）单位内部控制目标和目的

单位内部控制目标是基于对内部控制职能、对象、内容等的认识，根据单位规范内部权力运行、实施经济活动管控的客观需要，对内部控制工作预期结果的设想。内部控制目标受一定的政治、经济、社会条件的制约和影响，并对内部控制职能的发挥

起着导向性作用。当前，在我国新时代政治、经济、社会条件下，单位内部控制目标应适应全面深化改革、全面依法治国和国家治理现代化战略的总体要求，当然也受法治环境、制度体系、行政管理体制、单位管理模式的制约。“内部控制的原理和方法可以适用于单位所有的业务活动，但目前，《行政事业单位内部控制规范》暂定位于经济活动的内部控制，主要基于经济活动是单位所共有的业务活动的考虑。”基于这一考虑，目前我国单位内部控制以预算管理为主线，以资金管控为核心，从单位层面和业务层面同时对单位经济活动进行管控。管控目标主要包括：合理保证单位经济活动合法合规、资产安全和使用有效、财务信息真实完整，有效防范舞弊和预防腐败，提高公共服务的效率和效果。上述目标为当前单位内部控制指明了工作方向，为统筹内部控制各要素形成有机系统、一体有序发挥作用。

单位内部控制工作的目的，是通过开展内部控制工作，使单位在管理水平、权力运行机制等方面达到要求的水平、状态和结果，目的贯穿内部控制工作实践活动的始终。完善制度、优化流程、加强执行，将每个经济业务活动纳入统一的管控体系之中，是为了实现上述控制目标并达到目的。单位内部控制的目的至少有以下三个方面：一是提升内部管理水平。从单位制度建设和执行的角度看，单位财务管理水平和经济活动管控方面还存在一些问题。如有些单位对内部管理的重视程度不够，风险防范意识薄弱，内部管理缺乏基本的控制流程和措施；某些单位存在会计人员配备不合理、无证上岗、不相融岗位未分离等情况，财务管理制度、会计监督制度的规定落不到实处；单位内部管理制度系统性、制衡性不够，管理效能和效率不高。通过内部控制工作，可以进一步完善制度、明确职责、细化流程，提升单位内部管理水平。二是加强廉政防控机制建设。单位干部违法违纪案件多与单位经济活动有关。单位内部制衡机制上的缺失，为极个别人员违法违纪提供了机会。要推进廉政建设，需要加强廉政风险防控机制建设，严格规范单位内部权力运行，运用内部控制的决策机制、制衡机制、审批机制、流程控制等措施堵塞漏洞、消除隐患。其实内部控制在方向、思路、内容、方法上与中纪委积极推动的廉政风险防控机制建设是基本一致的。内部控制实际上是廉政风险防控的组成部分，是从单位经济活动风险管控这一角度出发落实廉政风险防控的要求，有利于加强单位廉政风险防控机制建设。三是促进实现依法行政。有步骤有计划地推进内部控制工作，可以完善单位制度体系，正确执行国家的法律法规、重大决策部署，明确权力边界，履行法定职责，将权力纳入制度的笼子；可以完善单位决策机制与工作程序，贯彻“三重一大”决策程序，实现人治到法治的转变；可以完善单位机构设置、岗位设置和职责划分，提高工作效率和效能；可以树立依法行政理念，克服权力寻租、懒政庸政等现象。提高内部管理水平、加强廉政防控机制建设也是为了实现依法行政，内部控制工作的最终目的在于促进单位实现依法行政，促进国家治理现代化进程。

（五）单位内部控制基本原则

单位建立与实施内部控制，应当遵循全面性、重要性、制衡性、适应性原则。

一是全面性原则。内部控制应当贯穿单位经济活动的决策、执行和监督全过程，实现对经济活动的全面控制。全面性主要体现在四个方面：一是全过程控制，内部控制应当贯穿决策、执行和监督全过程；二是全方位控制，内部控制应当覆盖单位的各种业务和事项；三是全员控制，内部控制的关键是对人的控制，是对单位全体成员进行控制，保证每一位单位成员包括领导层面及执行层面都受到相应的控制；四是全员参与，内部控制制度、流程的执行与完善需要单位全体人员参与。

二是重要性原则。在全面控制的基础上，内部控制应当关注单位重要经济活动和经济活动的重大风险。重要性原则要求在兼顾全面的基础上，内部控制工作要有重点，关注重要业务领域和高风险事项，对业务流程的关键控制点以及关键岗位加以特别重视。所谓关键控制点是指业务处理过程中容易出现漏洞且一旦出现差错会给单位带来巨大损失的高风险流程节点。所谓关键岗位是指容易实施舞弊的职位。对于关键控制点和关键岗位，单位应当采取更严格的控制流程和更有效的防范措施，有效管控经济活动管控风险。

三是制衡性原则。内部控制应当在单位内部的部门管理、职责分工、业务流程等方面形成相互制约和相互监督。相互制衡是内部控制体系的基本要求，体现为不相容部门、岗位、职责的分离和制约，单位的部门设置、岗位设置、业务流程设计应当符合不相容部门、岗位职责相分离的要求，比如可行性研究与决策相分离、决策和执行相分离等等，需要科学设计内部控制制度、部门管理职责、业务流程并严格执行。制衡性原则需要在以下三个层次中加以贯彻：一是单位治理结构的相互制衡；二是部门设置及权责分配的相互制衡；三是业务流程与岗位职责之间的相互制衡。同时，内部控制监督检查部门、审计部门在内部控制工作中也应发挥制约和监督作用，贯彻制衡性原则。

四是适应性原则。内部控制应当符合国家有关规定和单位的实际情况，并随着外部环境的变化、单位经济活动的调整和管理要求的提高，不断修订和完善。遵循适应性原则，就是单位的内部控制应结合本单位业务特点和实际情况，建立符合自身组织架构特点的内部控制体系，并随着外部环境、单位经济活动和管理要求的变化而变化。适应性原则体现在以下方面：内部控制应当符合国家的有关规定；内部控制应当符合单位的实际情况，与单位的规模、工作性质、经济活动和业务领域、风险水平等相适应；内部控制要适应外部环境变化包括法律环境、政策环境等变化并及时调整；内部控制应随着单位经济活动和业务领域的调整而调整；内部控制应随着管理要求的提高而变化。

（六）内部控制的核心理念

制定单位内部控制规范的目的是“为了进一步提高单位内部管理水平，规范内部控制，加强廉政风险防控机制建设”。内部控制工作的指导思想是“全面推进事业单位内部控制建设，规范单位内部经济和业务活动，强化对内部权力运行的制约，防止

内部权力滥用，建立健全科学高效的制约和监督体系，促进单位公共服务效能和内部治理水平不断提高，为实现国家治理体系和治理能力现代化奠定坚实基础、提供有力支撑”。因此，内部控制的核心理念在于建立单位内部权力规范运行的尺度和机制，通过完善制度、分事行权、分岗设权、分级授权和定期轮岗等措施，限制和约定内部权力边界，制约和监督内部权力运行，完善并有效实施单位内部控制体系，为国家治理能力现代化奠定基础、提供支撑。

基于这一核心理念，单位就要加强对权力运行的制约和监督，坚持用制度管权管事管人的原则，把权力关进制度的笼子里，在单位形成不想腐、不能腐、不敢腐的有效机制和良好政治生态。遵循内部控制规范原则和方法，建立和完善单位内部控制体系，对于建立健全单位内部权力运行的制约和监督体系，减少自由裁量权的空间和余地，用制度来限制权力的滥用，具有重要的促进作用。

贯彻这一核心理念，就要使单位内部控制成为单位贯彻国家有关法律法规和内部规章制度、依法行政、建设法治政府的重要抓手；使单位内部控制成为单位防范风险，堵塞漏洞，消除隐患，防止并及时发现、纠正错误及舞弊行为，保障单位经济活动合法合规的重要途径；使单位内部控制成为保障资产安全、保证会计资料真实完整、保障会计信息质量、规范单位会计行为的重要方法。

二、单位内部控制体系框架

单位内部控制体系框架包括内部控制制度体系、内部控制方法体系、内部控制保障体系三部分。内部控制制度体系广义上应包括国家法律法规、部门规章、规范性文件等，在这里主要是指与《行政事业单位内部控制规范（试行）》等内部控制规范相关的法规和制度；内部控制方法体系是指单位开展内部控制工作所采取的一系列方法和措施；内部控制保障体系是指保障单位内部控制体系有效运转的机制和条件。以上三个体系相互作用，互为支持，协同作用，共同构建单位内部控制工作的体系框架。

（一）单位内部控制的制度体系

经济社会不断发展，国家法治建设不断推进，管理要求不断提高，关于规范与管控国家经济活动制度不断完善，目前已形成了由法律法规、地方性法规、政策文件等组成的制度体系。这些法律法规、政策文件需要内化于单位的制度体系和工作内容之中，需要通过单位内部控制工作得以贯彻执行。《行政事业单位内部控制规范（试行）》是根据《会计法》和《中华人民共和国预算法》（以下简称《预算法》）等法律法规和相关规定制定的，主要有以下两个方面：

一是单位内部控制实体性法规、文件。包括法律法规、国务院条例，如《会计法》《预算法》以及《中华人民共和国政府采购法》（以下简称《政府采购法》）、《中华人民共和国招标投标法》（以下简称《招标投标法》）、《中华人民共和国合同法》（以下简称《合同法》）、《党政机关厉行节约反对浪费条例》等等；财政部部门规章及文件，如《行政单位国有资产管理暂行办法》《事业单位国有资产管理暂行办法》《行政单位财务规则》《事业单位会计准则》《会计基础工作规范》《关于加强政府采购活动内部控制管理的指导意见》《关于进一步规范和加强单位国有资产管理的指导意见》《中央和国家机关培训费管理办法》《中央和国家机关差旅费管理办法》等等；地方性法规、政府文件，包括根据法律法规、国务院条例、上级文件、财政部等部委规章、文件制定的地方性法规、政府文件，如《地方政府实施〈会计法〉办法 XXX 省政府采购管理办法》《XX 省政府采购信息公开管理暂行办法》《XX 省政府采购预算单位内部控制管理规范 XXX 省实施〈党政机关厉行节约反对浪费条例〉办法 XXX 省党政机关国内公务接待管理办法》等等。

二是单位内部控制程序性制度、文件。包括财政部内部控制规范、文件，如《行政事业单位内部控制规范（试行）》《关于全面推进行政事业单位内部控制建设的指导意见》《行政事业单位内部控制报告管理制度（试行）》等等；地方内部控制工作规范、文件，如《XX 省贯彻〈行政事业单位内部控制规范〉实施意见》等。

（二）单位内部控制方法体系

内部控制方法体系是指开展内部控制工作所采取的方法和措施，这些方法和措施根据内部控制工作所涉及的业务活动内容、范围和控制需要而采取，如风险评估、制度梳理、流程优化、岗位职务分离、轮岗、信息化、评价监督、内控审计等等。

单位内部控制工作内容大致可分为三类。一是内部环境类：包括组织架构、工作机制、关键岗位、人力资源、财务信息、信息化等。二是控制活动类：预算、收支、政府采购、资产、建设工程项目、合同等。三是控制手段类：不相容岗位相分离、授权审批、归口管理、预算、财产保护、会计、单据、信息公开等。除上述范围外，还有一些业务活动未涉及，比如组织人事管理、档案管理等，这些业务活动也与单位管控目标相关，也应纳入内部控制工作范围。控制手段方面，还有一些管控措施可以采用，比如组织谈话、函询、纪检监督、内控审计等。

单位内部控制通过开展风险评估、单位层面控制活动、业务层面控制活动、评价与监督四个方面实现内部控制目标。风险评估可为单位内部控制提供基础评价材料和工作重点，单位层面控制活动可为单位内部控制提供工作环境保障，业务层面控制活动可为单位经济活动管控提供制度与流程，评价与监督可为单位内部控制有效运行提供保障。同时，在单位内部控制运行的整个过程中，持续的信息沟通贯彻始终，并通过有效的信息系统设计来支撑信息沟通过程，可以保障单位内部控制的有效运行。具体说来，单位内部控制方法体系有以下几个方面。

一是风险评估。风险评估是单位对单位层面和业务层面风险进行识别的过程。单位层面风险评估重点关注内部控制的组织机制是否健全、内部管理制度是否完善、关键岗位人员能力是否匹配、财务信息编报是否及时准确等方面；业务层面风险评估重

点关注预算业务、收支业务、政府采购、资产管理、建设项目和合同管理等业务管理制度是否健全，业务流程是否明晰，业务执行是否有效等方面。

二是单位层面控制活动。这是指单位针对内部环境的制度和流程等控制机制设计，并将这些控制机制落实在单位经济活动中的过程。单位层面控制活动主要包括组织机构、决策机制、会议制度、议事规则、岗位职责、人力资源、会计系统、信息系统等内容。

三是业务层面控制活动。这是指单位针对各项经济活动制定具体控制制度和流程的过程。业务层面控制活动主要包括预算业务、收支业务、政府采购、资产管理、建设项目和合同管理以及根据单位经济活动特点需要控制的业务活动。

四是评价与监督。这是指单位对其内部控制制度、流程和执行情况进行持续评价，并采取自评、审计等多种方式加强监督检查，保障内部控制制度和流程的不断完善和有效执行。评价与监督可以采用定期和不定期相结合、日常和专项相结合的方式，对内部控制的健全性、合理性和有效性进行评估检查。评价与监督能够帮助单位领导层预防、发现和整改内部控制设计和运行中存在的问题和薄弱环节，以便及时加以改进，确保单位内部控制有效运行。

（三）单位内部控制保障体系

与控制方法体系相联系，要通过开展与实施内部控制体系建设，建立起单位内部控制的保障机制和体系，包括基础支撑机制、风险防范机制、业务保障机制和权责对等机制等。其中，基础支撑机制是内部控制的基础环境和条件，没有好的基础支撑机制就不可能建立完善、有效的内部控制体系；风险防范机制主要是建立起廉政防控机制，防止舞弊与腐败；制衡保障机制主要是建立起适应经济活动管控的相互制约、相互监督的运行机制；权责对等机制主要是明确权力边界，防止有权无责或者有责无权。

一是基础支撑机制。建立基础支撑机制，为内部控制体系高效、有序运转提高支撑。完善会议制度和决策机制，防止议事规则、决策权限不明确，保障决策科学和决策效率；完善机构设置和明细部门职责，防止职责缺位、错位或越位而导致效率低下，保障部门之间、岗位之间职责、流程有效衔接；完善信息沟通机制，防止信息不畅、贻误工作，保障信息畅通，沟通无障碍；完善人力资源政策与考评办法，防止怠于职责、推诿扯皮，形成良好工作作风。

二是风险防范机制。建立风险防范机制，保障经济业务降低风险、管理科学。防止决策失当、程序不畅，提高决策水平和办事效率；防止资金挪用、资产浪费等舞弊风险，降低领导履职风险；防止经费支出超支、超标风险，符合政策监管要求；提高资金使用效率，防止超预算或预算执行完不成，监控预算执行。

三是制衡保障机制。在单位的岗位设置、权责分配、业务流程等方面形成相互制约、相互监督的运行机制，保障经济业务运行顺畅、执行有力。根据单位经济活动的业务领域，按照法律法规和政策文件的要求，将制衡机制与个相管理制度和管理活动相融合，保证政策落地和措施有效；完善决策机制，落实控制措施，强化评价与监督，防止制度凌乱、职责缺位、流程疏漏等问题，保障各项经济业务运行顺畅。

四是权责对等机制。建立权责对等机制，保障权责对等、制衡有效。防止审批权限不清晰、有漏洞，防止有权无责；明确审批重点和关键风险点，做到审核重点明确，判断方法有效，提高审批效率和质量；明确权限和职责，保障权限责任相对应。

三、地勘单位内部控制的优化

（一）地勘单位展开内部控制的必要性

1. 保护国有资产安全完整的需求

内部控制在单位财产物资保管与使用过程中，采取了各种各样的控制手段，目的在于保障国有资产的优化配置，防止单位的财产受到损坏，避免出现贪污浪费的不合规行为。另外，由于地勘单位在经营发展过程中大部分资金都来源于财政拨款，所以管好和用好资金是地勘单位保证资金使用合理性的重要基础。同时，科学合理的内部控制制度还能够确保财务工作有章可循，实现单位收支的规范化发展，既改变了财务工作的随意性，又很好地规避了单位资产流失的风险，为地勘单位的资产安全提供了重要保障。

2. 会计信息真实可靠的保证

内部控制制度以“制定和实施业务处理程序，合理划分岗位职责”为核心，保证单位的所有会计资料都能够在相互牵制的条件下产生，最大限度地规避错误与弊端，为单位会计资料的真实性及可靠性提供保证。目前，有些地勘单位尚未形成完善且有效的内部控制，导致会计资料在使用和传递的过程中，因出现脱节现象从而引发一系列问题，导致会计信息严重失真。因此，科学完善的内部控制制度是保证单位会计信息可靠性的重要手段。

3. 降低腐败风险，确保廉洁管理

一些企业员工由于自身的职业素养不够，在没有完善的内控机制制约的情况下，面对利益诱惑抱有侥幸心理，出现利用职务之便贪污腐败、挪用公款等违法行为。一旦单位内部控制的监督和制约功能失灵，单位将面临巨大的风险。因此，良好的内部控制体系既能够帮助单位约束员工的各项行为，规避风险漏洞，还能保证单位内部各项活动可以在规定的范围内及体系下得以顺利开展，并避免腐败、违法行为的发生，确保职工队伍廉洁。

（二）地勘单位在内部控制中存在的问题

1. 未能充分意识到内部控制重要性

由于地勘单位长期受到传统国有经营模式的影响，导致其对内部控制的理解与应用始终停留在初级阶段，因此产生了对于内部控制的认知不全面，在内部控制制度的建设上存在极大不足的现象。造成此类现象的原因是：一是，很大一部分单位管理者缺乏对内部控制的了解和认识，甚至不清楚自身在单位内部控制构建与执行中应该承担的责任与义务，致使单位的内部控制工作始终不理想；二是，一些地勘单位的工作者认为，目前执行国家及各级财政部门制定的一些内控管理制度、规范等已经足够，不需要以本单位名义再进行制度修订；三是,还有些基层员工的内部控制意识较为薄弱，认为内部控制就是财务部门的事情，在工作上不重视内部控制。综上所述，由于对内控重要性意识不足，导致地勘单位未能形成单位负责人、管理人员以及基层员工三位一体的制约与监督氛围，影响内部控制体系的建立。

2. 内部控制制度不健全

由于地勘单位市场化转型使业务内容和业务流程发生较大改变，但是多数地勘单位仍然采用原有的内部控制体系。当内控制度的建设赶不上市场发展的脚步时，就无法很好地满足单位的业务发展需求，从而导致经营风险增加，因此内部控制制度的完善迫在眉睫。现阶段，各地勘单位内控制度建设重点仍在财务管理方面，因而忽视了其他工作环节的内控管理，如合同管理、人员管理、技术应用、项目招投标等，以至于尚未在单位内部建立一个科学、健全的内控体系。此外，很多地勘单位在开展内部控制期间，并没有结合自身的风险评估情况来推动工作流程与制度建设的再造，只是制定了一个简单的文字化流程，并未对单位的潜在风险进行深入的挖掘与分析，甚至还有些单位的内部控制形同虚设，并未在工作中认真贯彻落实，不仅不规范行为频发，还存在内部控制目标不明确以及应付上级的现象，而造成此类现象的主要原因就是单位尚未形成健全的内部控制制度体系。

3. 内部控制信息化程度不强

随着科学技术持续更新与快速发展，计算机网络技术已经在各行各业得到普及，而单位内部控制的信息化发展，不仅能够提高对地勘单位财务收支活动的管控，还能够对单位的财务管理活动以及业务经济活动展开全面的监督与分析。但地勘单位由于受到成本限制，所以并未对信息化建设提起应有的重视，从而导致其内部控制信息化程度较低。目前，所有的地勘单位都已经实现了会计电算化，但是在预算管理、合同管理以及收支管理等方面，仍然缺少全方位的信息系统覆盖。由于信息化程度的滞后，导致了单位内部控制的管理水平、工作效率和效果的下降，从而无法满足地勘单位在内部控制方面的各项要求。

4. 权力过于集中

从地勘单位的视角而言，其本身的发展规模并不是很大，所以在经营期间一般是以队长负责制为主，单位领导也习惯于用命令的方式，解决发展过程中存在的各类问题，导致最终的决策机制与执行机制存在明显的垄断性，而权力也过于集中在领导手中，致使单位员工的工作积极性受到了极大的打击。虽然说地勘单位已经逐渐意识到了优化管理结构的重要性，但是对于分解权力来说还有很长一段路要走。

5. 内部控制监督体系不完善

监督机制的主要作用就是保证内部控制的有序执行。但在大部分地勘单位中，因忽视内部审计的重要性，从而未能构建完善且有效的内部控制评价机制与激励机制，导致内部控制制度形同虚设。加上受到传统事业单位管理模式的影响，地勘单位的内部审计机构一直受控于单位领导，导致其不具备任何的独立性，甚至存在由财务部门领导兼任审计机构负责人或者财务人员兼任审计人员的现象，致使内部审计的作用得不到任何有效的发挥。一方面，有些单位会将审计机构的工作局限于查账这类事后监督当中，对于内部控制执行期间产生的问题并未进行详细的事前及事中控制，导致最终的监督效果不理想；另一方面，由于外部监督的标准及功能存在一定的差别，所以监督工作也无法按照既定的目标依次展开，致使外部监督效果较差。

（三）地勘单位在内部控制中存在问题的应对措施

1. 强化对内部控制的认识

单位管理人员内部控制意识的高低，直接影响到单位内部控制的管理效率。因此，地勘单位管理者应该重视对内部控制工作的了解与认知，形成以战略思想为核心，现代化管理理念为基础的管理模式，将全单位员工对内部控制的认识进行统一，为内部控制的贯彻落实奠定良好的基础。同时，单位管理层也应认识到，内部控制并非只是一个财务部门的职责，更是一个全方位的系统工程。在此过程中，必须是全单位的全员参与各部门之间的合作，明确各部门的责任，以调动全体人员的工作热情，确保地勘单位工作的稳定有序进行。

2. 健全内部控制制度

完善的内部控制制度是提升单位内部控制工作质量及效率的重要保障，而健全的内控监督机制是地勘单位内部控制顺利实施的基本前提。所以对于地勘单位而言，首先需要做到的就是明确自身在内部管理工作中存在的问题及不足，并结合单位规范发展和财政体制改革的需要，明确决策、执行、监督等方面的职责权限，形成科学有效的职责分工和制衡机制，确定不同类型、不同程度的控制手段，建立相适应的内部控制制度。同时，地勘单位还需要建立内部控制监督机制，保障内控制度实施的规范有效，提高单位规范管理的水平。

3. 完善信息与沟通体制

当下，地勘单位存在的领导权力过于集中，上下级沟通不通畅等情况，都是内部控制建设不到位的具体表现。因此，彻底打破这一局面，形成良好的信息与沟通体制显得十分迫切。由于建立健全的信息交流通道，能够及时了解企业的经营情况，为企业提供全面、及时的信息，从而有效地促进企业的内部控制，所以地勘单位要广泛开展一种从上到下、从下到上的有效交流通道。这样确保全体员工均能从上级那里得到清晰的资讯，清楚自己的控制职责，明白每个人的职责，并与同事协作。同时，地勘单位管理层人员应该重视并尊重职工的心理需求，以加强双方沟通交流的方式减少彼此之间的隔阂，从而形成一种强大的合力，这样才能够推动地勘单位得以健康可持续发展。另外，在科学技术快速进步的时代，地勘单位还需要不断提升自身的工作及管理手段，紧随时代的发展脚步，充分借助信息化技术提高单位的内部控制管理水平。

4. 创新内部控制防范，避免权力过分集中

构建完善的且与单位本身经营发展步调相一致的组织机构，可以更好地促进内部控制的有序开展。所以地勘单位在设置内部组织结构时，应该结合单位的实际现状，根据不同的管理幅度完成层次划分。同时在设计组织机构的过程中，需要注意对部门职能的划分，以此来实现内部控制的高效、协调、简单的目标。严格遵守权、责、利相统一的基本原则，确保职能机构责任与权限的科学性，以职能部门的经营特点与工作内容展开岗位细分，以定人定岗的方式划分权限，避免权力的过于集中。

5. 加强内部审计建设，强化外部监督

加强内部审计建设，强化外部监管是实现地勘单位内部控制工作的关键。目前，一些地勘单位已经建立了内部审计机构，但存在缺少专业内审人才且内部审计业务覆盖面不全等问题。为解决这些不足，地勘单位必须形成独立且权威的内部审计机构，配备专业的内审人员，定期对审计人员展开能力素质培养与职业道德培训，以此来推动单位内部控制监管的顺利进行。此外，地勘单位在开展内部审计工作时，既需要充分发挥其内部审计的监督功能，又要重视与之配套的外部监管体系的完善，即通过财务、审计等部门定期或不定期地对单位进行内部控制检查，同时借助中介组织或有关专家等外部结构对单位内部控制进行评估，在加强内部审计的同时也不断强化外部监督功能。

6. 构建信息沟通渠道，推进信息化建设

地勘单位在开展财务管理内部控制期间，需要重视与信息技术的有效结合，并将当前应用较为广泛的大数据技术以及云计算技术等，合理地融入内部控制当中，以此来提升地勘单位的管理效率。此外，构建畅通的信息渠道，不仅可以很好地打破各个科室与部门之间的技术壁垒，还能够在一定程度上促进信息数据的实时传输及高效、共享的目标。例如，建立一个统一的信息管理系统，能够有效地将单位的预算管理、

收支管理、采购管理、授权审批以及固定资产管理等多个模块进行整合优化，形成一个更适合地勘单位管理的信息化系统，实现监管同步。另外，管理信息化系统的搭建，可以促使单位管理层以设置权限的方式对单位各项工作进行审查，并给出相应的审批意见，是提升事业单位内部控制质量的重要手段。

第二节 单位内部控制的法治意义

一、单位内部控制是实施依法治国战略的内在要求

依法治国是依照法律的规定管理国家和社会的各项事务，即依照法律的规定治理国家，保证国家各项工作都依法进行，逐步实现社会主义民主的制度化、法律化，使这种制度和法律不因领导人的改变而改变，不因领导人的看法和注意力的改变而改变。单位内部控制的目标之一就是单位经济活动的合法合规性，要求单位经济活动在法律法规规定的范围内进行，这正是依法治国战略的要求，因而单位内部控制服务于依法治国战略，是依法治国战略的实现方式，是依法治国的具体措施。

单位内部控制提供了一套框架体系、原则方法和实施路径。在单位各个层级各个部门建立内部控制体系，可以加强对政府内部权力的制约，强化对行政权力的制约，正是依法治国战略的具体落实途径。比如，通过内部控制工作，可以“对财政资金分配使用、国有资产监管、政府投资、政府采购、公共资源转让、公共工程建设等权力集中的部门和岗位实行分事行权、分岗设权、分级授权，定期轮岗，强化内部流程控制，防止权力滥用”。加强内部控制工作，可以依法建立与完善规章制度，加强法规制度建设，扎紧制度笼子，可以优化单位内部权责体系，完善单位内部权力运行机制，进一步规范权力运行，建立不能腐的长效机制。通过内部控制工作，可以将党的政策、改革措施及时落实到具体工作制度与流程中，避免落实政策流于文件传达、贯彻不力。比如十八大以来，我国坚持全面从严治党、依法依规治党，党内法规、制度不断完善、修订并印发实施，比如印发实施了《中国共产党廉洁自律准则》《中国共产党纪律处分条例》两部重要党内法规，同时各项财经法规不断颁布实施，将资金资产的安全有效运行落实为各项财经法规的具体要求，新预算法对预算公开、预算标准、预算绩效以及细化预算提出新的要求。这些法规、制度、政策与改革措施的贯彻落实，可以通过单位内部控制制度的完善、执行去实现。政府会计制度改革也是单位内部控制工作的一部分，比如内部控制体系中的预算管理模式是实现政府会计制度改革的基础。

二、单位内部控制是实现单位治理现代化的必然选择

国家治理现代化包含两个方面：国家治理体系现代化和国家治理能力现代化。国家治理体系就是在党领导下管理国家的制度体系，包括经济、政治、文化、社会、生态文明和党的建设等各领域体制机制、法律法规安排，是一整套紧密相连、相互协调的国家制度。国家治理能力就是运用国家制度管理社会各方面事务的能力，包括改革发展稳定、内政外交国防、治党治国治军等各个方面。“治理体系”是“治理能力现代化”的前提和基础，“治理能力”是“治理体系现代化”的目的和结果。要想实现真正的治理现代化，首要任务是建立健全一套完整、合法、有效的国家治理体系，有了科学的国家治理体系才能孕育高水平的治理能力。治理体系和治理能力是国家制度和制度执行能力的集中体现，两者相辅相成、内在统一。

国家治理现代化要落实到国家各个单位、各个层面来实现，需要每个单位推动、实现治理现代化。要实现单位治理现代化，首要任务也是建立健全一套完整、合法、有效、适应的单位制度体系，并在制度基础上加强执行与监督，不断提升单位的治理能力。单位在面临新时代、新政策、新要求的同时，还面临着新任务、新机遇、新困难。在改革与发展过程中，单位需要适应新时代的要求，需要破除改革发展的障碍，需要提高内部管理水平、规范内部权力运行机制。单位内部控制基本规范等规范、政策为单位治理现代化的实现提供了工作原则、控制目标、工作步骤与路径方法，其目标就是完善治理体系、提升治理能力、防范与控制风险。因而，开展单位内部控制工作是单位完善治理体系、提高治理能力的必然选择，是单位依法行政、建设法治政府的需要，是单位全面深化改革、提升治理能力和治理效率的需要，是促进单位治理现代化实现进程的需要。

从治理目标来看，要实现单位治理体系的现代化，一是规范化，应该有完善的制度安排和制度体系；二是法治化，任何单位必须遵法守法，不允许任何组织和个人有超越法律的权力，真正把权力关进制度的笼子里；三是效率化，单位治理体系应当在现有治理体系基础上加以完善，进一步提高行政效益和效率。治理能力现代化要顺应经济社会发展的形势和要求，要进一步优化单位职能配置、机构设置、工作流程，进一步完善决策权、执行权、监督权，形成既相互制约又相互协调的权力运行机制，进一步改进行政方式，积极推进放管服，提高履职能力和实效，着力推进履职能力现代化建设。内部控制是保障组织权力规范有序、科学高效运行的有效手段，也是组织目标实现的长效保障机制。这就是以国家法律法规、党的政策为依据，以内部控制基本规范和规定为指导，形成完备的内部控制制度体系、高效的内部控制实施体系、严密的内部控制评价监督体系，促进单位治理体系和治理能力现代化。

财政部《关于全面推进行政事业单位内部控制建设的指导意见》中指出，全面推进行政事业单位内部控制建设，规范单位内部经济和业务活动，强化对内部权力运行的制约，防止内部权力滥用，建立健全科学高效的制约和监督体系，促进单位公共服务效能和内部治理水平不断提高，为实现国家治理体系和治理能力现代化奠定坚实基础、提供有力支撑。这再次说明了单位内部控制是实现单位治理现代化、践行国家治理现代化战略的必然选择。随着党的十九大对国家治理能力现代化目标的进一步明确，相信单位内部控制工作将会进一步提上议事日程，并将单位治理现代化作为国家治理现代化的重要组成部分，抓实抓好。

三、单位内部控制将推动依法治国和法治政府建设进程

在法治下推进改革，在改革中完善法治，改革与法治是辩证统一的关系。单位内部控制工作是依法治国、建设法治政府的要求，同时也会推动依法治国和法治政府建设的进程，引发和带动法律体系、法律制度、法律实施等各方面的深刻调整与变化。单位内部控制工作与法治政府建设将相得益彰、相辅相成、相互促进。

内部控制工作首要的任务是建章立制、完善制度。在梳理制度、完善制度时，首先要以国家法律法规、政策文件为依据，不能遗漏、超越法律框架体系和政策制度体系另行制定规则，要保持法治的统一性、系统性和严肃性，通过将国家法律法规、政策文件落到单位内部控制制度体系中去，可以更好地遵法、守法、执法。其次，及时修订影响行政效能效率的制度，扫除制度障碍，促进法治建设。在制度建设过程中，积极做好法律法规和行政规范性文件的清理工作，对与改革要求不相符的有关法规、制度按照法定程序作出调整，为开展单位内部控制工作流程优化、执行顺畅奠定制度基础，促进单位法治建设。第三，加强“立法”顶层设计，促进法治政府建设。单位内部控制工作是单位内部权力运行机制改革的重要方式，在重新梳理制度、优化管理流程的同时，可以通过程序加强“立法”，促进权力运行的正当化、公开化、法定化；可以进一步构建规范、高效的权力运行机制，扎紧依法行政的“制度笼子”，减少权力寻租空间，消除舞弊欺诈机会，使得行政权力运行更加公开、透明，从而促进法治政府建设。

四、通过单位内部控制养成法治理念和法治思维

内部控制工作依法有序进行是践行依法治国战略、国家治理现代化战略的具体体现，在工作中可以树立和培养法治思维，不断提高运用法治方式判断、解决问题的能力。内部控制工作就是通过完善制度、优化流程，将单位各项工作纳入制度框架体系，充分发挥法治引导、推动、规范、保障的作用，这有助于养成法治思维理念，并推动以法治方式解决、处理问题，将会积极推动依法治国和法治政府建设进程。反过来，全面推进地勘单位内部控制工作，也需要以法治思维建立和完善单位内部控制制度体系。

党的十八大报告指出法治是治国理政的基本方式，要提高领导干部运用法治思维和法治方式深化改革、推动发展、化解矛盾、维护稳定能力。所谓法治思维，是一种

运用法治的思维方式，是以合法性为判断起点而以公平正义为判断重点的一种逻辑推理方式。其包含四方面内容并相互统一：合法性思维，即任何行政措施的采取、任何重大决策的作出都要合乎法律；程序思维，即要求权力必须在既定程序及法定权限内运行；权利义务思维，即以权利义务作为设定人与人关系及人与公共权力关系的准则；公平正义思维，即公权力要以追求、维护公平与正义为价值尺度。

法治思维在本质上区别丁人治思维和权力思维，要求在思考问题、作出决策、处理事情时，必须遵循法律规则和法律程序，必须严格按照授权范围和法定职责行使权力，必须自觉接受法律及各方的监督和承担相关的法律责任。单位在思考问题、作出决策、解决问题时，如果运用法律规范、法律原则、法律精神和法律逻辑对所涉事项进行综合分析和推理判断，将会形成对所涉事项合法性判断以及如何达到合乎法律规定的目的和效果的方法，对于单位防范法律风险具有事前防范、消除隐患的重要作用。

在法治思维理念的基础上，以合法性思维指导内部控制T作的体系建设，使单位重大决策、重大事项的作出与处理合乎法律规定。单位受国家行政、民事、经济甚至刑事法律规范的约束，同时以单位、公职人员等为主体，以职能、预算、收支、采购、基建、资产、合同等为规制对象的单位法律法规也形成了制度体系。随着法律框架和规制体系的形成，单位的管理和运行模式也必然会发生改变，必然会受到单位法律规制体系的制约而有法必依，这就要求单位须具有法治思维和规则意识，以合法性为判断起点，寻找与适用相应的法律规范作出重大决策，处理重大事项，以法治方式推动各项工作。

程序思维要求单位作出决策、解决问题要按照法律、制度规定的程序和权限进行，即用正确的方法做正确的事，做到内容合法与方法合法的统一。遵循程序思维至少涉及以下三个方面：一是遵循审批程序。随着法律规制体系的健全，需要按照规定履行审批等手续的，应按相关规定履行有关手续。二是履行内部决策程序。单位大都制定了基本管理制度，明确了议事机构、决策程序、议事规则，需要各议事机构按决策权限和规定程序在职责范围内行使职权，各司其职又相互制约，但有时惯性思维常常不遵循现行法律规定的职责、权限和程序规定，因此产生决策程序不完备、议事规则不遵守甚至议事机构运转失灵的现象时有发生。三是利益相关者告知程序。在涉及利益相关者等权益事项时的重大决策、重大事项在有些情况下有告知义务，如果不按规定履行通知、告知、听证等相关程序，可能给单位带来不利影响甚至诉讼风险。避免这些问题，需要在工作中养成法治思维，让法治思维成为一种底线思维和思维习惯。

长期如此，单位内部控制工作将有助于养成法治思维，从而进一步推动制度建设合法合规、作出决策遵循程序；进一步促进以法治方式处理问题、执行流程合乎规范；进一步推进内部控制工作纳入日常、有效开展。

第三节 单位内部控制的组织机构

一、组织架构的界定

（一）定义及其构成

在组织层级的内部控制设计中，组织架构是重中之重。行政事业单位的组织架构是行政事业单位明确内部各层级机构设置、职责权限、人员编制、工作程序和相关要求的制度安排。

组织架构的主要内容是单位机构设置及权责分配，即机构设置应包括决策机构、执行机构和监督机构以及这三者之间的权责分配。一般来说，决策机构是单位的权力中心，其设计的合理性对单位整体内部控制效果具有正向引导作用。执行机构是决策的具体承办部门，它们是内部控制活动的直接实施者，如财会部门、采购部门、资产管理部门、预算管理部门等。监督机构是约束决策机构和执行机构的关键、一般包括内部审计部门、纪检监察部门等。

行政事业单位可以根据自身实际情况、在现有行政编制的基础上构建组织架构，具体的机构和岗位设置方式包括两种，即常设机构和非常设机构。常设机构是指单位因日常事务处理需要而设置的专门机构，一般有固定的办公场所、专职的人员配备、特定的业务处理范围，这类机构具有长期存在、连续运行的特点，如财务部门、内部审计部门等。非常设机构是指单位为完成某一方面或某项业务的组织协调工作，通过调配内部相关人员成立的非常设性质的机构，这类机构具有临时组建、跨部门合作等特点．例如、单位领导办公会议、预算委员会、采购领导小组和（专项）监督小组等。一般来说，单位领导办公会议成员由主要领导构成，负责对单位所有重大事项进行决策：而预算委员会由单位主要领导、财务负责人和各职能部门的负责人构成，负责预算和资金使用方面重要事项的决策：采购领导小组由单位分管领导、采购归口部门领导和财务负责人构成，负责预算、立项、审批、招投标、合同签署、验收、资金支付及评价的一系列活动：专项监督小组由单位分管领导、审计部门和财务负责人构成，负责对单位各项业务进行专项监督。对于内部控制的建立及日常实施工作，单位可以将内部控制职能赋予现有常设机构的内设岗位，同时根据单位决策、执行和监督工作的需要设置非常设机构。

除了从组织形式入手外，组织架构的另一内容是建立单位的内部自我约束机制。就内部控制而言，所谓机制，是指以所设机构为载体，建立科学的执行程序和完善的制度规范，并通过监督和评价来激励程序和规范的有效执行，以此实现规则制衡，其

实质是对单位各机构关系的一种协调。简单地说，机构设置及权责分配从静态角度呈现了内部控制在单位整体上是如何做出安排的，而机制建立则以动态视角说明了内部控制在单位进行机构设置和权责分配以后应如何开展的问题。因此，单位组织架构的设计还包括在决策、执行、监督三大机构基础上运行的决策机制、执行机制和监督机制的建立。

（二）在内部控制体系中的作用

组织架构作为单位内部环境的有机组成部分，在内部控制体系中处于基础地位。组织架构是单位开展风险评估、实施控制活动、促进信息沟通、强化内部监督的基础设施和平台载体。一个科学高效、分工制衡的组织架构，可以使单位自上而下地对风险进行识别和分析，进而采取控制措施予以应对，可以促进信息在单位内部各层级之间、单位与外部环境之间及时、准确、顺畅地传递，可以提升日常监督和专项监督的力度和效能。

二、组织架构设计的基本要求

（一）制衡性原则

制衡性原则是行政事业单位组织架构设计的核心原则，这一原则要求单位确保决策机构、执行机构、监督机构相互分离，并进行合理的权责分配，在单位内部的部门管理、职责分工、业务流程等方面形成相互制约、相互监督的机制。具体地说，负责经济活动决策的机构不应参与具体执行过程，负责执行活动的机构无权自行决策，而负责监督的机构则需独立于决策与执行机构，以确保其监督效果。单位在具体进行岗位设置时要判断哪些属于不相容岗位并进行分离，以书面形式，如岗位说明书、权限指引等形式使各个岗位的职责权限明确化、具体化，达到相互监督同时兼顾效率的目的。

（二）适应性原

适应性原则包括两方面：一方面是指单位的组织架构设计应当根据自身要求，结合单位现实与编制情况，设置不同的部门机构和岗位，在现有编制内灵活设计工作机制，选择合适的方式组织协调内部控制的建立、实施及日常工作。例如，单位可以将内部控制职能赋予现有的常设机构内设部门或岗位，也可以根据单位决策、执行和监督工作的需要调配内部管理机构或岗位组建非常设机构。另一方面，适应性原则要求单位组织架构在保持相对稳定的同时具备一定的灵活性，随着外部环境的变化、单位经济活动的调整和管理要求的提高，组织架构也应不断修订和完善。

（三）协同性原则

行政事业单位组织架构的设计要立足于整体，全面考虑单位经济活动的决策、执行和监督全过程，在此基础上，单位应当关注重要经济活动和经济活动的重大风险，并在组织架构设计时对此做出适当的安排。这种点面结合的组织架构设计有利于提高控制协同性，降低控制成本。

三、地勘单位内部控制领导小组的建立

（一）建立领导小组的原因

1. 法律规定

根据《行政事业单位内部控制规范（试行）》第六条：单位负责人对本单位内部控制的建立健全和有效实施负责。从而要求每一个行政事业单位进行内部控制时，必须设置领导小组，并且要求单位负责人亲自去抓本单位的内部控制问题。

2. 单位内部控制工作部署的要求

地勘单位内部控制是一个复杂的系统工程，包括了内部控制体系的设计、实施、监督与评价等等工作的全过程，业务几乎覆盖了单位的每一个角落，必须运用到单位的人力、物力、财力等资源。因此，必须取得该单位最高领导层的充分支持。在此基础上，才能够让单位内部控制的工作部署得以更好地落实。

（二）建立单位内部控制领导小组的方法

①本单位派出相关人员参加地勘单位内部控制专题培训。

②学习人员向本单位领导汇报行政事业内部控制专题培训情况，包括本次学习时间、学习的内容、学习的资料、学习的效果、主管部门在本次学习后提出的内部控制工作进度要求等。

③取得单位领导层对本单位内容控制体系工作的支持。

④通过领导层会议讨论，初步确定领导小组名单。

领导小组的人员一般包括本单位正职领导，其他副职领导若干名，本单位各部门负责人，本单位纪检、审计、监察、财务、内控等人员。

⑤领导小组的名单或者其他内容，可以在内部进行公示，进行意见征询。

⑥确定本单位内部控制领导小组的名单，并以正式文件的形式最终予以确认。

⑦本单位内部控制领导小组的名单，上报给主管部门备案，并报同级财政部门备案。

（三）本单位内部控制领导小组工作职责

①单位领导小组是单位内控体系建设的最高权力机构，全面负责单位内部控制规范体系建设工作的实施。

②单位领导小组要建立健全议事决策制度和规则。

③建立单位内部控制规范实施机构

④建立单位内部控制规范监督检查机构和自我评价机构。

（四）本单位内部控制领导小组工作内容

单位内部控制领导小组全面领导本单位内部控制的主要工作，并负有最主要的领导责任，其工作主要包括下述内容。

①本单位内部控制工作体系的设计。

②本单位业务流程的梳理和调整。

③本单位内部控制主要风险的评估。

④研究并制定本单位内部控制的各种方案。

⑤制定本单位内部控制的各种配套制度。

⑥制定本单位内部控制建立与实施的监督检查制度。

⑦制定本单位内部控制实施效果的自我评价制度。

⑧制定本单位内部控制员工手册。

⑨完成其他与本单位内部控制有关的工作。

（五）本单位内部控制领导小组的分工

分工应以内部通知的形式告知本单位所有人员。

①组长领导和管辖内控小组的全面工作。

②一名副组长负责领导其中一个小组进行本单位业务的调查和梳理，包括旧管理制度的收集和评估，以及新管理制度的修订和实施监督等。

③一名副组长领导一个小组进行本单位业务内控情况的分析，进行内控制体系的设计，并向本单位内控领导小组汇报。

④一名副组长领导一个小组进行本单位业务流程和业务环节的风险分析，并提出风险应对的建议。

⑤一名副组长领导一个小组进行本单位内部控制实施的监督检查。

⑥一名副组长领导一个小组进行本单位内部控制实施的自我评价。

（六）相关规定

①《行政事业单位内部控制规范（试行）》第六条规定：“单位负责人对本单位

内部控制的建立健全和有效实施负责。”

单位内控体系是“一把手”工程，领导要以身作则，约束权力，让权力在阳光下运行。有条件的单位还应当主动接受社会中介机构提供的内控审计，以提高内控实施的质量。

“一把手”在单位内部控制工作中的职责。

a. 主持召开会议讨论内部控制建立与实施相关的议题。

b. 主持制定内部控制工作方案，健全工作机制。

c. 主持开展内部控制工作分工及人员配备等工作。

d. 权力运行机制及权力运行监督机制的构建，确保决策权、执行权、监督权相互制约、相互协调，定期督查决策权、执行权、监督权等权力的行使情况，及时发现权力运行过程中的问题，予以校正和改进。

②《行政事业单位内部控制规范（试行）》第十四条规定：单位经济活动的决策、执行和监督应当相互分离。

单位应当建立健全集体研究、专家论证和技术咨询相结合的议事决策机制。

重大经济事项的内部决策，应当由单位领导班子集体研究决定。重大经济事项的认定标准，应当根据有关规定和本单位实际情况确定，一经确定，不得随意变更。

四、地勘单位内部控制的实施执行组

地勘单位内部控制的实施执行组，实际上是单位内部控制领导小组下面的内部控制牵头部门冬领导小组应当指定实施执行组的主要领导人员。

（一）地勘单位内部控制实施执行组的主要职责

①对本单位内部控制领导小组负责，执行领导小组的工作安排。

②负责领导、组织、协调本单位内部控制体系的建立实施与运行维护。

③构建本单位内部控制实施所福的各个机构，并领导机构的运作。包括组建业务梳理分析组、风险评估组、制度完善组等。

（二）地勘单位内部控制实施执行组的主要任务

①建设本单位内部控制学习培训体系。

②梳理本单位各项经济活动的流程与各环节的具体内容

③分析上述流程和环节的风险类别与风险点，形成风险数据库或者风险评估报告。

④根据确定的风险完善业务流程，制定各个环节更完善的制度。包括内部控制单位层面控制制度和业务层面控制制度。

⑤指导贯彻新制度的执行落实。

⑥汇总所有建设成果，按相应层次编制成册，形成本单位内部控制规范管理手册。

⑦接受本单位和内部控制监督机构的监督检查，接受本单位内部控制实施评价机构的评价，并对需要完善的地方进行整改。

⑧接受财政、审计等部门对本单位内部控制实施的监督检查，接受社会中介机构对本单位内部控制实施的评价，并对需要完善的地方进行整改。

（三）地勘单位内部控制实施执行组的相关法律规定

《行政事业单位内部控制规范、（试行）》第十三条规定：单位应当单独设置内部控制职能部门，或者确定内部控制牵头部门，负责组织协调内部控制工作。同时，应当充分发挥财会、内部审计、纪检监察、政府采购、基建、资产管理等部门或岗位在内部控制中的作用。

（四）实施执行组下属的工作机构

1. 学习培训宣传小组

地勘单位必须加强单位内部控制的学习培训和宣传，这是做好内部控制实施工作必不可少的环节。单位应当形成内部控制学习培训体系。

2. 业务梳理小组

为了深化单位内部控制的实施，地勘单位要对现有流程进行“白描”。

“白描”意即梳理流程时，应当直白、简洁、明确、清晰，但要充分反映现有流程的实际情况。

在对流程进行“白描”的基础上，对单位层面的各项管理流程和预算业务、收支业务、政府采购业务、资产管理、建设项目管理、合同管理等经济活动的各项业务流程进行梳理、再造，重新编制各项工作业务流程图。

《行政事业单位内部控制规范（试行）》第七条规定：应当根据本规范建立适合本单位实际情况的内部控制体系，并组织实施。具体工作包括梳理单位各类经济活动的业务流程，明确业务环节。

3. 业务风险评估小组

风险评估是地勘单位进行内部控制建设与实施中非常重要和关键的一环，关系着单位内部控制效率和成果的大小，因此必须高度重视。

《行政事业单位内部控制规范（试行）》第八条规定：

①单位应当建立经济活动风险定期评估机制，对经济活动存在的风险进行全面、系统和客观评估。

②经济活动风险评估至少每年进行一次；外部环境、经济活动或管理要求等发生重大变化的，应及时对经济活动风险进行重估。

《行政事业单位内部控制规范（试行）》第九条规定：

①单位开展经济活动风险评估，应当成立风险评估工作小组，单位领导担任组长。

这里强调的是组长必须由单位领导来担任，从而确认其重要性。

②经济活动风险评估结果应当形成书面报告，并及时提交单位领导班子，作为完善内部控制的依据。

4. 制度完善小组

地勘单位内部控制制度是单位经济活动规范化的要求标准，只有具备了详细但高效而不复杂的制度，才能指引单位员工的工作流程和环节符合内部控制的要求，才能更低限度地防止内部控制的漏洞。

制度完善小组的工作人员，必须尽量熟悉和掌握国家和本地区的法律法规，以便在制定本单位制度时能与时俱进。

五、地勘单位内部控制实施监督组和评价组

（一）地勘单位内部控制监督组

1. 地勘单位内部控制监督组工作机制

①组建日常监督小组。

②安排内部审计进行监督工作。

③借助党委和纪检的工作成果进行监督。

④借助单位内部的监察成果进行监督。

⑤借助单位绩效考评的成果进行监督。

2. 建在和运行地勘单位内部控制监督应注意的问题

①监督部门应直接向内部控制单位领导小组汇报监督工作。

②单位的监督工作必须与单位决策、执行相分离。

③单位的监督工作必须与单位评价工作相分离。

④单位的监督工作必须保持高度的独立性。

（二）地勘单位内部控制评价组

1. 地勘单位内部控制评价的主要内容

地勘单位内部控制评价的主要内容可以分为两个层级要素进行评价。

第一层级要素包括组织架构、决策机制、执行机制、监督机制和协同机制等。

第二层级评价要素是在第一层级的基础上进行细分。比如，执行机制可以分为实施责任制度、分工职责制度、控制制度体系化等。

2. 建立和运行地勘单位内部控制评价应注意的问题

①单位内部评价部门应直接向单位内部控制领导小组汇报监督工作。
②单位的评价工作必须与单位决策、执行相分离。
③单位的评价工作必须与监督工作相分离。
④单位的评价工作必须保持高度的独立性。

第四节　单位内部控制的学习培训体系

一、地勘单位内部控制学习宣传体系

上述已经对地勘单位内部控制的基本知识做了简单介绍。那么，如何能够既迅速且有效地掌握相关的知识呢？本节主要介绍三种常用的有效方法。

（一）分级业务培训

此类的专题培训包括下述几种。

1. 省级财政部门地勘单位内部控制专题培训

省级地勘单位内部控制专题培训，一般包括下述内容。
①传达中央、财政部等关于地勘单位内部控制的有关精神和要求。
②本省地勘单位内部控制建设推进概况。
③本省各地市及县级地勘单位内部控制推行与建设基本状况。
④本省地勘单位内部控制相关的会计基础工作规范基本状况。
⑤本省政府综合财务报告制度、政府会计准则建设与实施状况。
⑥本省会计人员综合素质基本情况。
⑦与地勘单位相关的法律法规、制度和业务知识培训。

2. 市级财政部门地勘单位内部控制专题培训

省级地勘单位内部控制专题培训一般包括下述内容。
①传达中央、财政部、本省财政厅等关于地勘单位内部控制的有关精神和工作要求。
②本省和本市地勘单位内部控制建设推进概况。
③本市地勘单位内部控制相关的会计基础工作规范基本状况。
④本市政府综合财务报告制度、政府会计准则建设与实施状况。

⑤本市地勘单位内部控制先进单位的实施情况。

⑥本市会计人员综合素质基本情况，与地勘单位相关的法律法规、制度和业务知识培训。

⑦对本市各区各县各直属单位推进地勘单位内部控制的工作要求。

3. 区县级财政部门地勘单位内部控制专题培训

区级、县级地勘单位内建控制专题培训，一般包括下述内容。

①传达本省、本市关于地勘单位内部控制培训的各项内容、精神与要求。

②介绍本地级市及其他县市地勘单位内部控制先进单位的经验。

③部署本区本县地勘单位内部控制的工作推进要求。

④相关地勘单位内部控制知识体系的培训。

4. 本行业本系统内部控制专题培训

地勘单位内部控制专题培训一般包括下述内容。

①传达中央及本省关于地勘单位内部控制的工作要求。

②本行业的特点及本行业在内部控制中容易出现的问题。

③本行业内部控制的重点和难点。

④与地勘单位内部控制相关知识体系的培训。

5. 本单位内部控制专题培训

本单位地勘单位内部控制专题培训一般包括下述内容。

①传达本省、本县关于地勘单位内部控制推进工作的要求。

②传达本区本县或者其他区县地勘单位内部控制先进单位的事迹。

③与地勘单位内部控制相关的知识体系培训。

④本单位主要业务类型及其流程介绍。

⑤本单位各业务环节的特点及其主要存在的风险。

⑥本单位目前内部控制进展情况及今后工作的主要方向。

⑦现场布置本单位内部控制的相关工作安排。

在单位内部进行专题培训时，还可以根据人员的不同进行分别培训。

①单位领导班子、内部控制规范实施机构成员主要学习内部控制规范的理论、原则、控制基本方法、风险评估程序、风险管控措施、自我评价要求等。

②单位非内控管理部门及其他人员，主要学习内部控制规范体系建设的重要意义、自己在内部控制规范中的作用、控制的基本方法、流程梳理及风险查找方法。

其中，工作人员是内部控制机制得以顺利运行的前提，必须提高内部控制相关人员的道德修养和专业素质。因此，对工作人员必须加强以下几方面培训。

①对业务经办人员进行政策教育，以及职业道德教育，以增强他们的纪律性，使其负有责任感，遵纪守法。

②加强会计人员的继续教育，坚持定期培训、定期考核，严格上岗资格，提高会

计人员的专业知识和业务素质，使他们正确应用内部会计控制方法。

③加强内部审计人员的职业道德教育和技能培训，使他们掌握科学的内部审计方法，使内部审计真正起到对内部控制的监督作用。

（二）到内部控制实施的先进单位参观学习

到先进单位参观学习，可以从下面的角度加以观察思考。

①该单位的业务流程和业务环节的主要特色是什么？

②该单位内部控制领导小组每个人的角色是什么？是如何具体运行的？怎样保障高效运转？

③该单位如何让单位内部员工积极参与到本单位内部控制工作中来？

④该单位制定与实施的各项业务的主要规章制度有何与众不同的关键点？

（三）自我学习

关于本单位的内部控制制度，每一个单位员工都应该积极主动参与到其中的建设中来。因此，不断地对地勘单位相关的知识体系加深学习，并结合本单位的实际情况提出自己的意见和建议，既是一种主人翁的权利，也是一种不容推卸的责任。

自我学习的途径包括下述几种。

①专业书籍。可以通过向单位借阅，或者自我购买的方式来实现。

②网络资料学习。可以通过查阅、下载等方式进行线上线下学习。

③电视学习。通过看电视新闻的方式，主动掌握关于地勘单位内部控制的最新动态。

④行业内主流的报纸杂志。此类学习能使自己不断了解到相关专家的新观点、新动态，也能使自己的信息量与知识面得到不断扩展。

⑤与他人交流学习。自行织学习小组，利用业余时间对相关内部控制的知识进行交流。在工作中不断向他人请教学习，从而深化内部控制的相关知识。通过QQ群、微信群、微博等方式，与他人交流学习地勘单位内部控制的相关知识。

⑥加入相关行业学习组织。比如，本区、本县组织的地勘单位内部控制业务学习组织等。

二、地勘单位内部控制知识体系学习的具体安排

地勘单位必须安排本单位的内部控制的专题培训。

（一）组织学习时，可以按下面的人员分批进行

①本单位所有人员全员学习。

②本单位按职务层级分小组学习。

③本单位按业务流程分类学习。

④本单位按部门分别学习。

⑤本单位按风险系统分别学习。

（二）制定学习的保障措施

①制定本单位的学习制度。

②落实安排本单位内部控制的学习时间。

（三）制定本单位内部控制学习的效果考核制度

即每个人必须注重学习的效果，以及学习之后如何在实际工作中加以应用，从而能从各个流程和环节，加强并完善本单位的内部控制。

学习之后，每个部门的工作人员，应该从下述几方面去思考本部门的情况。

①本部门是否具有不合规的经济活动？

②本部门是否具有不合规、不合理的业务流程，或者具体的业务环节？

③本部门的业务流程及相关环节是否能最低限度地降低风险？

④本部门存在哪些经济管理漏洞，制度是否完善？

⑤本部门是否能够做到不相容岗位相分离？

⑥有没有本部门的业务监督或者制约的制度？

⑦本部门使用的资金是否管理到位？有无丢失或者失控的现象？

⑧本部门有什么地方可以改善，改善之后能否提高本部门的工作效率和效果？

（四）本单位内容控制的宣传

本单位关于内部控制的建立和实施，首先要在本单位或者社会上进行一定的宣传，以期本单位内部控制的建立实施得到更好的效果。

①形成宣传制度

a. 宣传制度可以由本单位宣传部门制定，没有宣传部门的可以由人事管理部门制定，财务部门协助。

b. 宣传制度经本单位内部控制领导小组审核后公布施行。

②形成内部控制培训与学习制度。

③印发宣传资料：印发的资料，既要在单位内部充分发放，也可以向社会公众发放，进行宣传。

④组织专题宣传活动：专题宣传活动可以在单位内部进行，也可以面向社会公众公开举行。可以根据上述两种不同的情况，做不同的宣传准备。比如，宣传地点、范围、规模、主题、嘉宾及需要的资料、材料等。

⑤进行宣传成果考核

a.各部门对宣传成果的总结。

b.落实个人考察宣传成果。比如，部门对工作人员进行口头的检查，看看工作人员对单位和本部门内部控制方面的了解程度。

c.写出学习心得。学习心得可以定期写，比如，三个月写一次。半年写一次等。以此来获悉单位职工对内部控制的了解和操作实况。

d.以知识竞赛的方式考核。举办地勘单位内部控制知识体系的知识竞赛，既可以考查各级职员对相关知识的掌握程度，又可以增加学习的趣味性，对于本单位内部控制的建立实施能起到良好的促进作用。

⑥充分利用现有网络资源，向本单位公开、向社会公开宣传本单位内控规范制度。可以在本单位QQ群、微信群上共享有关知识与文件精神，以及其他单位工作进展情况，发动各级职工讨论关于内部控制的各类课题等，从而起到积极的宣传作用。

第五章　地勘单位内部控制的预算控制体系

第一节　单位预算基础

一、预算控制范围与目标

（一）预算控制的概念和范围

地勘单位预算是以年度财政收支的形式存在的，是对年度单位收支的规模和结构进行的预计和测算。其具体形式是按一定的标准将单位预算年度的收支分门别类地列入各种计划表格，通过这些表格可以反映一定时期单位收入的具体来源和支出方向。

地勘单位预算是具有法律效力的文件。政府预算的级次划分、收支内容、管理职权划分等都是以《中华人民共和国预算法》（以下简称《预算法》）的形式规定的，可以说预算就是具有法律效力的国家年度财政收支计划。《预算法》对预算的编制、执行和决算的过程进行了相关规定，预算编制后要经过国家立法机构审查批准后方能公布并组织实施，预算的执行过程也受法律的严格制约，不经法定程序，任何人无权改变预算规定的各项收支指标，这就使单位的财政行为通过预算的法制化管理被置于监督之下。在预算管理全过程中，预算编审和预算批复、预算批复和预算执行规则、预算执行规则和预算执行三对组合之间的关系成为预算管理的关键风险所在，在这个管理过程中，还包括会计核算对业务活动的信息反映和监督。

按预算性质和单位收支管理范围分类，地勘单位预算可以分为财政预算和单位内部预算。

财政预算是由财政部门统一制订的各级政府的基本财政收支计划，由各级政府的本级预算和下级政府总预算组成，是与各级财政部门实现对接的整体预算。财政预算反映了各行政事业单位整体职能所对应的收支方向和金额，一般不涉及对具体事项及其活动内容的认定。

单位内部预算是各行政事业单位就其本身及所属行政事业单位的年度经费收支所

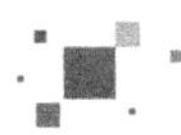

汇编的预算，是单位本身及其所属单位履行其职责或事业计划的财力保证。单位内部预算反映了单位的具体职能和内部的具体工作任务，一般会对应到履行职能完成任务的预算执行主体之上，与单位内部管理的具体方式相匹配。单位作为各级财政预算构成的基本单位，单位内部预算也是对财政预算的具体化和细化，并严格遵循财政预算批复的口径与规则。单位内部预算应该明确履行具体职能完成工作任务的工作方式，并通过细化的支出事项来体现，实现单位内部预算对经济活动的有效管理和控制。

一般来说，行政事业单位预算业务控制流程可以分为四个阶段：预算编审、预算批复、预算执行、决算与考评。

（二）预算控制的目标

行政事业单位预算控制业务流程将预算管理的编审、批复、执行、决算与考评四个阶段的全过程进行梳理和风险分析，其中主要应当关注下列风险：第一、不编制预算或预算编制不准确，可能导致行政事业单位收支缺乏约束，无法保证资金的使用效率。第二，财政预算批复和单位内部预算指标批复不合理，可能导致单位资源浪费或公共服务目标难以实现。第三，预算执行缺乏力度，没有按照相关规则严格履行相关审核程序，可能会导致单位支出无法达到合法合规。第四，决算和考评制度不健全，可能导致预算管理流于形式，财务信息无法客观反映单位的真实情况，也会导致相关舞弊行为的产生。

单位预算管理应在财政部门预算管理的整体框架和要求范围内，结合自身业务特点加强单位内部预算管理工作。在遵循财政部门预算批复的口径与规则的基础上，应对财政部门预算在本单位内部进行分解和细化，明确完成工作任务的预算实施部门和实现方式，并通过具体的支出事项来体现，实现预算目标。单位应按“系统内部统筹，对外统一出口”的一体化预算管理模式，坚持“量入为出、统筹兼顾、确保重点、收支平衡”的总原则，采取目标责任制的预算管理方式，对单位内部预算的编审、批复、执行、追加、调整、决算考评等进行全过程管理。

二、地勘单位预算组织机构

（一）地勘单位预算组织机构

地勘单位预算，必须要有一套完整的组织机构体系。其组织机构主要包括预算管理决策部门、预算管理办公室、预算协作部门和预算执行部门。

1. 预算管理决策部门

（1）设置本单位预算管理决策部门

可以称为本单位的预算管理委员会。

①预算管理委员会负责人可以为单位负责人，或者单位负责人指定的某位本单位领导。

②预算管理委员会负责人，必须是单位内部控制领导小组的主要成员之一。

③预算管理委员会其他成员包括本单位的主要领导，以及本单位其他部门的负责人，包括某些部门的主要业务骨干。

（2）预算管理委员会的职责

①制定本单位预算管理政策和管理程序，指导预算的编制工作；批准预算科制定的预算制度。

②对各级预算部门上报的预算进行审核与修正。

③将编制好的预算提交本单位领导办公会议审核批准。

④下达已获批准的预算并组织实施。

⑤监督预算的实施，检查预算结果，裁决预算的有关纠纷。

⑥审核预算调整方案。

⑦审议年度预算执行结果及分析报告。

⑧根据预算执行结果提出考核和奖励意见。

2. 预算管理办公室

地勘单位预算管理办公室即预算科，在预算管理委员会领导下开展工作，并向单位预算管理委员会报告工作。

预算科负责人应该成为本单位内部控制领导小组的成员之一；预算科负责人应当成为本单位内部控前实施小组的领导成员之一，成为组长或者副组长。

预算科的主要工作职责。

①组织本单位预算的编制、初审、汇总工作。

②组织下达经批准的预算，监督本单位各部门和下属机构预算执行情况。

③制定本单位调整方案。

④协调解决本单位各部门和下属机构预算编制和执行中的有关问题。

⑤分析和考核本单位各部门及下属机构的预算情况。

⑥向预算管理委员会汇报有关预算工作。

3. 预算协作部门

（1）本单位财务处

本单位财务处关于预算协作的工作职责。

①为预算编制、调整、分析和考核提供财务数据和财务信息。

②按照有关预算要求进行会计与审计方面的监督。

（2）纪检与监察处

经检与监察处的主要职责。

①参与考核本单位预算的考核与相关监督工作。

②参与监督本单位预算执行情况及决算报告。

③监督本单位财政绩效评价工作及整改落实情况。

④对本单位及下属机构预算管理机制进行日常监督，提出改进意见。

4. 预算执行部门

预算执行部门主要是指本单位各部门、各科室及各下属机构。其主要的职责有下述几项。

①制订本部门的项目计划、支出计划和预算草案。

②执行与本部门有关的预算方案。

③对本部门预算执行情况进行分析并上报分析报告。

④在授权范围内配置并使用相关资产和资源。

⑤配合有关部门做好预算考核工作。

（二）预算组织机构管理体系存在的主要风险点

①预算管理组织机构及相关岗位未设置完善，或者设置不合理，相关岗位人员职责分工不明确，可能导致工作人员没有专业知识与技能，制定的预算方案达不到有效的目的。

②单位预算管理意识不强，全员参与程度不够，没有建立完善的预算制度，导致预算工作管理松散，预算执行不力。

③预算各相关机构与部门缺乏有效的沟通与协调，可能导致预算管理工作进展慢，相互推诿责任。

④单位支出的标准定额体系不完善，预算管理可能无据可依，导致预算违规。

⑤单位预算不公开透明，没有根据国家法律法规细化公开的内容，导致公信力降低，不利于促进单位内部与社会监督。

三、预算制度的完善

（一）预算制度制定单位

单位的预算制度由预算科制定，本单位各科室进行协助。

（二）预算制度批准单位

单位的预算制度由预算委员会进行审批。

（三）预算制度的内容

每个单位的具体情况虽然不太一样，但是，同样要求有详细的预算制度。预算制度的内容包括但不限于以下内容。

①本单位预算流程管理制度。

②本单位总部预算方案制度。

③本单位预算项目申报制度。

④本单位预算编制制度。

⑤本单位预算执行制度。

⑥本单位预算分析制度。

⑦本单位预算调整制度。

⑧本单位决算制度。

⑨本单位预算考核制度。

⑩本单位预算监督制度等。

四、预算控制业务流程与主要风险点

（一）预算控制业务流程总体说明

预算控制业务流程主要涉及各预算主体、归口部门、财务部门、单位领导和财政/上级部门等。

1. 预算控制职责分工

（1）业务部门

业务部门指行政事业单位本级内设机构及下级单位，是行政事业单位预算的编报和使用主体

①负责本部门基础数据申报，根据本部门职能和年度工作任务编制工作计划，依据预算控制数对预算进行调整、细化，形成本部门预算草案

②负责根据预算批复结果和相关规则执行预算：对本单位预算执行结果进行监控及决算工作

（2）归口部门

归口部门指根据单位内部职责分工，在预算管理各环节，对特定类型的业务事项有审核或审批权限的部门。归口部门的管理范围包括平级内设机构和（或）下级单位。

①负责归口审核或审批管理范围内的预算基础资料及业务部门提交的预算草案；

②负责确定管理范围内的预算指标的分解及执行方式：

③负责归口审核或审批各业务部门提交的预算执行申请。

（3）财务部门

财务部门是单位预算管理的专业机构。

①负责提出本单位年度预算编制的基本要求和政策标准；

②负责汇总、审核各业务部门、归口部门提交的预算申报资料及预算草案；

③负责对财政 / 上级部门下达的预算控制数进行分解、细化，确定预算执行规则；

④负责制定本单位年度预算、决算草案；

⑤负责拟定本单位年度预算调整及追加方案；

⑥负责对本单位年度预算执行情况进行监控分析和监督检查

财务部门一般设置预算管理岗和财务负责人，分别负责预算全过程管理的相关工作。

（4）单位领导

单位领导是单位预算管理的决策机构，可以是单位负责人或财务分管领导，一般是单位领导班子或预算管理委员会

①负责决定预算单位预算管理政策；

②负责审批单位年度预算草案、年度预算追加或调整方案以及年度财务决算等重大事项。

（5）财政 / 上级部门

有预算审批权的部门包括同级财政部门或上级部门。财政 / 上级部门依据其职能及国家相关规定，履行行政事业单位预算控制过程中的管理职能。财政 / 上级部门包含预算管理相关的内设专业机构，如预算审核机构和政府采购管理机构等。

2. 预算控制组织设置与流程阶段划分

（1）预算控制组织设置

预算控制业务流程组织设置包括：预算决策机构、预算编审机构、预算执行机构的设置及职责权限划分。

（2）预算编审阶段

预算编审阶段包括：预算编制、预算审核两个子流程。

（3）预算批复阶段

预算批复阶段包括：预算预下达、预算批复和预算追加调整三个子流程。

（4）预算执行阶段

预算执行阶段包括：预算执行申请和资金支付管理两个子流程。

（5）决算与考评阶段

决算与考评阶段包括：决算与考评流程。

（二）预算编审阶段

1. 预算编审阶段流程

①财务部门根据财政/上级部门预算要求部署预算单位各个业务部门的预算编报工作。

②业务部门预算涉及归口管理的。由相应归口部门统一组织预算编制或预算审核工作。

③各业务部门按照预算编报要求。根据下一年度的实际情况提出预算建议数，并提交申报基础数据等材料，报送财务部门其中需要归口部门统一管理的上报归口部门。

④归口部门对业务部门上报的预算建议数进行审核和汇总。

⑤财务部门对各业务部门和归口部门提交的预算建议数及申报材料进行预审。汇总形成预算单位预算建议数。

⑥财务部门负责人对预算单位预算建议数进行审核，确保无误后上报单位领导审议。

⑦单位领导审定预算单位预算建议数。

⑧财政/上级部门审核提交的预算建议数依据财政/上级资金安排。及时下达预算控制数。

2. 预算编审阶段主要风险点

①预算编制是否依据以前年度单位收支的实际情况，真实反映单位本年度全部业务收支计划：

②是否存在单位为了足额甚至超额获取财政资金而虚增预算：

③对于专业性较强的重大项目，例如基建和信息化项目，是否在预算编审过程中进行专业性事前立项评审。

（三）预算批复阶段

1. 预算预下达流程

①财政/上级部门以下达预算控制数作为预算预下达工作起点。

②在预算正式批复前，为保证各业务部门的正常运转，预算管理岗结合各业务部门实际情况，编制预下达方案。

③财务部门负责人对预算管理岗拟定的预下达方案进行审核。

④单位领导对预下达方案进行审核，批准：经批准后将预下达方案提交预算拨付机构进行审批。

⑤根据预算预拨结果进行预下达方案审批，批准后下达财务部门预算管理岗。

⑥财务部门预算管理岗收到经财政/上级部门批准后的预下达方案，下达各业务单位，作为正式年度预算批复前的预算执行依据。

⑦在正式预算批复下达前，业务部门依据预下达方案进行资金使用计划的编报，进入预算执行阶段。

2. 预算批复流程

①财政/上级部门下达控制数作为批复工作起点。

②预算管理岗在控制数基础上，分解、细化预算控制数，形成对各业务单位控制数，上报财务部门负责人审核。

③财务部门负责人对预算管理岗拟定的控制数分解方案进行审核。

④单位领导对下达各业务单位的控制数方案进行审核、批准。

⑤需要归口管理的预算批复由归口部门对预算控制数进行分解。

⑥业务部门在预算控制数范围内，进行细化整理，形成本单位预算草案。

⑦需要归口管理的预算批复由归口部门对业务部门上报的预算草案进行审核。

⑧预算管理岗收到各业务部门或归口部门预算草案后，进行综合平衡，形成预算单位预算草案，报财务部门负责人审核。

⑨财务部门负责人审核预算管理岗汇总形成的预算单位预算草案，然后由单位领导审批。

⑩单位领导审批预算单位预算草案。

⑪ 预算管理岗根据财政/上级部门批复结果，进一步细化批复至各业务部门或归口部门，同时将预算执行的规则一并下达。

⑫ 业务部门或归口部门依据下达的正式预算批复，进行资金使用计划的编报，进入预算执行环节。

3. 预算追加调整流程

①当业务部门在预算执行过程中遇到特殊紧急情况时，在预算不足的情况下，应按规定的预算追加调整程序，由业务部门提出预算追加调整申请。

②其中需要由归口部门审核的，由归口部门提出审核意见。

③财务负责人收到经业务部门分管领导审批的预算追加调整申请后，对预算追加调整申请进行金额审核，出具审核意见，交单位分管领导审批。

④单位分管领导依据财务部门出具的审核意见，在财政批复范围内，预算追加调整申请由单位领导批准。

⑤预算追加调整申请经单位领导批示或批准后，动用财政/上级部门批复的预算准备金，如需上报财政/上级部门追加，按规定上报财政/上级部门审批。

⑥财务部门在收到对业务部门或归口部门预算追加调整申请的批复后，依据批复办理业务部门或归口部门相应预算的追加工作，同时将批复下达业务部门或归口部门。

⑦业务部门或归口部门收到财务部门下达的预算追加调整批复后，依据批复组织实施相应的预算执行工作。

4. 预算批复阶段主要风险点

①单位是否建立专门的预算管理机构并有相应的预算工作管理办法；

②是否设置专人专岗对内部预算批复进行管理；

③内部预算批复是否将以前年度的业务支出金额和本年度的业务工作计划作为依据；

④预算管理机构是否对部门（下属单位）业务计划进行评审；

⑤预算管理机构是否按照支出事项性质和重要性不同对预算资金进行指标分解，即是否建立了科学合理的预算执行规则；

⑥当实际支出超过预算批复指标额度后是否建立预算指标追加机制；

⑦预算管理机构是否对预算指标调整进行审议；

⑧预算指标调整后是否对预算支出事项的重要性顺序进行重新排列。

（四）预算执行阶段

1. 预算执行申请流程

①业务部门直接执行已经明确预算支出事项并进入借款报销环节，其余需要进入预算执行申请环节。

②业务负责人（业务部门预算分管领导）对业务可行性进行审批需要归口管理的预算执行申请由归口部门对预算申请进行审批。

③财务负责人对预算合规性进行审核，超过权限需要由单位领导进行审批单位领导按照不同金额对预算指标申请进行决议。

④其中按规定需要履行政府采购程序的，进入相关采购流程。

⑤完成单位内部顶算执行审批程序的事项，依据预算批复和相关经费支出规则，进入资金支付流程。

2. 预算执行主要风险点

①预算执行环节中是否保持单位财务核算和业务工作的一致性；

②是否建立财务核算工作对预算批复和执行工作的信息反馈与验证机制。

第二节　预算编制与审批

一、预算编制

（一）预算编制的流程

1. 地勘单位预算编制审核总程序

我国地勘单位预算是政府预算的组成部分，具体实行的是“两上两下”的编制审核程序。

（1）“一上”

①基层预算单位编制本单位预算年度的收支建议数，上报上级部门。

②上级部门根据财政部门下达的编制预算的具体要求，提出本部门预算年度的收支建议数，上报本级财政部门。

（2）“一下”

①财政部门根据上级政策要求和本地实际情况，审核各主管部门上报的预算收支建议数，并根据本地财政收入测算数，汇总年度预算收支草案报同级人民政府批准。

②本地年度预算收支草案获得批准后，财政部门将预算控制数下达到各主管部门。

③各主管部门下达到各基层预算单位。

（3）“二上”

①各主管部门根据财政部门下达的预算控制数，下达到预算单位和具体的项目。

②各预算单位按照本地财政部门的要求，编制本单位预算草案，由主管部门汇编成本部门预算草案上报给财政部门。

（4）“二下”

①当地财政部门收到各主管单位的预算草案后，进行审核汇总，形成本级政府总预算草案，报同级人民政府。

②同级人民政府对预算草案审批后，向人民代表大会提交政府预算草案。

③人民代表大会审议批准政府预算草案后，成为具有法律效力的政府预算。

④财政部门在规定时间内批复各主管部门预算。

⑤各主管部门接到财政部门批复的预算后，在规定时间内批复所属单位的预算。

2. 地勘单位预算编制一般流程

①本单位接到本地财政部门有关做好预算的通知及相关规定。

②本单位预算管理委员会通知本单位下属机构及本单位所有部门召开下一年度预算布置会，预算科要求各下属机构及本单位各部门编制预算建议计划。

③明确并布置各下属机构及各部门要编制的预算计划的内容。包括收入预算表、支出预算表等。

④各下属机构和各部门上报本部门的预算计划。由本单位预算科进行初步汇总。

⑤预算科对各下属机构和各部门的年度预算计划进行初审，并进行汇总后上报本单位的预算管理委员会。

⑥预算管理委员会召开本单位的预算审核会，听取各机构和部门的情况，并结合上年度预算执行情况，对各下属机构和部门的计划进行现场审核，平衡各机构和部门的收支计划，形成本单位的预算修正意见。

⑦本单位预算管理委员会将年度预算修订稿上交本单位领导办公会议进行审核与确认，形成最后的定稿，由本单位预算科进行汇总上报。

预算科编制的本单位年度预算计划书，由年度收入预算表和年度支出预算表等组成。

a. 收入预算表根据本单位财政拨款收入、预算外资金收入和其他收入等组成。要求按收入类别逐项核定。

b. 支出预算表根据各科室的支出计划并经本单位预算管理委员会修订后确认。年度支出预算的编制方法一般是零基预算法。

⑧本单位向主管部门上报年度预算计划表，并由主管部门汇总向本级财政部门上报。

⑨财政部门根据上级预算编制规定及本地财政实际情况，对各主管部门的预算进行修订批复。各主管部门根据财政部门预算编制最新要求，下达各单位新的编制任务。

⑩各单位根据主管部门下达的下一年度预算编制新要求，重新进行本单位的预算调整程序。

⑪ 重复上述第 1 至第 7 点。

⑫ 本单位最终形成确定的下一年度预算方案，并上报主管部门。

⑬ 主管部门上报得到批复后，下达给本单位，本单位将按下达的预算方案实施。

（二）预算编制的准备工作

1. 核实各项基本数字

主要包括单位机构数、人员编制数、在职实有人数、离退休人数、房屋建筑物面积、机动车辆数、设备台数等基本数据资料。通过对上述数据的审核，剔除那些不实或非正常性的支出因素。

2. 分析上年度预算执行情况

公共事业、行政组织上年度预算执行情况是编制本年度预算的重要依据。单位预算中的各项财务收支计划指标是以上一年度预算执行数为依据，并根据本年度事业发展计划和工作任务的要求，结合财力的可能来确定的。因此，正确预计和分析上一年度预算执行情况，是编制本年度预算的一项非常重要的准备工作。

具体内容包括下述几项。

①统计上年已发生月份的累计实际执行数，以预计全年收支数。

②分析上年度的组织计划和组织行政任务完成情况、预算执行情况，找出其内在规律性，分析、预测发展趋势。

③分析各项资金来源及变化情况。

④分析物价、收支标准及定员、定额的变化情况，计算其对预算期的影响程度。

⑤分析资金使用中存在的问题，研究提出改进意见；分析上年出台的有关政策对预算期收支的影响程度。

3. 分析影响预算期收支的有关因素

在分析整理上年预算执行情况的基础上，还要注意收集掌握同编制预算有关的因素，主要包括下述几点。

①预算期内事业计划和工作任务的安排情况。

②预算期内各类人员实有数或定员比例的变动情况。

③预算期内需要购置和维修的设备、房屋基本情况。

④预算期内市场物价和收支标准变动情况。

⑤预算期内新出台的政策对收支的影响情况。

4. 正确领会上级有关部门对预算编制的要求

为了保证预算编制的统一性和规范性，在预算编制前，必须认真学习关于编制预算的规定，正确领会编制预算的有关要求，熟悉预算收支科目和表格，以便高质量地完成预算编制工作。

（三）预算编制的方法

可以根据不同的预算单位和不同的预算项目，分别采用相应方法进行预算编制。主要方法有固定预算法、弹性预算法、增量预算法、零基预算法、定期预算法、滚动预算法、项目预算法、作业基础预算法等。

目前，地勘单位广泛运用零基预算法。在此我们对其他预算方法也进行简单的介绍。

1. 固定预算法

又称静态预算法，是定期地按照固定的业务量来编制预算的一种方法，是以预算期内正常的、可实现的某一业务量水平为基础来编制的预算。

特点：用这个方法做出来的预算，算多少是多少，一般情况下，金额都不变。适用于固定费用或者数额比较稳定的预算项目。

2. 弹性预算法

弹性预算法是和固定预算法相对应的一种方法，它是根据弹性的业务量来编制预算。弹性预算法的优点是，能够适应不同情况的变化，在一定程度上避免了对预算的频繁修改，有利于预算控制作用的更好发挥。

3. 增量预算法

增量预算法是常用的一种预算方法。它以上一年度的预算为起点，根据业务和情况的预算变化，自上而下或者自下而上地调整上一年度预算中的各个项目。

增量预算法编制简单，省时省力。主要缺点是预算规模会逐步增大，可能会造成预算松弛及资源浪费。

增量预算法的前提条件：①原来业务活动是必须进行的；②原有的各项业务基本上是合理的。若前提条件发生变化，则预算数会受到基期不合理因素的影响，导致预算不合理，不利于调动各部门达到预算目标的积极性。

4. 零基预算法

零基预算法是和增量预算法相对应的一种方法，简单地讲，就是一切从零开始，不考虑以前发生的费用项目和费用金额。主要是根据预算期的需要及可能，逐项分析及审议预算期内各项费用的内容及开支标准是否合理，在综合平衡的基础上编制费用预算。

（1）零基预算法的优点

①合理、有效地进行资源分配。

②有助于单位内部的沟通、协调，激励各基层单位参与预算的积极性和主动性。

③目标明确，可区别方案的轻重缓急。

④有助于提高管理人员的投入、产与意识。

⑤特别适用于产出较难辨认的服务星地勘单位，克服资金浪费的缺点。

（2）零基预算法的缺点

①管理者倾向于用完当前预算期间的全部已分配资源，从而造成不必要的采购和重大浪费。

②预算合理性的审查需要大量的时间、精力和费用。

③评级和资源分配具有主观性，易于引起各单位或者各部门间的易于引起人们注重短期利益而忽视长期利益。

（3）零基预算法的基本做法

①划分基层预算单位。

②对基层预算单位的业务活动提出计划，说明每项活动计划的目的性以及需要开

支的费用。

③由基层预算单位对本身的业务活动做具体分析，并提出“一揽子业务方案”。

（4）零基预算法的编制须明确以下三点

①确定计划期内应该发生费用的项目及其金额。

②划分不可避免的费用项目与可避免的费用项目。

③确定费用项目发生的时间是当期必须支付还是可以延期。

5. 定期预算法

定期预算法是以不变的会计期间作为预算期，多数情况下该期间为一年，并与会计期间相对应。

定期预算法有利于将实际数和预算数进行比较－有利于对各预算执行单位的预算执行情况进行分析和评价。

定期预算法的缺点是不能使预算的编制常态化，不能使单位的管理人员有一个长期的计划，从而导致一些短期行为。

6 滚动预算法

滚动预算法是指在编制预算时，将预算期与会计期间脱离，随着预算的执行不断地补充预算，逐期向后滚动，使预算期间始终保持在一个固定的长度（一般为12个月）。

（1）滚动预算法的优点

滚动预算法有更强的相关性。能使管理当局对未来一年的经营活动进行持续不断的计划，并在预算中经常保持一个稳定的视野，从而使管理者可以从更长远的视角来审视决策，提高决策的正确性。

（2）滚动预算法的缺点

①预算期较长，因而难于预测未来预算期的某些活动，从而给预算的执行带来种种困难。

②事先预见到的某些活动，在预算执行过程中，往往会有所变动，而原有预算却未能及时调整，从而使原有预算显得不相适应。

③管理者需要为下一个周期的预算耗时耗力，需要投入相当的机会成本。

7. 项目预算法

项目预算法是指在一些工程建设中，需要单独编制项目预算，它的时间框架就是项目的期限，但是，跨年度的项目应按年度分解编制预算。

项目预算法的优点在于，它能够包含所有与项目有关的成本费用，容易度量单个项目的收入、费用与投入、产出。无论项目规模的大小，项目预算都能很好地发挥作用。项目管理软件辅助项目预算的编制与跟踪。

8. 作业基础预算法

与传统的预算编制按职能部门确定预算编制单位不同，作业基础预算法关注于作业（特别是增值作业），并按作业成本来确定预算编制单位。

作业预算法有利于单位加强各部门合作、协同作业、提升服务对象满意度。

作业基础预算法的主要优点是它可以更准确地确定成本，尤其是追踪多个部门的成本。因此，作业基础预算法更适用于部门数量或者设备调试等方面较复杂的单位。

（四）预算编制的风险点

①预算编制人员设置不到位，岗位分工不明确，职责不清晰。导致预算编制执行力弱，工作效率低。

②预算目标设置不符合单位发展规划，与单位年度目标不匹配，可能导致预算管理目标无法实现。

③预算编制依据不充分，可能影响预算准确率，导致预算与实际出现较大脱节。

④预算编制程序不规范，可能导致预算不准确。

⑤预算编制方法不科学，可能导致预算数据错误，影响预算管理效果。

⑥预算编制与具体工作脱节，导致预算编制流于形式。

⑦预算编制内容不完整，存在重要遗漏，可能导致无法完成单位重要工作目标。

⑧预算编制不及时，可能导致整个单位预算滞后，或者影响单位预算编制的全局性。

⑨预算编制过程中，上下级之间以及部门之间沟通不足，可能导致预算与单位经济活动脱节，或者造成部门之间的预算产生矛盾。

⑩预算编制不够细致，随意性大，可能导致预算约束力不够。

⑪ 预算审核批准责任不清晰，标准不明确，可能导致单位资源错配，形成资源浪费。

⑫ 预算审批与下达程序不规范，可能导致预算权威性不足。

⑬ 预算编制中出现的其他风险问题。

（五）预算编制风险控制方法

①列明本单位存在的上述问题，或者其他导致预算编制不真实、不完整、不及时的问题。

②本单位风险评估小组运用各种风险评估方法，对出现的上述问题进行风险评估。

③确定上述问题风险危险程序，评定级别。

④根据不同的预算编制问题，提出不同的应对策略。

⑤执行风险应对策略，改进预算编制质量。

二、预算审批

（一）预算审批机构

①各部门的预算计划由部门负责人、部门相关领导人员及工作人员组成的小组进行初步审批。

②各部门的预算计划报本单位预算管理办公室，由预算科协同其他部门对各部门的预算进行初步审批。

③预算管理办公室把初步定下来的各部门预算计划报本单位预算管理委员会审批。

④预算管理委员会把本单位初定的预算方案报本单位领导会议审核确认。

⑤本单位的预算方案上报同级财政部门进行初步审批。

⑥以上各个程序中，发现需要改进的预算方案，由上一级审批机构下传，进行更改。

⑦同级人民政府对财政部门上报的预算方案进行审批。

⑧同级人民代表大会对政府提交的预算方案进行审批。

（二）预算审批的主要风险点

①预算审批责任单位不明确。

②预算审批专门人员不明确。各级部门与单位没有设置专岗人员对预算进行及时高效的批复。

③已设置专岗审批的人员职责不明确，责任心不强，甚至存在违纪的情况出现。

④预算批复可能存在越权情况。

⑤预算批复下达的方式不当，可能无法保证预算工作中各部门的协调。

⑥预算审批对于细化调整方案把关不严或者不合理，导致预算审批失去公正性和权威性。

（三）预算审批风险点的控制

1. 明确各级预算的审批主体

行政事业各单位必须按相关要求，建立起各层级的预算管理部门，包括明确各部门的职责，把本单位的预算批复单位予以明确，并落实相关的责任。

各单位的预算批复管理机构，对财政部门下达的预算应在本单位内部进行分解细化，对内部预算指标的名称、额度，开支范围和执行方式等进行明确的界定。

2. 落实预算批复的具体责任人

各单位应该制定相关的规章制度，明确各层级的预算批复责任主体后，再具体落实到专门的岗位和专门的人员上，规范责任人员批复的程序，提高责任人员的批复责任心。

3. 规范预算批复的程序和要求

①单位收到上级下达的年度预算后，由本单位的预算管理办公室或者预算科会同其他部门，进行预算的内部分解，并提交给本单位的预算管理委员会审批。

②预算管理办公室或者预算科根据本单位预算管理委员会审定的预算分解方案，将预算批复下达至本单位各部门；归口预算批复至各归口统筹部门，并明确内部预算的收入指标任务和支出指标的开支范围与执行方式。

③各部门的负责人把单位分解的预算方案在本部门进一步细化，批复到某一项目或者某一工作流程组中。

地勘单位应根据财政部门批复的年度预算，围绕本单位的I：作计划和工作任务，对单位各业务部门提出预算管理目标、要求和责任，分解预算指标，落实管理责任，保证年度预算顺利执行和顺利完成。

4. 选用合理的预算批复方式、

地勘单位内部预算指标的批复，可以根据实际情况，综合运用总额控制、逐项批复、分期批复、上级单位统筹管理、归口部门统一管理等方式下达。

内部预算批复下达时，应结合实际预留机动财力，对于在预算批复时尚无法确定事项具体内容的业务，可先批复下达该类事项的总额，在预算执行过程中履行执行申请与审批管理。由上级单位统筹管理的预算可一次性或者分次分批下达预算指标，以保留适当的灵活性。

5. 某些预算分解的专业化

对于单位某些预算的分解，必要时要进行相关的论证，可以寻求专业人士的支持和帮助，避免由于专业性的不足和缺乏沟通，导致预算控制数的分解失去平衡及细化调整不合理。

三、预算执行与分析

（一）预算执行与分析中存在的主要风险

①各部门预算执行责任人员没有具体的执行程序。

②各部门没有落实执行过程中违规的责任。

③各部门没有按批复的额度和支出范围执行预算。

④各部门和单位执行进度不合理。

⑤执行过程中随意调整执行标准。

⑥没有合理的执行方式。

⑦内部预算追加调整不严格。

⑧各部门对自己的执行情况不进行分析总结。

（二）预算执行与分析中风险点的控制

①建立本单位的预算执行制度。制度应该明确各部门的执行负责人。本部门的负责人应该安排本部门具体的执行细节。

本单位的预算执行制度应该包括单位预算的执行申请制度。业务部门必须在明确的预算指标下提出执行申请，凡预算批复时确定为一事一议方式的，在未经过指标申请和审批前，不能提出执行申请。

执行申请受预算指标当前可用额度的控制，不能超过可用额度提出申请。执行申请时，必须将指标、支出事项和执行申请一一对应，必须符合指标批复时的业务范围以及经费支出管理办法和细则的相关规定。

单位的预算执行制度要落实。执行不力或者不按单位要求执行的部门责任和个人责任，要一律追究。

②跟踪各部门的执行情况，及时了解各部门执行过程中的进度和各类偏离行为。

③严格监督各部门对预算额度的执行，要求各部门及时反馈执行额度，并且及时反映执行过程中祥在的问题，采取各种方法严格控制超过额度执行预算的行为。

④明确本单位预算执行的方式。预算执行一般包括直接执行、执行申请、政府采购执行三种方式。业务部门应根据经费支出事项的分类，选择预算执行方式，财务部门应当给予指导和审核。

⑤建立预算执行监控机制。及时发现本单位预算执行过程中存在的问题并予以纠正。定期或者不定期地对单位预算执行情况进行检查，及时通报预算执行的相关信息，发现和纠正存在的问题。

⑥健全预算执行情况报告制度。预算归口管理机构应当加强与本级内设机构及下属各预算执行单位的沟通，运用财务信息和其他相关资料，监控预算执行情况，采用恰当方式及时向单位领导、预算最高决策机构、本级内设机构及下属各预算执行单位报告、反馈预算执行进度、执行差异及其对预算目标的影响。

⑦建立本单位的预算执行分析机制。《行政事业单位内部控制规范》第二十二条第二款规定："单位应当建立预算执行分析机制。定期通报各部门预算执行情况，召开预算执行分析会议－研究解决预算执行中存在的问题，提出改进措施，提高预算执行的有效性。"

a. 本单位应制定适合本单位的预算分析制度，采用合理的预算分析方法。为确保预算分析结果客观公正、准确到位，依据不同情况采用定量分析和定性分析相结合的方法，充分反映预算执行单位的现状、发展趋势及潜力，分析预算执行中存在的问题及其产生的原因。

b. 本单位可以建立定期的分析流程。比如，定期召开预算执行分析会议，研究分析预算执行中存在的问题，对财政拨款规模较大的重点单位、重点项目进行重点分析，加强对垂直管理下级单位的指导。

c. 及时向相关部门反馈分析结果，并提出相应的解决方案的建议。

第三节 预算调整、决算与考核

一、预算调整

（一）预算调整存在的风险点

①本单位没有制定预算调整的规章制度。

②预算调整的制度没有得到严格的执行。

③预算调整的相关程序不符合要求。

④预算调整出现很多人为因素。

⑤对预算调整的数据没有深入实际了解实情，没有进行详细的探讨分析。

（二）预算调整的风险控制

①制定可行的预算调整规章制度，并通过各种途径，对本单位预算调整的规章进行宣传并要求得到严格的执行。

②制定严格的预算调整程序，并严格执行。

a. 预算部门向本单位的预算管理办公室（预算科）提出调整预算申请。

b. 预算科把各部门的预算调整申请提交本单位的预算管理委员会。

c. 预算管理委员会召开相关工作会议，对部门的预算调研究，并安排人员对各部门的预算实施情况进行实情调查与分析。

d. 预算管理委员会对部门的预算调整申请做出答复意见。

e. 预算科根据预算管理委员会的答复意见，做出各部门的预算调方案，并上报预算管理委员会批准。

f. 预算科把预算管理委员会批准的预算调整方案下达到各部门。

g. 各部门按批准的预算调整方案执行预算调整。

八、决算

（一）单位决算存在的主要风险点

①没有制定本单位的决算制度。
②决算程序不符合有关的规章制度。
③决算工作缺乏与本单位相关业务部门的协作与沟通。
④决算审核内容不全面、审核方式不合理。
⑤决算与预算存在脱节、口径不一的情况。
⑥决算数据不完整、不准确。
⑦缺乏对决算数据的分析与应用。

（二）决算风险控制

①必须制定好本单位的决算报告制度，并且严格执行制度的规定。

②做好各部门的沟通协调，尽早做好全局部署和统筹安排。

③做好决算与预算的对接，落实决算工作的队伍，提前做好决算工作队伍的建设。

④加强年度决算报告的编制，重视最基础的数据工作，决算报告的数据填写要细致、完整、真实、准确。

⑤建立良好的决算制约机制，做好决算的审核工作。

a. 决算审核的方法主要包括政策性审核、规范性审核等。政策性审核主要根据部门预算、会计制度、决算政策等进行审核，规范性审核则包括对决算报告编制的准确性、真实性、完整性等的审核。

b. 决算审核的形式包括自行审核、单位集中审核、委托第三方审核等。

c. 决算审核的内容主要包括决算报告真实性、完整性、准确性等的审核，决算编制方法的审核，决算数据年度间变动的审核，决算数据对应关系的审核，决算报告与上年度数据变动的分析审核等。

⑥对决算数据进行相应的分析，并应用相关分析结果。

a. 决算分析的流程：收集决算数据、计算决算预算的数据差异、分析数据差异原因、提出改进方法、反馈分析报告等。这里强调的是，数据包括了财务数据及非财务数据。

b. 决算分析方法包括定量分析方法和定性分析。定最分析方法可以采用比率分析法、因素分析法或者分类分析法、趋势分析法等。

c. 单位决算分析的内容主要包括预算数据与决算数据的差异，收入与支出变动数据及变动原因，财政资金的分配使用情况及使用效益情况，部门资产的使用情况，部门项目的绩效情况，本单位人员及人均情况对比，宏观经济决策情况分析等。

三、预算绩效考核

（一）地勘单位预算绩效考核中存在的问题

①没有建立专门的预算绩效考核机构或者小组。

单位管理层对本单位的绩效考核管理不够重视，没有建立专门的预算绩效考核小组或机构。

②单位整体人员缺乏预算绩效考核的观念和意识。

地勘单位对于预算管理与绩效考核方面的管理过于宽泛，没有预算绩效考核的意识。地勘单位的领导和工作人员缺乏对预算管理和绩效考核重要性的认识，没有意识到预算管理和绩效考核对于地勘单位的发展所起到的积极作用，进而忽视了预算管理和绩效考核。

③本单位没有建立预算绩效考核的制度。

单位没有根据地勘单位的实际情况，有针对性地调整和完善预算管理和绩效考核管理制度，仅仅流于形式。

地勘单位的预算的绩效考核，同样应该在地勘单位中与部门和员工的绩效考核直接挂钩。同时，绩效考核制度也应规定预算绩效考核结果的责任明确落实到人，对预算的执行结果，相关管理部门应对其做相应的科学分析与审核。

④缺乏科学的预算管理绩效考核指标。

⑤缺乏对预算管理和绩效考核运用的后期监督。

⑥单位的预算管理和绩效考核不及时，无法发挥预算管理和绩效考核的激励作用。

⑦预算管理的绩效考核得不到有力的执行。

⑧预算考核不严格，考核过程不透明。

⑨预算考核标准不合理，考核结果不公正。

⑩预算考核内容不完整。

（二）改进单位预算绩效考核的对策

①建立本单位的预算绩效考核工作小组。

考核小组成员必须有明确的分工，必须有统一的部署，考核小组成员必须经过严格的考核业务培训，必须有高度的责任心。

②在单位内部提高全员对预算管理绩效考核重要性的认识。

这是提高单位预算绩效考核质量的基础。首先，应该加强单位领导层对预算管理及绩效考核的重视。其次，加强单位各部门领导对预算绩效考核的重视。最后，应该在单位基层职工中进一步宣传预算管理绩效考核的重要性。

③建立本单位预算管理绩效考核的严格的制度。

包括考核内容、考核方法、考核要求、考核时间、考核结果公示、考核结果运用等。

④构建本单位预算管理与绩效考核的指标体系。

单位的预算绩效考核指标必须与本单位实情相适应。要针对本单位的业务特点，以及各部门实际的考核需要，构建本单位的一套既行之有效，且能简洁运作的绩效考核指标及具体的实施方案。

⑤加强预算管理与绩效考核的执行。

单位应该在制定严谨、详细的预算管理和绩效考核制度和流程的前提下，予以严格的执行。执行过程中要做到权责分明，将责任落实到个人，并对不符合管理制度和流程的行为予以严厉的惩戒，绝不能因为可能会增加费用而放宽预算管理和绩效考核的标准。同时，应加强地勘单位之间的沟通和交流，设立多样、通畅的预算管理与绩效考核反馈机制。

⑥对预算的执行进行严格、公平、公正的考核，考核过程要求公开透明，考核结果要及时公布。

⑦积极推进信息化建设，提高预算绩效管理的效率。

（三）本单位预算绩效考核指标体系的构建

地勘单位考核指标体系是一项非常重要的内容，其构建的成效，直接影响到本单位预算绩效考核的成败。

1. 考核内容的设定

（1）预算绩效考核制度的制定

①是否制定有本单位的预算绩效考核制度。

②预算绩效制度是否还适应目前单位绩效考核的需要。

③预算绩效考核制度是否科学合理。

（2）本单位的预算执行是否规范、安全、有效

①是否有明确的预算执行分工。

②预算执行是否有明晰的考核要求。

③预算支出是否符合法律法规及本单位制度的要求。

④项目资金是否得到专门的使用。

⑤预算外收入是否符合国家政策。

⑥资金来源是否合法。

⑦银行账户的使用是否符合规定。

⑧会计基础工作是否规范。

⑨预算的执行是否受到有效的监督。

⑩财务会计制度是否健全。

⑪ 内部控制制度是否健全。

⑫ 决算的真实完整性有否保障。

2. 预算绩效考核评价的方法

①成本效益综合分析法，出指将一定时期内的收支与效益进行对比分析，以评价预算绩效目标实现程度的方法。

②最低成本法，也叫作最低费用选择法，它是衡量财政支出效益

的一种方法。是指对每个备选的财政支出方案进行经济分析时，只计算备选方案的有形成本，而不用货币计算备选方案支出的社会效益，并以成本最低为择优的标准

③综合指数法，是指将各项经济效益指标转化为同度量的个体指数，然后将各项经济效益指标综合起来，以综合经济效益指数为单位的综合经济效益评比排序的依据的方法。

④因素分析法，是指通过综合分析影响绩效目标实现、实施效果的内外因素，评价预算绩效目标实现程度的方法。

⑤历史动态比较法，是指通过对绩效目标与实施效果、历史与当期情况、不同部门和地区同类收支的比较，综合分析预算绩效目标实现程度的方法。

⑥公众评价法，是指通过专家评估、公众问卷及抽样调查等方法，对本单位收支效果进行评判，评价预算绩效目标实现程度的方法。

第六章 地勘单位内部控制的收支控制体系

第一节 收入业务控制

一、地勘单位收入的主要内容

地勘单位收入是地勘单位为开展业务及其他活动依法取得的非偿还性资金。地勘单位的收入具有来源渠道多的特点，主要包括财政补助收入、事业收入、上级补助收入、附属单位上缴收入、经营收入和其他收入等。需要注意的是，有代收上缴非税收入的地勘单位，其上缴国库或者财政专户的资金也应纳入地勘单位收入业务的管理范围。

（一）财政补助收入

即地勘单位从同级财政部门取得的各类财政拨款，包括基本支出补助和项目支出补助。

（二）事业收入

即地勘单位开展专业业务活动及其辅助活动取得的收入。其中，按照国家有关规定应当上缴国库或者财政专户的资金，不计入事业收入；从财政专户核拨给地勘单位的资金和经核准不上缴国库或者财政专户的资金，计入事业收入。

（三）上级补助收入

即地勘单位从主管部门和上级单位取得的非财政补助收入。

（四）附属单位上缴收入

即地勘单位附属独立核算单位按照有关规定上缴的收入。

（五）经营收入

即地勘单位在专业业务活动及其辅助活动之外开展非独立核算经营活动取得的收入，一般采用权责发生制确认收入。

（六）其他收入

规定范围以外的各项收入，包括投资收益、利息收入、捐赠收入等。

采用权责发生制确认的收入，应当在提供服务或者发出存货，同时收讫价款或者取得索取价款的票据时予以确认，并按照实际收到的金额或者有关票据注明的金额进行计量。

二、收入业务控制的目标和内容

收入业务控制是地勘单位加强财务管理，促进单位整体事业目标实现的基础业务，其目标通常包括：①各项收入符合国家法律法规的规定。②各项收入核算准确及时，相关财务信息真实完整。③单位应收款项管理责任明晰，催还机制有效，确保应收尽收。④各项收入均应及时足额收缴，并按规定上缴到指定账户，没有账外账和私设“小金库”的情况。⑤票据、印章等保管合理合规，没有因保管不善或滥用而产生错误或舞弊。

收入业务中可能存在的风险包括：①收入业务岗位设置不合理，岗位职责不清，不相容岗位未实现相互分离，导致错误或舞弊的风险。②各项收入未按照收费许可规定的项目和标准收取，导致收费不规范或乱收费现象发生。③违反“收支两条线”管理规定，截留、挪用、私分应缴财政的资金，导致私设“小金库”和资金体外循环。④未由财会部门统一办理收入业务，缺乏统一管理和监控，导致收入金额不实，应收未收，单位利益受损。⑤票据、印章管理松散，没有建立完善的制度，存在收入资金流失的风险。

为应对风险，地勘单位收入业务通常设置以下几方面的控制：①收入业务岗位控制——对收入业务岗位职责、权限范围、工作要求等内容进行控制，避免收入审批与管理中违法行为的发生。②收入业务授权审批控制——对收入项目、来源依据等内容进行控制，按特定的渠道进行分工管理，避免单位不合法、不合理的收入项目出现。（3）收入票据控制——对票据的入库、发放、使用、销号、结存等环节进行控制，避免违规使用处理等环节进行控制，严防单位收入流失。

三、收入业务岗位控制

单位的各项收入应当由财会部门归口管理，统一进行会计核算，及时、完整地记录、反映单位的收入业务。收入应当全部纳入单位预算，严禁设置账外账和“小金库”。业务部门应当在涉及收入的合同协议签订后及时将合同等有关材料提交财会部门作为账务处理依据，确保各项收入应收尽收，及时入账。

收入业务执行过程中，如果存在职责分工不明确、岗位责任不清晰、权限设置不合理、关键岗位权力过大、监督审核缺少等情况，就极易产生错误及徇私舞弊的现象。如果收入业务岗位、会计核算岗位、资金收付岗位缺少相互牵制，就容易产生坐收坐支或挪用公款等具体问题，从而引发收入流失和资金使用的风险。

单位应当合理设置岗位，明确相关岗位的职责权限。收入业务的不相容岗位至少包括收入预算的编制和批准、票据的使用和保管、收入的征收与减免审批、收款与会计核算等。地勘单位应通过明确划分职责权限设置岗位，加强岗位之间的相互制约和监督，以达到事前防范、事中控制，防止差错和舞弊，预防腐败的目的。

四、收入业务授权控制

目前地勘单位的财务审批权有过于集中的缺点，并且缺乏必要的监督。授权审批环节执行不严格，如经办部门负责人、主办会计和分管财务负责人没有严格按程序和权限审批并签章，或部门负责人不对收费申请进行认真审批、不严格审核收费过程的合规性，就容易造成收费环节的风险。

地勘单位收入业务授权审批控制是针对财政补助收入、事业收入、上级补助收入、附属单位上缴收入、经营收入和其他收入等实施的控制措施。

有政府非税收入收缴职能的地勘单位，应当按照规定项目和标准征收政府非税收入。非税收入是单位依法使用政府权力、政府信誉、国家资源、国有资产或提供特殊公共服务、准公共服务取得的并用于满足社会公共需要或准公共需要的财政资金。非税收入包括行政事业性收费、政府性基金、国有资源有偿使用收入、国有资产有偿使用收入、国有资本经营收益、彩票公益金、罚没收入、专项收入等。

地勘单位针对行政事业性收费、政府性基金、国有资产、资源收益、罚没（罚金）收入、代结算收入等的授权审批流程是不同的。

对行政事业性收费，执收人员向缴费义务人开具非税收入管理局统一监制的收费通知或决定；

对经常性收费（含政府性基金、国有资产、资源收益等），执收人员向缴费义务人开具非税收入管理局统一监制的收费通知或决定；

对罚没（罚金）收入，执收人员对违法人员送达行政处罚决定书；

对代结算收入（暂扣款、预收款、保证金、诉讼费等），执收人员向缴费义务人开具收费通知。

收费人员对收费项目和收费标准进行审核并开具非税收入缴款书；

缴款义务人将款项缴入非税收入汇缴结算户；缴款义务人如对收费通知、决定有异议，可以依法申请行政复议或行政诉讼，但复议或诉讼期间，不停止执行。

减征、免征非税收入的，或缴费义务人因特殊情况需要减征、免征非税收入的，需要遵循以下授权审批流程：

具体过程是首先由缴款义务人提出申请，申请书应注明减免理由及相关法律法规及政策规定，并附有特殊情况的有关证明材料；再由执收人员填制行政事业收费减免审批表，并签署是否同意减征、免征、缓征的意见；之后经单位审批同意，分别报非税收入管理局以及同级财政部门审批后，方可由执收人员办理减免应缴纳的非税收入。

事业性收费应进行分户分类核算，在月末按收费款项划入国库和财政专户，并按月向财政国库部门报送收费进度表。单位依法收取的代结算收入符合返还条件的，由缴费义务人提出返还申请，征收主管签署意见，并经财政部门审核确认后，通过非税收入汇缴结算户直接返还交款人。依照法律法规规定确认为误征、多征的非税收入，由缴款义务人提出申请后，经由财政部门确认，通过非税收入汇缴结算户及时、足额、准确地退还给缴款义务人。已划至国库或财政专户的，则由国库或财政专户直接退付。

五、收入核算控制

地勘单位的各项收入应当由财会部门归口管理并进行会计核算，严禁设立账外账。业务部门应当在涉及收入的合同协议签订后及时将合同等有关材料提交财会部门作为账务处理依据，确保各项收入应收尽收，及时入账。财会部门应当定期检查收入金额是否与合同约定相符；对应收未收的项目应当查明情况，明确责任主体，落实催收责任。

地勘单位取得的按照“收支两条线”管理要求，应纳入预算管理或应缴入财政专户的预算外资金，不能直接计入事业收入，应根据上缴方式的不同，直接缴入财政专户或由单位集中后上缴财政专户。根据经过批准的部门预算、用款计划和资金拨付方式，地勘单位收到财政专户返还款时，再计入事业收入。

地勘单位设置“事业收入”总账科目核算事业收入业务。取得事业收入时的会计分录为：

借：银行存款　　　　　　　　XXX

贷：事业收入　　　　　　　　XXX

年终结账时，按规定将“事业收入”科目贷方余额转到“事业结余”科目，相关会计分录为：

借：事业收入　　　　　　　　XXX

贷：事业结余　　　　　　　　XXX

六、收入业务票据控制

地勘单位应当建立健全票据管理制度。财政票据、发票等各类票据的申领、启用、核销、销毁均应履行规定手续。

（一）票据申领

地勘单位应按照规定的手续进行财政票据、发票等各类票据的申领，征收非税收入的票据应当由出纳人员从非税收入管理部门统一领购。

（二）票据启用

地勘单位应当按照规定建立票据台账并设置专门管理票据的人员，做好票据的保管和序时登记工作。票据应按照顺序号使用，不得拆本使用，作废票据也要做好管理。负责保管票据的人员要配置单独的保险柜等保管设备。

在非税收入票据启用前，单位应先检查票据有无缺联、缺号、重号等情况，一经发现应及时向非税收入管理部门报告；单位按上级有关规定从上级主管部门领取的专用票据，需经同级非税收入管理部门登记备案后方能使用。

（三）票据保管与使用

地勘单位应建立票据台账，全面、如实登记、反映所有票据的入库、发放、使用、销号、结存情况。票据台账所反映的票据结存数必须与库存票据的实际票种及数量一致；对票据进行定期盘点，盘点时应有出纳人员以外的人员参加，确保未使用票据的安全。

地勘单位应严格执行票据管理的相关规定，不得违反规定转让、出借、代开、买卖财政票据、发票等票据，不得擅自扩大票据适用范围。设立辅助账簿对票据的转交进行登记；对收取的重要票据，应留有复印件并妥善保管；不得跳号开具票据，不得随意开具印章齐全的空白支票。

（四）票据核销与销毁

地勘单位应按规定程序对财政票据、发票等各类票据进行核销与销毁。因填写、开具失误或其他原因导致作废的票据，应予以保存，不得随意处置或销毁。对超过法定保管期限、后进行销毁，但应当建立销毁清册并由授权人员监销。

执收人员开具非税收入票据时，应做到内容完整，字迹工整，印章齐全。非税收入票据因填写错误而作废的，应加盖作废戳记或注明“作废”字样，并完整保存其各联，不得私自销毁。对于丢失的非税收入票据，应及时登报声明作废，查明原因，并在规定时间内向非税收入管理局提交书面报告；作废的非税收入票据和保管五年以上的票据存根的销毁，应经单位负责人同意后，向非税收入管理部门提出销毁申请，非税收入管理部门审核同意后销毁。

地勘单位收入业务票据控制的关键点有以下几点：

①出纳人员从非税收入管理部门领取票据、单位按有关规定从上级主管部门领取专用票据，需经同级非税收入管理部门登记备案后方能使用。

②执收人员开具非税收入票据时，应做到内容完整，字迹工整，印章齐全。

③因填写错误而作废的非税收入票据，应加盖作废戳记或注明“作废”字样，并完整保存其各联，不得私自销毁。

④销毁前需认证清理销毁的票据，确保票据开出金额与财务入账金额完全一致。

⑤票据销毁申请需经单位负责人同意后，方能向非税收入管理部门提交。

⑥销毁监督小组由 3 至 5 名来自于财务部门、审计部门的工作人员组成。

⑦监毁情况应以小组名义出具，经财务部门负责人和单位负责人签字：送非税收入管理部门备案。

七、行政事业单位收入控制的主要风险点

①岗位设置不合理、岗位职责不清，收款、开票与会计核算等不相容岗位未有效分离。

②各项收入未按照法定项目和标准征收，导致收费不规范或乱收费。

③各项收入未由单位财会部门统一收取，其他部门和个人未经批准办理收款业务。

④违反“收支两条线”管理规定，截留、挪用、私分收缴收入。

⑤各项收入不入账或设立账外账，导致“小金库”的形成和资金体外循环。

⑥各项收入退付未经适当的授权与审批，可能存在错误或舞弊。

⑦单位银行账户的开立、变更、撤销未经审批，对银行账户缺乏有效管理与监督。

⑧对于印鉴章保管与领用缺乏有效控制。

⑨对于各类票据的保管、申领、启用、核销、销毁等缺乏有效控制。

⑩收入核算不规范，财务报告不真实或不准确。

⑪ 各项收入缺乏定期的分析与监控，对重大问题缺乏应对措施。

第二节　支出业务控制

一、地勘单位支出的主要内容

地勘单位支出是指地勘单位开展业务及其他活动时发生的资金耗费和损失，包括事业支出、对附属单位的补助支出、上缴上级支出、经营支出和其他支出等。

（一）事业支出

即地勘单位开展专业业务活动及其辅助活动发生的基本支出和项目支出。基本支出是指地勘单位为了保障其正常运转、完成日常工作任务而发生的人员支出和公用支出。项目支出是指地勘单位为了完成特定工作任务和事业发展目标，在基本支出之外所发生的支出，主要指的是购置专用设备的支出 a

（二）对附属单位的补助支出

即地勘单位用财政补助收入之外的收入给予附属单位补助所发生的支出。

（三）上缴上级支出

即地勘单位按照财政部门和主管部门的规定上缴上级单位的支出。

（四）经营支出

即地勘单位在专业业务活动及其辅助活动之外开展非独立核算经营活动发生的支出。

（五）其他支出

即本条上述规定范围以外的各项支出，包括利息支出、捐赠支出等。

地勘单位的支出通常结合单位经济活动业务特点、管理要求进行分类，如某地勘单位经费支出分为人员经费、基本机构运转业务经费、重点管理经费（“三公”经费）、基本建设项目经费、工程修缮经费、信息化项目经费、购置项目经费和专项业务经费八大类。

二、支出业务控制的目标和内容

支出业务控制是地勘单位内部控制的重要内容，支出业务控制的目标主要包括：①各项支出符合国家相关法律法规的规定，包括开支范围和标准等。②各项支出符合规定的程序与规范，审批手续完备。③各项支出真实合理。④各项支出的效率和效果良好。⑤各项支出得到正确核算，相关财务信息真实完整。

单位应当建立健全支出内部管理制度，制定各类支出业务管理细则，确定单位经济活动的各项支出范围和标准，明确支出报销流程，按照规定办理支出事项。地勘单位支出业务控制的主要内容有以下几个方面：

（一）支出业务岗位控制

合理设置岗位，确保不相容岗位分离。

（二）支出审批控制

明确相关部门和岗位的职责权限，确保办理支出业务的不相容岗位相互分离、制约和监督。

（三）支出审核控制

全面审核各类单据。重点审核单据来源是否合法，内容是否真实、完整，使用是否正确，是否符合预算，审批手续是否齐全。

（四）支付控制

明确报销业务流程，按照规定办理资金支付手续。签发的支付凭证应当进行登记。使用公务卡结算的，应当按照公务卡使用和管理的有关规定办理业务。

（五）支出核算和归档控制

由财会部门根据支出凭证及时、准确登记账簿；与支出业务相关的合同等材料应当提交财会部门作为账务处理的依据。

三、支出业务岗位控制

单位应当按照支出业务类型，明确内部审批、审核、支付、核算和归档等支出各关键岗位的职责权限。实行国库集中支付的，应当严格按照财政国库管理制度的有关

规定执行，确保支出申请和内部审批、付款审批和付款执行、业务经办和会计核算等不相容岗位相互分离。支出业务不相容岗位还应延伸考虑：人员管理与人员支出管理；人员费用的审批与发放；支出预算的执行与监督；支出内部定额的制定与执行；支出的审核、批准与办理。

四、支出业务审批控制

地勘单位在确定授权批准的层次时，应当充分考虑支出业务的性质、重要性、金额大小。预算内的一般支出可以由部门负责人或分管领导审批，但预算内的重大开支则需要单位负责人审批才能报销；预算外的重大支出需要经地勘单位管理层集体决策，并且要对预算外支出严格控制。地勘单位管理层如果只有审批权力，但不负担审批责任，就会形成违规审批、越权审批、争相审批、审批过多、过滥等风险。

地勘单位应当按照支出业务的类型，明确内部审批、审核、支付、核算和归档等支出各关键岗位的职责权限，明确支出业务的内部审批权限、程序、责任和相关控制措施。审批人应当在授权范围内审批，不得越权审批。地勘单位主管领导负责单位支出相关管理制度和文件的审批，参与内部定额修改方案的集体审批，负责审阅向上级单位或财政部门提供的分析报告。实行国库集中支付的，应当严格按照财政国库管理制度的有关规定执行。

单位应对不同资金的财务管理风险按不同的执行方式和审批权限进行管理，以某地勘单位为例：

（一）基本支出

①计划生育、公费医疗、抚恤金、丧葬费、养老保险个人账户这五类事项在预算执行时需要先报人事部门审核、提交财务部门核对金额，由分管财务单位领导签批后，向财政部门发文申请执行。

②属于自行采购事项，按其规定选择相应的政府采购执行方式和自行采购执行方式履行审批手续。

③超过 50 万元的一次性大额公用经费支出经单位领导班子集体研究决定后执行并备案。

④除上述事项以外的其他基本支出由单位自行内部审批执行。

（二）重点管理经费（“三公”经费）支出

“三公”经费实行重点管理，年初预算批复后，由财务部门下达经单位领导审批的“三公”经费总控制额度，单位在控制额度内每季度末向财务部门报送下季度“三公”经费用款计划，由单位财务部门调度指标后在额度内执行。其中：

①因公出国经费。单位应在年初将本单位出国计划报送单位人事部门审核汇总后纳入本单位全年出国计划，由单位财务部门审核出国经费预算后报分管财务的领导和单位领导审批。

②公务用车运行维护费。单位应细化账目处理实行单车核算；使用公款租车需按相关规定办理相关租用车辆审批手续后方可执行。

③公务接待费。单位应参考往年同期支出数据在每季下达指标额度，相关费用在额度内执行。季末次月 10 日内，将支出明细报送单位财务部门。

（三）机构运转业务经费

属于自行采购事项，按其规定选择相应的方式履行审批手续。不属于采购执行的机构运转业务经费，明确不属于采购执行的机构运转业务经费的审批权限与审批程序。

①单笔金额在二十万元以内且全年累计不超过五十万元的同一支出事项，由单位自行审批。

②单笔金额在二十万元（含二十万元）至五十万元之间且全年累计不超过一百万元的同一支出事项，提交单位财务部门会同相关业务归口部门审核后，报分管财务领导审批。

③单笔金额超过五十万元（含五十万元）至一百万元之间且全年累计不超过五百万元的同一支出事项，由单位财务部门会同相关业务归口部门审核后，报分管财务领导和单位领导审批。

④单笔金额超过一百万元（含一百万元）的支出，由单位财务部门会同相关业务归口部门审核，报分管财务领导和单位领导审批后，提交单位领导办公会议审议决定。

（四）基本建设项目支出、工程修缮项目支出、信息化项目支出、购置项目支出

要按照相关要求履行相应的审批手续。

（五）对外投资、对外借款、对外捐款等事项的支出

在预算执行时均需由单位财务部门会同相关业务归口部门审核后，报分管财务领导和单位领导审批。单笔金额超过一百万元（含一百万元）的支出，需报单位领导办公会议审议决定。

五、支出业务审核控制

部分地勘单位在实际业务中存在部门负责人随意审核开支的现象，对报销的经办

人员缺少应有的监管，造成经办人员在报销单据中虚报支出；分管财务负责人在审核过程中见到领导签字就直接批复，不审核所报销资金的真实性、合法性。地勘单位支出审核不严谨，缺乏有效的监控体系，财务人员对审核标准的理解不准确、新文件新规定下达不及时等因素，往往造成支出审核风险。

单位财会部门应当加强支出审核控制，全面审核各类支出单据。重点审核单据来源是否合法，内容是否真实、完整，使用是否准确，是否符合预算，审批手续是否齐全。

支出凭证应当附反映支出明细内容的原始单据，并由经办人员签字或盖章，超出规定标准的支出事项应由经办人员说明原因并附审批依据，确保与经济业务事项相符。支出单据的审核原则是：

（一）审核原始发票内容的真实性

对原始发票内容真实性的审核主要包括以下内容：一是审核原始发票内容是否真实，如验证票据所写的单位名称是不是本单位的名称。二是验证票据有没有少购多开、无购虚开的现象。三是检查发票的格式是否符合国家的规定。四是验证发票上的署名是否真实；五是审查原始发票本身是否真实，有无弄虚作假现象。

（二）审核原始发票要素的完整性

对原始发票要素完整性的审核主要包括以下内容：一是审核发票的名称与加盖的印章是否一致。二是审核所发生的经济内容是否真实可靠。三是审核发票的金额。四是审核发票的日期与发生经济业务的日期是否一致。五是审查发票的编号，验证所要报销的票据编号与近期报销票据的编号是否相近，以防空白发票作假报销。

（三）审核原始发票支出范围的合法性

对原始发票支出合法性的审核主要包括以下内容：一是审核是否符合财务标准的相关规定。例如报销人员提供的车船票，包括飞机票，只能在规定的标准以内进行报销，对不符合报销范围或超过报销标准外的部分应不予报销。二是审核取得的原始发票与所发生的经济业务之间的因果关系。如果因私而取得的原始发票，尽管所反映的经济业务真实，也不能作为结算报销的依据。三是审核是否违反财经纪律。对擅自提高开支标准，扩大开支范围，用公款请客送礼及侵占国家、集体利益的原始发票应一律拒之门外。

六、支付控制

单位所有的付款业务都必须履行规定的程序，即支付申请—支付审批—支付审核一办理支付。出纳人员只有在收到经过领导审批、会计审核无误的原始凭证后才能按规定的金额办理付款手续。有些地勘单位虽然制定了《报销支付程序与办法》等相关文件，但在实际工作中却没有完全遵守，如有的审核人员不在岗时，出纳人员有时会在报销审批手续不全的情况下，依据个人之间的关系和自己的方便程度自行办理资金支付，缺少审核程序，出纳支付资金的随意性较大，这种支付程序往往会给单位带来无法弥补的损失，可能引发“坐收坐支”的风险。

（一）地勘单位支出报销业务控制

地勘单位应明确报销业务流程，按照规定办理资金支付手续，登记签发的支付凭证。一般来说，地勘单位与支出报销业务流程相关的人员包括有报销业务的各业务部门经办人员、各业务部门负责人、分管各业务部门的地勘单位领导、分管财务负责人、主办会计、记账会计、出纳会计。对地勘单位支出报销业务的控制可以概括为以下四个关键环节：

①各部门经办人员先填制报销单交由该部门负责人审批，如果金额超过一定额度需报分管领导审批。

②主办会计审核报销单据的真实性、合法性。

③分管财务负责人审核其资金使用是否合理，审批环节、审批手续是否完备。

④将报销单据交出纳处，出纳给付现金或开据支票付款，登记现金或银行日记账后交给记账会计记账。

（二）地勘单位支出公务卡结算控制

公务卡是预算单位工作人员持有的，主要用于日常公务支出和财务报销业务的信用卡。它既具有一般银行卡的授信消费等共同属性，又具有财政财务管理的独特属性。地勘单位使用公务卡结算的，应当按照公务卡使用和管理的有关规定办理业务。公务卡报销不改变预算单位现行的报销审批程序和手续，有利于及时办理公务消费支出的财务报销手续。

公务卡的适用范围包括使用现金结算日常公务支出中零星商品服务和两万元以下的采购支出，具体内容包括：水费、电费、办公费、差旅费、交通费、招待费、印刷费、电话费等。地勘单位使用公务卡结算的具体控制措施如下：

①报销人员填报支出报销审批单，凭发票、POS 机消费凭条等单据，按财务报销程序审批。

②出纳人员凭核准的支出报销审批单及报销单据，通过 POS 机将报销资金划转到个人卡上。

③报销人员当场确认后，在 POS 机打印的凭条上签字，财务人员凭经签字确认的凭条、支出报销审批单登记入账。

④持卡人使用公务卡结算的各项公务支出，必须在规定的免息还款期内（银行记账日至发卡行规定的到期还款日之间的期限），到本单位财务部门报销。

⑤因个人报销不及时造成的罚息、滞纳金等相关费用，由持卡人承担。

⑥如个别商业服务网点无法使用银行卡结算系统，报销人先行以现金垫付后，可凭发票等单据到单位财务部门办理报销审批手续。

⑦因持卡人所在单位报销不及时造成的罚息、滞纳金等相关费用，以及由此带来的对个人资信的影响等责任，由单位承担。

七、支出业务会计核算控制

地勘单位的支出报账程序是“先审批再审核”，会计人员无法参与到单位重要业务的事前决策，审核也只是针对票据的规范性，这样就弱化了财务人员的事前监督。在确认和计量经济业务时，主要是针对原始凭据，缺乏与其存在钩稽关系的类比凭证，从而造成支出业务的真实性、计价的准确性无法核对，这就为虚列支出、转出资金提供了机会。

地勘单位加强支出业务的会计核算，应由财会部门根据支出凭证及时准确登记账簿；与支出业务相关的合同等材料应当提交财会部门作为账务处理的依据。财会部门负责人应关注和监督支出预算的执行，组织结余资金的管理，组织做好单位支出的财务分析与评价，提高资金的使用效益。

地勘单位支出包括事业支出、对附属单位补助支出、上缴上级支出、经营支出和其他支出等。为了核算地勘单位的事业支出，应设置“事业支出”科目。因事业支出的项目较多，为便于分类核算与管理，地勘单位应根据实际情况设置明细科目，如基本工资、补助工资、其他工资、职工福利费、社会保障费、“三公”经费、设备购置费、修缮费等费用。人事部门负责人应严格按照主管部门下达的人员编制标准配备在职人员；组织做好在职人员的调进、调出、退休等变动以及临时工使用工作：对长期不在岗人员及时作出相应处理，并如实调整人员经费支出。

事业单位发生支出时，会计分录为：

借：事业支出　　　　　　　　　　　　XXX

贷：银行存款或现金　　　　　　　XXX

事业单位支出收回或冲销转出时，会计分录为：

借：有关科目　　　　　　　　　　　　XXX

贷：事业支出　　　　　　　　　　　　XXX

年终结账后，“事业支出”科目无余额。

八、行政事业单位支出控制的主要风险点

①岗位设置不合理、岗位职责不清，支出申请和内部审批、付款审批和付款执行、业务经办和会计核算等不相容岗位未有效分离。

②各项支出申请不合理或不必要。

③各项支出申请不符合预算管理要求。

④支出范围及标准不符合相关政策与制度的要求，基本支出与项目支出之间相互挤占。

⑤各项支出未经适当的审批程序，尤其是重大支出未经集体决策程序。

⑥各项支出不符合相关政策与制度的要求，如国库集中支付、政府采购要求、公务卡结算要求等。

⑦对于办公用品等采购物资未经验收，直接办理费用报销。

⑧各项支出的票据虚假或不符合财务管理要求。

⑨各项支出的费用报销计算不准确。

⑩各项支出核算不规范，财务报告不真实或不准确。

⑪ 各项支出缺乏定期的分析与监控，对重大问题缺乏应对措施。

第七章　地勘单位内部控制的资产控制体系

第一节　货币资金内部控制

一、概念界定

地勘单位的货币资金是指单位拥有的现金、银行存款、零余额账户用款额度、其他货币资金，货币资金作为地勘单位流动性强、控制风险高的资产，贯穿于单位运营的全过程，因此加强货币资金管理、建立和完善货币资金内部会计控制，对保护地勘单位资产的安全完整，以及单位的正常运转起着非常关键的作用。

二、货币资金控制的目的和整体风险

（一）货币资金控制的目的

地勘单位进行货币资金管理和控制的目的主要有以下几点：

①确保单位货币资金安全，避免货币资金被盗窃、挪用等意外情况发生。

②确保单位货币资金完整，避免侵占单位收入等违法行为发生。

③确保货币资金的使用符合国家法律规定及单位内部规章制度。

④确保单位各项记录能如实反映货币资金的各项收支活动。

⑤加快货币资金回笼，提高货币资金的使用效率

（二）货币资金控制的风险

货币资金控制的风险是指受某些不确定因素的影响，造成单位货币资金流出的可能性。单位的资金风险可分为三大类：安全风险、短缺风险、使用效率风险资金安全风险主要是指资金被挪用和贪污的风险。这类风险主要源自单位内部控制的不完善，

如没有很好地执行内部牵制原则，同一人兼任不相容职务等：资金短缺风险主要是指单位没有足额的资金用来支付单位日常运营的需要资金使用效率风险可以定义为多余现金获得的收益低于银行存款获得的收益

三、地勘单位货币资金内部控制制度的主要内容

（一）分工与授权控制

明确相关岗位职责分工、权限范围和审批程序，确保机构设置和人员配备科学合理。

（二）现金和银行存款的控制

加强对现金库存限额、开支范围、支付限额、现金盘点的控制；银行账户的开立、审批、核对、清理应当严格控制；现金盘点和银行对账单的核对应当按规定严格执行。

（三）票据和印章控制

与货币资金有关的票据的领购、保管、使用、销毁等应当有完整的记录，银行预留印鉴和有关印章的管理应当严格有效，

（四）会计记录控制

加强会计的记录、核对控制，确保会计记录真实、准确、完整、及时。

四、货币资金控制主要风险点分析

明确货币资金控制的主要风险点对于实现货币资金的有效内部控制至关重要货币资金控制的风险点主要在支付申请、支付审批、支付复核和支付环节

（一）支付申请环节

支付申请环节的主要风险是资金使用申请人在向审批人提交支付申请时未明确注明款项的用途、金额、预算、限额、支付方式等内容，或者有上述内容但是未附有效原始单据或相关证明。

（二）支付审批环节

支付审批环节的主要风险是审批人没有按照严格的审批程序对资金支付申请的业务真实性、金额的准确性、票据或者证明的合法性进行审批；对于重要的支付申请没有实行集体决策和审批

（三）支付复核环节

支付复核环节的主要风险是资金支付申请没有经过专人复核，或者经过审批以后没有经过复核便由出纳人员办理资金支付

（四）支付环节

支付环节的主要风险是出纳人员办理资金支付以后没有及时登记库存现金或银行存款日记账。

五、货币资金内部控制的主要措施

地勘单位应当建立健全货币资金管理岗位责任制，合理设置岗位，不得由一人办理货币资金业务的全过程，确保不相容岗位相互分离出纳不得兼任稽核、会计档案保管和收入、支出、债权、债务账目的登记工作；严禁一人保管收付款项所需的全部印章财务专用章应当由专人保管，个人名章应当由本人或其授权人员保管负责保管印章的人员要配置单独的保管设备，并做到人走柜锁；按规定应当由有关负责人签字或盖章的，必须严格履行签字或盖章手续无论是货币资金的申请、审批、复核还是支付环节，都应该首先关注货币资金的授权审批控制措施和岗位分工控制措施。

（一）授权审批控制

①应当建立货币资金授权制度和审核批准制度，明确审批人对货币资金的授权批准方式、权限、程序、责任和相关控制措施，规定经办人办理货币资金业务的职责范围和工作要求

②审批人应当根据货币资金授权批准制度的规定，在授权范围内进行审批，不得超越权限审批。单位应当加强对银行账户的管理，严格按照规定的审批权限和程序开立、变更、撤销银行账户。

③经办人应当在职责范围内，按照审批人的批准意见办理货币资金业务。对于审批人超越授权范围审批的货币资金业务，经办人有权拒绝办理。

（二）岗位分工控制

①应当建立货币资金业务的岗位责任制，明确相关部门和岗位的职责权限，确保办理货币资金业务的不相容岗位相互分离、制约和监督货币资金业务的不相容岗位至少应当包括：货币资金支付的审批与执行，货币资金的保管与盘点清查，货币资金的会计记录与审计监督。

②担任出纳的人员应当具备会计从业资格出纳人员不得兼任稽核、会计档案保管和收入、支出、费用、债权、债务账目的登记工作。

③不得由一人办理货币资金业务的全过程严禁未经授权的部门或人员办理货币资金业务或直接接触货币资金。

④单位应当严禁一人保管支付款项所需的全部印章，财务专用章应当由专人保管，个人名章应当由本人或其授权人员保管每位负责保管印章的人员要配置单独的保险柜等保管设备，并做到人走柜锁。

（三）现金管理控制

1. 现金支付管理

依据《现金管理暂行条例》的规定，结合单位实际情况确定现金开支范围，超过开支范围的应通过银行办理转账结算。

单位通过财政拨款、非税收入拨款、事业收入、上级主管部门补助收入等途径获得的现金收入应及时送存银行，不得直接用于支付单位支出如因特殊情况需要坐支现金的，应当事先报开户银行审查批准，由开户行核定坐支范围和限额。

出纳人员从银行提取现金时，应写明用途并由计划财务处负责人签字盖章，经开户行审核后予以支付。

单位借出现金必须符合规定，执行严格的审核批准手续，严禁私自挪用、借出货币资金。

单位任何部门不得以任何理由私借或者挪用公款。确因工作需要借用现金的，应填写借款单，经部门负责人和计划财务处负责人审批后方能支取，借出现金应在规定的时间内送还。

单位工作人员办理报销业务时，经办人应详细记录每笔业务开支的实际情况，填写支出凭证，注明用途和金额出纳人员应严格审核报销的原始凭证，审核无误后方可办理报销手续。

出纳人员应在支付限额范围内办理现金支付，超过限额的需由经办人员向计划财务处提出申请，经计划财务处负责人审核，由单位主管领导集体决策同意后方可办理现金支付业务。

出纳人员应严格按照规定办理现金支付业务，不准以白条冲抵现金，不得擅自将单位现金转借给其他单位，不得利用银行账户代其他单位和个人存入和支取现金，不

得用不符合财务制度的凭证顶替库存现金，不得保留账外现金。

以收费形式收取的预算外资金实行收费许可制度，收费必须使用财政部门统一印制的收费票据单位取得的货币资金必须及时入账，不得私设“小金库”，不得账外设账，严禁收款不入账。

建立库存现金日记账，并要逐日逐笔登记，做到日清月结，月份终了必须进行账目核对。

2. 现金保管

单位现金保管的责任人为出纳人员，超过限额的现金应由出纳人员送存银行现金不得以个人名义存入银行，一旦发现公款私存，应对责任人予以严肃处理。

每日下班前，出纳人员对限额内的库存现金于当日核对清楚后，在保险柜内存放，不得放在办公桌内过夜，保险柜只能由出纳人员开启使用，保险柜密码由出纳人员自己保管并严格保密项出纳人员调动岗位时应更换密码。

3. 现金盘点和督查

出纳人员应每天清点库存现金，登记库存现金日记账，做到账账相符、账实相符。

单位应建立现金清查制度，定期和不定期地对库存现金情况进行清查盘点，重点盘点项目如下：

①账款是否相符。

②有无白条抵库。

③有无私借、挪用公款。

④有无账外资金。

若发现账款不符，应及时查明原因，并做相应处理若是由一般工作失误造成的，可由单位相关负责人按照规定作出处理；若属于违法行为，应依法移交相关部门处理。

（四）银行对账制度

单位应按开户银行和其他金融机构的名称和存款种类，分别设置银行存款日记账，由出纳人员根据收付款凭证逐笔按顺序登记，每日终了结出余额。

银行存款日记账和银行账户至少每月核对一次，并编制银行存款余额调节表单位会计人员对银行存款余额调节表和账单进行核对，确保银行存款账面余额和银行对账单余额调节相符。

若银行存款账面余额和银行对账单余额调节不符，按以下办法处理：

①发现记账错误的，应上报计划财务处负责人，查明原因后进行处理、改正。

②因收付款结算凭证在单位和银行之间传递需要时间而造成的记账时间不同，可通过银行存款余额调节表调节相符。

单位出纳人员不得从事银行对账单获取，银行存款余额调节表的编制等工作，如确需出纳人员办理上述工作的，可指定其他人员定期进行复审和监督。

审计处应指派专门人员，不定期审查单位银行存款余额和银行存款相关账目具体审核内容如下：

①银行存款业务的原始凭证、记账凭证、结算凭证是否一致。

②银行存款业务的手续是否齐备。

③银行存款业务的相关凭证与账目是否一致。

④银行存款总账与单位相关账目、银行存款余额调节表是否一致。

（五）票据管理控制

1. 票据的领购

单位所需票据应向财务、税务等主管部门申领或购买，并按规定使用，严禁使用自行印制、购买（在税务部门购买的除外）或除财务主管部门外其他单位代开的票据。

单位应指定专人负责票据申领工作，领用票据设立领用票据登记簿，认真核对领用时间、票据名称、起讫号码，并由领用人签字。

2. 票据的使用与保管

出纳人员应严格按照票据监管机构核准的使用范围开具票据，不得超范围使用票据未按规定使用票据的，会计人员不予入账。

出纳人员必须按照票据的序号签发支票，不得换本或跳号签发；票据填写项目要齐全，字迹要清楚，全部联次要一次复写、打印，内容完全一致；不得随意开具印章齐全的空白支票发生填写错误的票据应三联同时作废，同时加盖作废戳记。

严禁涂改、挖补、撕毁票据，不得拆本使用票据；作废的机打票据应妥善保管，与存根联一起按票据序号装订成册；各类票据之间不得相互串用、混用，也不得转借、转让、代开票据，不得自行扩大专业发票的使用范围。

出纳人员必须妥善保管好票据，并设立专门的登记簿对票据的购买、领用、注销等内容进行记录，防止空白票据遗失和被盗用出纳人员调动前，必须办理移交手续，移交不清的禁止调动

3. 票据的遗失处理与核销

若发生票据丢失，应及时到主管部门办理挂失，并书面报告情况，协助有关部门查明原因由于票据保管不善、丢失或被盗所造成的经济损失，由相关责任人承担。

单位票据的保管期限一般为 5 年，对超过法定保管期限的，可以组织销毁。票据销毁前需进行清理，并经单位负责人同意后，向票据主管部门提出销毁票据的申请，主管部门审核同意后方能予以销毁。

单位销毁票据时，需由计划财务处、审计处成立 3 ~ 5 人的销毁监督小组，对票据销毁进行监督待票据销毁后，由全体人员签字，并以小组名义出具监销情况报告，经计划财务处和单位负责人签字后，报送票据主管部门保存备查。

4. 票据的监督检查

单位应成立专门的稽查小组，对单位内部票据的使用、保管等工作进行定期、不定期检查，使用票据的单位和个人必须配合检查，如实反映情况和提供资料，不得拒绝、隐瞒。

单位工作人员有下列行为之一的，将按国家相关规定予以处罚：

①违规转让、出借、代开票据的。

②因保管不善造成票据撕毁、灭失的。

③伪造、擅自销毁票据。

④其他违反票据管理规定的行为。

（六）印章管理控制

1. 印章的刻制

印章的刻制需取得登记证书后向登记管理机关提出书面申请，经核准后，持同意刻制印章委托书到公安机关办理刻制手续后，才能刻制。严禁私自刻制印章。

2. 印章的使用

启用新印章（包括更换新印章）需经过单位发文报登相关部门备案后，才能启用新印章启用以后原有印章作废，属上级单位刻制的印章，原印章应该交回上级单位封存或者销毁；属自行刻制的，应移交档案室封存或者销毁

单位相关人员使用印章时，应填写印章使用申请，说明使用印章的理由、申请人、启用时间等内容。印章使用申请经过单位负责人审批后，连同需要使用印章的文件一同交予会计人员盖章。

会计人员使用印章时应认真核对用印资料，明确用印的内容和目的，确认符合用印手续后方可盖章，若认为不符合规定可拒绝盖章会计人员不可随便委托他人代取、代用印章，如因特殊原因需由其他人员代用印章，必须指定专人在场监督。

印章的使用应在单位内部进行，不可携带印模外出用印。因特殊原因确需外出用印的，需经财务处负责人同意后方可带出，并在事情办完后即刻送回单位，会计人员不得在空白支票上用印，因特殊原因需盖空白印章的，需经单位负责人批准，并标注份数逐一编号，未用的要全部退回印章使用申请由会计人员保管，月底汇总后交档案管理人员存档。

3. 印章的保管

单位财务印章需由会计人员专人保管，未经授权的人员一律不得接触、使用印章出纳不得管理印章。

会计人员不得将印章转借他人，否则造成的后果由会计人员负责应建立用印登记簿，使用印章需履行登记手续，以便备查印章保管员需认真负责，遵守纪律，秉公办

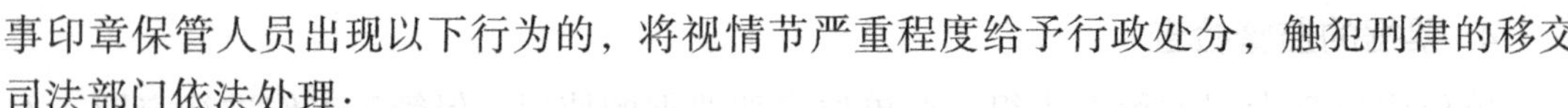

事印章保管人员出现以下行为的，将视情节严重程度给予行政处分，触犯刑律的移交司法部门依法处理：

①对印章保管不善造成印章丢失

②把关不严，用印后造成严重错误和损失等不良后果

③私自留存、使用应予以销毁或上交的印章

④非法使用印章。

印章不慎丢失、被盗、毁损的，应上报计划财务处，并公开声明作废后，按规定程序申请重新刻制

会计人员调动时，必须将保管的印章及相关文件交割，否则不允许调动。

（七）货币资金支付的具体业务流程控制

1. 支付申请

有关部门或个人用款时，应当提前向审批人提交货币资金支付申请，注明款项的用途、金额、预算、限额、支付方式等内容，并附有效原始单据或相关证明。

2. 支付审批

资金支付应严格履行授权分级审批制度。审批人根据其职责、权限和相应程序对支付申请进行审批，审核业务的真实性、金额的准确性以及申请人提交的票据或者证明的合法性，严格监督资金支付。对不符合规定的货币资金支付申请，审批人应当拒绝批准。对于重要的货币资金支付业务，应当实行集体决策和审批，并建立责任追究制度，防止出现贪污、侵占或挪用资金的行为。另外，单位可根据需要，安排财务人员在审批前先对支付申请进行初步审核，再按规定审批，

3. 支付复核

对于货币资金支付申请，应由专人进行复核。复核人应当对批准后的货币资金支付申请进行复核，包括支付申请的批准范围、权限、程序是否正确，手续及相关单证是否齐备，金额计算是否准确，支付方式、支付单位是否妥当等，复核无误后，交由出纳人员办理支付手续单位不得因审批前已进行初步审核而免除复核程序。单位应当加强货币资金的核查控制，指定不办理货币资金业务的会计人员定期或不定期地抽查盘点库存现金，核对银行存款余额，抽查银行对账单、银行存款日记账及银行存款余额调节表，核对是否账实相符、账账相符。对调节不符、可能存在重大问题的未达账项应当及时查明原因，并按照相关规定处理。

4. 办理支付

出纳或资金管理部门应当根据经审批的复核无误的支付申请，按规定办理货币资金支付手续，及时登记库存现金日记账和银行存款日记账。

第二节 对外投资内部控制

一、概念界定

我国法律、法规对行政单位和事业单位对外投资的规定比较严格

（一）行政单位的国有资产不可以对外投资

财政部2006年颁布的《行政单位国有资产管理暂行办法》第二十三条规定："行政单位不得以任何形式用占有、使用的国有资产举办经济实体"

（二）地勘单位的国有资产可以对外投资

①财政部2006年颁布的《事业单位国有资产管理暂行办法》第二十一条规定："事业单位利用国有资产对外投资、出租、出借和担保等应当进行必要的可行性论证，并提出申请，经主管部门审核同意后，报同级财政部门审批"

②财政部2008年颁布的《中央级事业单位国有资产管理暂行办法》第二十条规定："中央级事业单位申报国有资产对外投资、出租、出借等事项，应当附可行性论证报告和拟签订的协议（合同）等相关材料，按以下方式履行审批手续：单项价值在800万元以下的，由财政部授权主管部门进行审批，主管部门应当自批复之日起15个工作日内将审批文件（一式三份）报财政部备案；800万元以上（含800万元）的，经主管部门审核后报财政部审批"

综上，为保证行政单位履行机关职责，行政单位不参与对外投资，但在单位有结余资金又不影响行政任务完成的情况下，可以用经费结余购买国债，而且只能购买国债，不得购买其他有价证券，地勘单位应当严格控制对外投资，不得利用国家财政拨款，上级补助资金和维持事业正常发展的资产对外投资地勘单位的对外投资，不仅包括购买各种有价证券，还包括以货币资金、实物资产或无形资产对外投资因此，行政单位的对外投资仅指购买国债的债权投资；而地勘单位的对外投资既包括债权投资，又包括股权投资。

二、对外投资控制的目的和整体风险

地勘单位进行对外投资管理和控制的目的主要有以下几点：

（一）对外投资的控制目的

①确保国家有关投资及资产管理的法律、法规和单位内部规章制度的贯彻执行，为规范地勘单位的投资行为，国家颁布了相关的国有资产管理办法。行政机关和社会团体不得开展权益性投资活动。地勘单位和行政单位的对外投资应符合国家有关规定，以不影响正常事业活动为前提

②维护对外投资资产的安全、完整。要建立对外投资活动的授权批准、岗位分离制度；保证一切对外投资活动，不管金额多少，必须进行可行性论证并经单位领导集体讨论审批。单位在投资时的各种交易手续、程序、文件记录以及账面数据的反映和财务报告信息的披露等必须符合国有资产管理的有关规定，以减少投资风险，保障国有资产的安全、完整。

③确保投资行为的科学性、合理性，提高投资的经济效益。单位在作出投资决策之前要对投资项目进行可行性研究：对于股权投资，要进行回收期、回报率、内部收益率、投资风险以及有助于作出投资决策的各种分析，投资规模要与单位资金情况和年度预算相适应，预期投资收益应不低于国内同行业同期平均水平；对于债权投资，要对发行债券机构的财务信用状况和债券的风险情况进行认真的分析和评估，对债券的投资金额、投资期限、内部收益率等，结合单位的资金规模和年度预算进行分析，确保投资成本与收益。

（二）对外投资的整体风险

地勘单位对外投资存在的风险主要体现在以下几个方面：

①对外投资风险意识不强单位尚未针对风险的各个关键点设计具体的风险识别、风险估测、风险评价、风险控制等措施，无法对地勘单位的投资风险进行全面防范和控制

②尚未建立对外投资业务流程控制系统对外投资的可行性研究、评估、决策、执行、处置等业务流程的梳理尚未科学化、体系化，无法从根本上降低对外投资的风险。

③对外投资核算不规范，投资权属存在隐患部分单位使用往来款或支出科目核算，无法准确反映投资关系，导致投资权属不清，资产所有权不明晰。

④对外投资无收益，投资目的未能实现，被投资单位以各种理由不上缴投资收益，反而变相成为增加地勘单位人员奖金的蓄水池，未能达到增加地勘单位收入，减少财政支出的目的与被投资单位的开支混淆，造成支出不实部分地勘单位根据其资金状况，将支出转移至被投资单位列支或负担被投资单位费用，此做法既违反了制度规定，也使地勘单位支出失实。

⑤对外投资失败，单位承担连带风险被投资单位经营亏损、连锁债务给地勘单位带来风险。有的被投资单位倒闭、撤销，而地勘单位却将其挂账不处理；有的地勘单位为被投资单位进行贷款担保，最终形成连带责任，背上了巨额债务。

三、地勘单位对外投资内部控制的主要内容

地勘单位对外投资内部控制包括分工与授权控制，对外投资可行性研究、评估与决策控制，执行控制，处置控制和监督检查控制等。

（一）对外投资分工与授权控制

地勘单位应当建立对外投资业务的岗位责任制，明确相关部门和岗位的职责、权限，确保办理对外投资业务的不相容岗位相互分离、制约和监督，避免投资活动中违法行为的发生

（二）对外投资可行性研究、评估与决策控制

地勘单位应当加强对外投资可行性研究、评估与决策环节的控制，对投资建议的提出、可行性研究、评估、决策等作出明确规定，确保对外投资决策合法、科学、合理。

（三）对外投资执行控制

地勘单位应当制订对外投资实施方案，明确出资时间、金额、出资方式及责任人员等内容。对外投资实施方案及其变更，应当经单位最高决策机构或其授权人员审查批准。

（四）对外投资处置控制

地勘单位应当加强对外投资处置环节的控制，对投资收回、转让、核销等的决策和授权批准程序作出明确规定

（五）对外投资监督检查控制

地勘单位应当建立对外投资内部控制的监督检查制度，明确监督检查机构或人员的职责权限，定期或不定期地进行检查。

四、对外投资活动业务流程

按照我国投资及资产管理相关法律、法规的规定，行政事业单位的对外投资活动可以划分为三类：事业单位股权投资活动、事业单位债权投资活动和行政单位债权投资活动（仅指购买国债）。相关单位应根据不同投资类型的业务流程进行投资活动的内部控制，对流程中各环节存在的风险采取不同的措施进行控制。

地勘单位对外投资应当按照以下程序进行：

（一）提出投资意向

地勘单位投资管理部门要根据国家投资法律、法规，国有资产管理的法规，社会需要和单位发展战略等，并结合单位实际情况，合理安排资金投放结构，提出对外投资初步意向

（二）可行性研究

地勘单位应指定部门和人员，对单位负责人或其他人员提出的投资意向或方向进行认真的可行性研究，编制对外投资可行性研究报告，并制订投资方案，对于股权投资，要结合技术水平、市场经济环境、单位拥有的资源及环境产业政策等进行调查研究，通过比较、分析制订具体的股权投资方案，必要时可以聘请有关专业咨询机构协助调研；对于债权投资，还应就发行债券机构的财务信用状况和债券的风险情况进行认真的分析和评估

（三）单位领导集体论证

由单位领导集体对投资项目的可行性研究报告和投资方案进行论证，决定投资项目是否应当立项，变更投资方案的，应经过单位领导集体讨论决定。

（四）报送相关部门审批

地勘单位应指定部门和人员准备有关材料，按规定程序报主管部门或政府有关部门对投资项目进行立项审批－对于股权投资，重点审查投资是否符合（投资）战略规划、是否具备可行性、投资收益能否实现、投资风险是否可控；对于重要的对外投资和投资设立全资或控股单位，需报国家安监总局进行审批；对于债权投资，重点审查拟投资债券是否安全可靠，资金支出是否与单位预算相符，以防范资金风险

（五）制订和执行投资计划

根据审批通过的投资方案，编制详细的投资计划，落实不同阶段的资金投放数额、投资具体内容及回收情况等，并按程序报经有关部门批准，由专门的工作小组和责任人负责执行。

1. 办理投资手续

在股权投资情况下，在办理投资手续之前，以实物资产或无形资产对外投资的，应当进行资产评估；对外投资工作小组或责任人要与其他投资方进行投资谈判，谈判

中若投资条件与原计划相比发生重大变化，需报授权人员决策，特别重大的变更需报单位领导集体审议决定；在投资谈判取得一致意见后，草拟投资合同文本报单位负责人审定，并按授权权限由授权人员与其他投资方签订合同；对外投资工作小组或投资管理部门根据投资合同规定的投资金额和期限，及时付款并办理投资手续。

在债权投资情况下，单位依据批准的债权投资计划和方案，将投资列入单位年度资金预算，申请债权投资资金，经部门负责人审核后具体办理债权投资事宜；债权投资需要签订合同的，由财务部门起草合同文本，经法律部门/岗位审核、单位负责人批准后，交授权人员签订财务人员依据审核的投资资金申请和投资合同，办理资金划付手续，并于债券购入当日以单位名义登记。

2. 投资管理与核算

在股权投资情况下，投资管理部门应当建立对外投资单位管理档案，财会部门定期分析被投资单位的财务报表：要通过适当方式直接或间接加强对被投资单位的财务管理和监督，认真审核被投资单位的财务资产状况和效益情况，正确核算对外投资收益，合理计提投资减值准备。对所投资的控股子公司，要建立定期报告制度。

在债权投资情况下，出纳人员应负责保管债权投资的各类（债权）凭证，或存放于银行、信托公司和保险公司，财务部门应建立债权投资台账，并定期与被投资单位核对年末财务部门应根据债券市场情况对债权投资跌价准备提出减值方案，经主管人员审定后上报相关部门审核备案。

3. 投资资产处置与收回

在股权投资情况下，到期的投资项目的处置同样要经过相关部门或人员的审批，力求实现国有资产最大的经济收益，在《行政单位国有资产管理暂行办法》颁布前已经用占有、使用的国有资产举办经济实体的，应当按照国家关于党政机关与所办经济实体脱钩的规定进行脱钩。脱钩之前，行政单位应当按照国家有关规定对其经济实体的经济效益、收益分配及使用情况等进行肝格监管。财政部门应当对其经济效益、收益分配及使用情况进行监督检查。

在债权投资情况下，单位债权投资因特殊原因需要提前兑付或转让的，应提出提前兑付或转让方案，由负责人审核，金额重大的报领导审批后方可办理债券投资到期时，财务部门应办理到期债券兑付手续，并正确核算债券本金和利息，保障国有资产的投资收益

（六）投资活动监督检查

监督检查工作贯穿投资活动的始终，相关部门要重点检查岗位设置是否科学、合理，是否存在不相容职务混岗的现象；分级授权是否合理，投资的授权批准手续是否健全、是否存在越权审批等违反规定的行为；股权投资决策过程是否符合规定的程序；各项资产是否按照投资方案投出；投资期间会计处理是否真实、完整，以及对外投资权益

证书和有关凭证的保管与记录情况；投资资产的处置是否符合授权批准程序，资产的回收是否完整、及时，资产的作价是否合理，投资的会计处理是否真实、准确、规范，以防止出现差错和舞弊等情况

（七）投资活动评价

在投资活动完成后，要对投资对象选择的合理性、技术和经济论证的充分性、出资方式选择的正确性、投资资产价值评估的准确性以及投资管理的及时性等进行客观、公正、合理的评价.以便在之后的投资活动中扬长避短，避免投资损失，保障投资回报，

五、对外投资活动主要风险点分析

地勘单位对外投资各环节中存在着以下风险：

（一）投资意向不切实际、盲目投资的风险

部分地勘单位风险管理意识不强，对外投资具有很大的随意性，导致存在国有资产流失的风险，大量的国有资产无法实现保值增值的目标。投资活动要合理规划，正确选择投资项目，合理确定投资规模，适当权衡收益与风险，避免盲目投资，尤其是对衍生金融产品的投资要慎之又慎，

（二）可行性研究不充分导致决策失误的风险

对外投资是地勘单位的一项重要经济活动，所以要在投资可行性论证的基础上进行民主决策、科学决策。投资活动的资金需求要与单位的资金持有量相匹配如果超过了正常的资金承受能力，支付进度与财政预算（包括专项资金收入等）不匹配，往往导致资金周转困难，带来极大的财务风险，损害国有资产的完整性，影响政府信誉如果为弥补资金缺口而减少正常的公共事业投资，就会给人民群众的生产生活带来负面影响，特别是股权投资，要防范由于对投资相关行业市场情况缺乏了解和发展趋势分析不准确、不合理导致的投资决策失误和投资回报风险。

（三）相关部门审批不严格的风险

在报经相关部门审批的过程中，一些单位提供的资料不完整甚至提供虚假资料；有的主管部门审批程序不健全，不能达到监督控制的目的，导致不良投资的发生。

（四）投资计划制订与执行过程中的风险

1. 授权审批风险和职务分离风险

授权审批制度是保证投资活动合法性和有效性的重要手段，不相容职务分离制度则通过相互监督与牵制，保证投资活动在严格控制下进行，这是防止舞弊的重要手段。没有严格的授权审批制度和不相容职务分离制度，单位的投资就会呈现随意、无序、无效的状态，导致投资失败。因此，授权审批制度和不相容职务分离制度是投资活动内部控制、防范风险的重要手段同时，还应建立严密的责任追究制度。

2. 投资资产保管风险

对外投资是直接使用资金的行为，也是形成资产的过程如果管理不善，容易发生各种违法行为，造成国有资产的流失除严密的授权审批制度和不相容职务分离制度外，严密的投资资产保管制度也是避免投资风险、保证投资成功的重要手投。地勘单位应建立严密的资产保管制度，明确保管责任。

在股权投资中，以实物资产和无形资产投资时，要防范资产评估结果不实导致股权权属降低的投资风险；防范合同条款违法违规、文本不规范及授权不明或不当导致的法律和投资损失风险；防范对被投资单位管理控制不力导致的投资损失风险。

在债权投资中，要防范债权投资凭证密码单人管理或债权投资不实导致的会计舞弊和投资损失风险；防范不履行规定的资产清查程序导致的投资损失风险

3. 会计处理风险

对外投资活动会计处理复杂，容易发生舞弊行为因此，地勘单位应建立健全账簿体系，严格账簿记录，通过账簿记录对投资资产进行详细、动态的反映和控制。

在股权投资中，要防范股权投资核算不完整、不真实导致的财务信息失真风险；防范对外投资减值准备计提不及时、不准确导致的财务信息失真和投资决策及管理失误风险

在债权投资中，要防范债权投资核算不及时、不完整、不真实导致的财务信息失真风险；防范债权投资账面价值未能真实反映导致单位资产不实的风险

4. 投资处置与收回风险

要重视投资到期本金的回收，由于各种有价证券可以在证券交易所和其他各种场外市场自由买卖，证券持有人可以随时委托证券经纪人或交易商卖出证券，所以，为防止从事投资交易的直接人员利用职务便利私自买卖证券以谋取私利，确保单位对外投资的资产安全、完整，投资资产转让控制显得尤为重要

（五）对外投资无收益风险

地勘单位对外投资的目的是在保持国有资产保值的前提下获得对外投资收益，保

持国有资产的增值，部分地勘单位对外投资一投了之，既不在会计核算上反映投资收益，也对投资项目的经营管理缺乏应有的重视有的投资项目经营管理不善导致出现亏损，投资无收益，造成国有资产流失。

六、对外投资活动内部控制的主要措施

地勘单位应当根据国家有关规定加强对对外投资的管理，合理设置岗位，明确相关岗位的职责权限，确保对外投资的可行性研究与评估、对外投资的决策与执行、对外投资处置的审批与执行等不相容职务相互分离。地勘单位在对外投资各环节应采取的内部控制措施如下：

（一）不相容职务相互分离控制

①建立对外投资业务的岗位责任制。

②对外投资业务的不相容职务相互分离、相互制约匚不相容职务有：对外投资预算的编制与审批；对外投资项目的分析论证与评估；对外投资的决策与执行；对外投资处置的审批与执行；对外投资业务的执行与相关会计记录、具体来说：投资计划的编制人、可行性论证人与计划审批人应当分离；证券投资的购入、出售人与相应的会计记录、核算人应当分离；股票、债券的保管人与负责股票、债券交易的经手人应当分离；股票、债券的保管人与盘点人应当分离；以固定资产、无形资产对外投资的，投资项目的管理人与参与监控的财务人员等应当分离。

（二）授权审批控制

①投资决策的作出、投资合同的签订、投资资产的处置等必须履行严格的审批手续，明确审批人的授权批准方式、权限、程序、责任及相关控制措施，规定经办人的职责范围和工作要求。

②严禁未经授权的部门或人员办理对外投资业务。单位任何人无权独立作出重大投资决策任何未经授权批准的投资行为，无论该种行为是否造成经济损失，都应当受到调查和追究。经过授权的人员，必须在授权范围内开展和执行业务，任何越权行为都必须受到追究。

③制定对外投资业务流程，明确投资决策、投资执行、投资持有、对外投资处置等环节的内部控制要求，如实记录各环节业务开展情况。

（三）对外投资立项控制

①加强对外投资预算的管理，保证对外投资预算符合国家产业政策、单位发展战

略要求和社会需要

②应考虑对外投资的品种、行业、时间、预计的投资收益，然后对要投资的项目进行调查并收集相关信息，对已收集到的信息进行分析、讨论，并对被投资单位的资信情况进行调查或实地考察，报审批部门决定是否立项。

③单位可授权投资部门或委托其他相关单位的中介机构或中介人对已立项的对外投资项目进行评估，主要是评估该投资项目内、外的相关风险，比较并选择投资方案，提出对外投资建议，使对外投资风险降到最低程度

④对重大投资项目进行可行性研究财会部门应对投资项目所需资金、预期现金流量、投资收益以及投资的安全性等进行测算和分析，不能局限于某一时点或某几个时点，而是要评价投资项目有效性在一定时期内能否持续发挥作用

⑤建立对外投资决策及实施的责任制度。单位对外投资，应当由单位领导班子集体研究决定重大投资项目决策实行集体审议联签。

（四）对外投资的投放与管理控制

加强对投资项目的追踪管理，及时、全面、准确地记录对外投资的价值变动和投资收益情况。

①在选择了最优投资方案后，编制投资计划，严格按照计划确定的项目、进度、时间、金额和方式投出资产提前或延退投出资产、变更投资额、改变投资方式、中止投资等，应当经决策机构审批

②在股权投资中，需要签订合同的，应先进行谈判并经审查批准后签订投资合同，相关谈判需由两人以上参加

③股权投资要指定专门部门或人员对投资项目进行跟踪管理，及时掌握被投资单位的财务状况和经营情况；被投资单位召开董（监）事会或股东会，投资单位应事前进行认真研究，并经领导集体审议形成一致意见后，委派董（监）事长或董事、监事以及公司其他人员参加，相关人员要及时向领导和主要负责人汇报被投资单位的一些重大投资、经营事项和问题；债权投资要及时关注发行债券单位的财务信用状况和投资债券的风险情况、

④加强对投资收益收取的控制，及时足额收取投资收益，每月最后一个工作日由出纳或两位保管人员，与债权核算岗位人员共同完成债权凭证的清查盘点工作，填写债权凭证盘点明细表，逐一与债权投资台账、明细账核对，同时债权核算岗位人员核对债权投资总账和明细账。

⑤加强对外投资有关权益证书的管理，指定专门部门或人员保管权益证书，建立详细的记录。财会部门与相关管理部门和人员应定期核对有关权益证书；由两位非债权投资核算人员分别保管领取债权凭证的密码和钥匙，存取债权凭证必须由两位保管人员经财会部门负责人批准后共同完成，填写存取记录，经手人签字。

⑥加强对外投资业务的会计核算，严禁账外设账。由于对外投资资产的价值会受

到各种因素的影响而经常变动，如股票、债券、国库券、股权证明等，为及时总括地反映对外投资购入、处置、结存情况，在财务部门设置对外投资总账的基础上，投资部门或其他相关部门还应根据投资业务的种类、时间先后分别设立对外投资明细登记簿，定期或不定期地进行对账，确保投资业务记录的正确性，防止个别人员为了达到某种目的而不择手段地故意歪曲对外投资资产的真实价值。

（五）对外投资的处置控制

①投资收回的资产，应及时足额收取，提前或延期收回对外投资的，应经集体审议批准。

②转让、核销对外投资，应经集体审议批准。在股权投资中，核销对外投资应取得因被投资单位破产等不能收回投资的法律文书和证明文件。

③正确进行对外投资资产处置的相关会计处理，保证收回资产的安全和完整。

④加强对审批文件、投资合同或协议、投资计划书、对外投资处置文件等资料的管理。

（六）对外投资的监督检查

地勘单位的对外投资应建立责任追究制度。对在对外投资中出现重大决策失误、未履行集体决策程序和不按规定执行对外投资业务的部门及人员，应当追究相应的责任。

①定期由专门机构或者指定专门人员负责检查对外投资业务相关岗位及人员配备情况。

②定期检查对外投资业务授权批准制度的执行情况。

③定期检查对外投资业务的决策情况。

④定期检查对外投资资产的投出情况。

⑤定期检查对外投资持有资产的管理情况。

⑥定期检查对外投资的资产处置情况。

⑦定期检查对外投资的会计处理情况。

（七）对外投资的评价

①地勘单位应对投资执行情况进行总体评价，然后写出评价报告，对涉及会计工作的各项经济业务、内部机构和岗位在对外投资内部控制上存在的缺陷提出改进建议。

②对执行对外投资内部控制制度成效显著的内部机构和人员提出表彰建议，对违反内部控制制度的内部机构和人员提出处理意见。

③聘请中介机构或相关专业人员对本单位对外投资内部控制制度的建立、健全及有效实施进行评价接受委托的中介机构或相关专业人员，应当对委托单位已建立的对

外投资内部控制制度存在的重大缺陷提出书面检查报告，最终促使地勘单位对外投资内部控制制度日益完善。

第三节　实物资产管理内部控制

一、概念界定

地勘单位实物资产包括房屋及建筑物、专用设备、一般设备、文物和陈列品、图书、办公用品和低值易耗品等。

二、实物资产内部控制的目标及整体风险

（一）实物资产内部控制的目标

①实物资产的取得依据应当充分适当，决策和审批程序应当明确。

②实物资产的取得、验收、使用（领用）、维护、盘点、处置和转移等环节的控制流程应当清晰，对实物资产的购置（投资）预算、供应商的选择、验收使用、维护保养（保管）、内部调剂、盘点、重要材料物资的接触条件以及报废处置的原则及程序应当有明确的规定，以促进实物资产各环节运营效率的提高。

③避免实物资产的流失或浪费，有效维护实物资产的安全、完整。

④确保实物资产能够得到合理配置和有效利用。

⑤实物资产的价值核算、处置等会计处理方法应当符合国家统一会计制度的规定。

⑥为地勘单位健康发展提供基本物质条件和经济保证。

（二）实物资产内部控制的整体风险

当前，地勘单位“重资金分配、轻资产管理”的现象依然比较严重。地勘单位在运营过程中，如果对实物资产更新改造不够、维护不当，可能导致资产价值贬损、使用效能低下、安全事故频发或资源浪费等风险。对于图书、办公用品或低值易耗品，虽然其价值较低，但是由于其数量较多，所以应该加强此类实物资产的定期盘点，保证账实相符。

三、实物资产管理的特点

要加强实物资产管理、提高管理效率，必须明确实物资产管理的特点：第一，实物资产中的固定资产由于价值比较大，购置选择必须慎重，且固定资产往往具有不可替代性和专用性，所以其管理的技术能力要求也较强，需要由内行的、责任心强的专职人员来管理，并落实责任制，以保证出现问题后将责任追究到底，彻底解决。第二，实物资产管理需要各部门的全力支持，通力协作。实物资产应用于地勘单位运行的各个环节，对其管理也贯穿于地勘单位运行的始终；对其维护和管理不仅是专职人员的义务，所有相关部门必须共同参与，这样才能全面保证管理质量和使用效率。第三，因每项实物资产都有不同的用途并且种类繁多，实物资产的会计核算比较具体而又复杂，方法较多，针对性强，因此工作量比较大，对会计人员的职业技能要求也较高

四、实物资产内部控制的主要内容

（一）分工与授权控制

分工与授权控制是指明确相关岗位责任分工、权限范围和审批程序，确保机构设置和人员配备合理。

（二）取得和验收控制

取得和验收控制包括加强对单位实物资产申请、审批、采购、验收、付款、账务处理、产权登记等环节的控制。

（三）使用和维护控制

使用和维护控制包括加强对实物资产使用权限、审批程序、登I己、盘点以及固定资产维修、保养、定期检查等方面的控制

（四）处置与转移控制

处置与转移控制包括加强对实物资产处置的范围、标准、程序和审批权限以及审计考评等方面的控制。

五、实物资产的基本业务流程

实物资产的基本业务流程通常可以分为取得、日常维护、更新改造、处置等环节地勘单位应当根据单位特点，分析、归纳、设计合理的业务流程，查找管理的薄弱环节，健全全面风险管控措施，保证实物资产安全、完整、高效运行。

（一）实物资产的取得

实物资产的取得方式一般有外购、自行建造、接受捐助、其他单位无偿划拨转入、非货币性资产交换换入等一般情况下，实物资产取得的流程应当以预算作业为起点，包括请购程序、采购程序和验收入库程序。

（二）实物资产的日常维护

实物资产的日常维护主要是指实物资产的使用和运行维护，包括日常维修和保养。

（三）实物资产的更新改造

实物资产的更新改造是指以新的实物资产替换到期报废的旧的实物资产，或以新的技术装备对原有的技术装备进行改造，一般分为部分更新和整体更新两种方式。

（四）实物资产的处置

实物资产因不能继续使用或不合格而处置，包括期满正常处置和使用期未满非正常处置两种情况。

六、实物资产管理的主要风险点分析

实物资产管理的风险主要是地勘单位在运营过程中，对实物资产更新改造不够、使用效能低下、维护不当，可能导致资产价值贬损、安全事故频发或资源浪费的风险。根据实物资产的基本业务流程，可以按以下环节对实物资产的主要风险点进行分析：

（一）实物资产预算管理环节

实物资产预算管理的主要风险点是：因可行性分析不到位、预算不当、预算不严而造成项目搁置或是重复浪费；没有编制预算或者没有按照资产购置标准编制购置预算，缺乏资产使用现状作为购置依据。

（二）实物资产采购环节

实物资产采购环节的主要风险点是：授权审批制度不健全、岗位分工不合理而产生舞弊行为的风险。

（三）实物资产验收入库环节

实物资产验收入库环节的主要风险点是：新增实物资产验收程序不规范，可能导致资产质量不符合要求，进而影响资产运行效果；实物资产登记内容不完整，可能导致资产流失、资产信息失真、账实不符；验收报告未能及时编制和科学审核。

（四）实物资产领用环节

实物资产领用环节的主要风险点是：领用单的填制和审批；领用后资产使用部门的登记和卡片管理。

（五）实物资产日常使用维护环节

实物资产日常使用维护环节的主要风险点是：实物资产因保管不善、操作不当引起的被盗、毁损、事故等；固定资产失修或维护过剩，可能造成资产使用效率低下、资源浪费；因长期闲置造成资产毁损，失去使用价值；未及时办理保险或投保制度不健全，可能导致应投保资产未投保、索赔不力，从而不能有效防范资产损失风险。

（六）实物资产内部调剂环节

实物资产内部调剂环节的主要风险点是：实物资产调拨单的编制、审核与确认，尤其是接受实物资产的资产管理责任人对调入资产的确认。

（七）实物资产更新改造环节

实物资产更新改造环节的主要风险点是：固定资产更新改造不够，可能导致资产老化，影响单位工作效率。

（八）实物资产报废淘汰及处置环节

实物资产报废淘汰及处置环节的主要风险点是：实物资产估值不准确；实物资产报废处置方式不合理、不规范，可能造成国有资产损失；处置方案、报告的编制和审核。

（九）实物资产清查盘点环节

实物资产清查盘点环节的主要风险点是：实物资产丢失、毁损造成账实不符或资产贬值严重；清查方案的编制和审核、清查报告的编制和审核；盘盈盘亏处理地勘单位应当建立实物资产清查制度，至少每年全面清查，保证实物资产账实相符、及时掌握资产的使用情况和市场价值实物资产清查中发现的问题，应当查明原因，追究责任，妥善处理。

七、实物资产管理内部控制的关键控制措施

地勘单位应当建立健全对实物资产的管理，明确相关部门和岗位的职责权限，强化对购置、保管、领用、登记、清查盘点和处置等关键环节的管控。无论是在实物资产的取得、验收环节还是在运行维护和清查盘点等环节，首先应当关注授权审批控制措施、归口管理控制措施和岗位分工控制措施。

（一）授权审批控制措施

地勘单位应当建立实物资产业务的授权批准制度，明确授权审批的方式、程序和相关控制措施，规定审批人的权限、责任以及经办人的职责范围和工作要求。严禁未经授权的机构或人员办理实物资产业务。审批人应当根据实物资产业务授权批准制度的规定，在授权范围内进行审批，不得超越审批权限经办人在职责范围内，应按照审批人的批准意见办理实物资产业务对于审批人超越授权范围审批的实物资产业务，经办人有权拒绝办理，并及时向上级部门报告。

（二）归口管理控制措施

对资产实施归口管理应明确资产使用和保管责任人，落实资产使用人在资产管理中的责任，贵重资产、危险资产、有保密等特殊要求的资产应当指定专人保管、专人使用，并规定严格的接触限制条件和审批程序单位应当按照国有资产管理的相关规定，明确资产的调剂、租借、对外投资、处置的程序、审批权限和责任，并借助专业的资产评估机构对资产价值进行评估

（三）岗位分工控制措施

地勘单位应当建立实物资产业务的不相容岗位和职务分离制度，明确相关部门和岗位的职责、权限，确保办理实物资产业务的不相容岗位相互分离、制约和监督；不得由同一部门或个人办理实物资产的全过程业务。不相容的岗位和职务包括：实物资产购置与投资预算的编制，实物资产的请购与审批、审批与执行；实物资产的采购、

验收与款项支付；实物资产投保的申请与审批；实物资产处置的申请与审批、审批与执行；实物资产的取得、保管与处置业务的执行。

（四）关键控制措施的范围

1. 实物资产预算管理环节

实物资产预算管理环节的关键控制措施包括：

①实物资产的预算编制应由资产管理部门会同相关部门审核实物资产存量，核实使用人及其相关信息，提出拟购置资产的品名、规格、数量，测算经费额度，进行充分论证后编制资产购置预算；预算经本单位主管领导审查批准，报上级主管部门审批，编入单位年度预算。

②依据资产的配置和购置标准由资产使用部门、财务部门、资产管理部门的人员共同编制实物资产预算，杜绝数量与单价的超标购置，减少预算错误发生的可能性。

③对于重大的固定资产投资项目，应当考虑聘请独立的中介机构或专业人士进行可行性研究与评价，并由地勘单位实行集体决策和审批，防止出现决策失误而造成严重损失。

④对于单价较高或批量较大的实物资产预算项目，需要填报详细的文字资料，经单位负责人和同级财政部门审核后，按需要和可能列入单位预算。

⑤在实物资产支出预算编制中，应统筹兼顾，确保重点，在保证单位合理需要的前提下，妥善安排各项预算支出。

⑥实物资产年度预算由计划财务处提出，经单位负责人审阅后，报主管单位审批后执行。

⑦在预算执行过程中，因突发事件、政策调整等对实物资产的预算执行影响较大，确需对预算进行调整的，应按照相关程序经批准后予以调整

2. 实物资产请购与审批环节

①固定资产的请购和审批固定资产请购部门提出请购申请，提交“固定资产请购单”，请购单上应详细填写拟购买固定资产的名称、规格、型号、性能、预算金额以及购置原因等相关内容；请购单经使用部门负责人签字确认后提交资产管理部门；资产管理部门依据请购单对本单位的固定资产进行查核，经查核无法调配后，由资产管理部门组织单位相关部门进行技术经济论证，论证结束后，经资产管理部门负责人签字，上报单位主管领导或同级财政部门审批；经主管领导或同级财政部门审批通过后，由资产管理部门统一组织购买（纳入政府采购范围的，执行政府采购的有关规定）。对于一般固定资产的采购，应由资产管理部门充分了解和掌握供应商情况，采取比质、比价的办法确定供应商；对于重大的固定资产采购，应采取招标方式进行。

②低值易耗品的请购和审批，低值易耗品应由使用部门提交申请，填写“低值易耗品请购单”，请购单经本部门负责人签字后提交资产管理部门审批；资产管理部门

批准后，到财务部门办理借款手续，分批分期进行购置；低值易耗品应严格按照请购单所列的规格、数量、品牌、价格购买，确保货真价实、保质保量，使用部门急需、零星、专用物品，经资产管理部门同意后，可由本部门自行购置。

3. 实物资产验收环节

地勘单位应当建立严格的实物资产交付使用验收制度，确保实物资产的数量、质量等符合使用要求实物资产交付使用的验收工作由实物资产管理部门、使用部门及相关部门共同实施。

①固定资产验收。地勘单位外购固定资产，应当根据合同协议、供应商发货单等对所购固定资产的品种、规格、数量、质量、技术要求及其他内容进行验收，出具验收单或验收报告验收内容主要包括固定资产的品种、规格、型号、数量与请购单是否相符，运转是否正常，使用状况是否良好，有关技术指标是否达到了合同规定的要求等，验收合格后方可投入使用。外购固定资产验收不合格的，使用部门应协同资产管理部门按合同规定的条款及时向供应商退货或索赔。

地勘单位自行建造的固定资产主要是工程项目，应由制造部门、实物资产管理部门、使用部门共同填制固定资产移交使用验收单，验收合格后移交使用部门投入使用。

地勘单位应当考虑固定资产的状况，根据其性质和特点确定并严格执行固定资产的投保范围和政策－投保金额应适当，与投保项目匹配；对应投保的固定资产项目按规定程序进行审批，办理投保手续对于重大固定资产项目的投保，应当考虑采取招标方式确定保险人已投保的固定资产发生损失的，及时调查原因及受损金额，向保险公司办理相关的索赔手续。

对验收合格的固定资产应及时办理入库、编号、建卡、调配等手续，以确保固定资产的有效识别与盘点参与验收的各类人员，应于验收工作完成后在验收单上签字，以落实验收责任。

对国家投入、接受捐助、单位合并、非货币性资产交换、其他地勘单位无偿划拨转入以及以其他方式取得的固定资产，均应办理相应的验收手续。

对经营租入、借入、代管的固定资产，应设立登记簿记录备查，避免与本单位其他资产混淆，并在使用结束后及时归还。

②低值易耗品验收低值易耗品在交付使用前必须先入库，在入库时组织验收；对于贵重、稀缺和进口物品，需由专业人士协同资产管理人员进行验收。

验收时必须进行质量检查，发现问题，应立即按照有关规定向供货单位提出，并及时办理退、补、赔手续。

验收合格后，资产管理人员应按规定填写入库单，经资产管理部门负责人审核签字后，到计划财务处办理报账手续。

4. 实物资产领用环节

实物资产领用环节的关键控制措施包括：

①实物资产使用部门填写领用单，注明领用理由、领用资产的用途等内容，并经使用部门负责人、单位主管领导签字确认后，提交给资产管理部门。

②资产管理部门根据收到的领用单，决定是否允许资产使用部门领用实物资产，并报计划财务处登记备案。

③资产使用部门领用资产以后，应及时登记在用实物资产。

5. 实物资产内部调剂环节

实物资产内部调剂环节的关键控制措施包括：

①对于单位内部的实物资产调拨，实物资产调入部门应填写“实物资产内部调拨单”，明确实物资产的名称、编号、调拨时间等，由实物资产调出部门签字后，交资产管理部门审核。

②对于跨部门的实物资产调拨，双方应报上级主管部门审核若单位为实物资产调出方，需报同级财政部门审批，并附实物资产调入方的上级主管部门同意调拨的相关文件。

③对于跨级次的实物资产调拨，若为上级部门将实物资产调拨给下级单位，下级单位应提供其主管部门和财政部门同意接收的相关文件，由本单位报同级财政部门审批后进行调拨；若单位作为下级部门接受上级部门调拨的实物资产，需经主管部门和同级财政部门审批后，办理实物资产调拨手续。实物资产调拨的价值应当由地勘单位的财会部门审核确定地勘单位应建立资产信息管理系统，做好资产的统计、报告、分析工作，实现资产的动态管理

6. 实物资产日常管理环节

实物资产日常管理环节的关键控制措施包括：

①地勘单位应加强实物资产的日常管理工作，授权具体部门或人员负责实物资产的日常使用与维修管理，保证实物资产的安全与完整，贵重或危险的实物资产以及有保密等特殊要求的实物资产，应当指定专人保管、专人使用。

②地勘单位应当定期或不定期地检查实物资产明细及标签，确保具备足够详细的信息，以便对实物资产进行有效识别与盘点。

③实物资产的移动应当得到授权。

④地勘单位应根据国家及行业的有关要求和自身经营管理的需要，确定实物资产的分类标准和管理要求，并制定和实施实物资产目录制度。

7. 实物资产的维修、保养制度

地勘单位应当建立实物资产的维修、保养制度，保证实物资产的正常运行，提高实物资产的使用效率。

①实物资产使用部门及管理部门应建立实物资产运行管理档案，并据以制订合理的日常维修和大修理计划，由主管领导审批。

②实物资产使用部门负责实物资产的日常维修、保养，应定期检查，及时消除风

险实物资产需要大修理的，应由财务部门，实物资产管理和使用部门共同组织评估，提出修理方案，经单位负责人或授权人员批准后按规定程序安排修理。

③实物资产的更新改造应组织相关部门进行可行性论证，审批通过后予以实施。

8. 实物资产的定期盘点制度

地勘单位应当定期对实物资产进行盘点，实物资产定期盘点环节的关键控制措施包括：

①建立资产台账，加强对实物资产的管理。单位应当定期清查盘点资产，确保账实相符财务部门、资产管理部门、资产使用部门等应当定期对账，发现不符的，应当及时查明原因，并按照相关规定处理。

②由资产清查小组对本单位拥有的实物资产进行清查，根据盘点结果填写实物资产盘点表，并与账簿记录核对；出现账实不符，实物资产盘盈、盘亏情况时，应编制实物资产盘盈、盘亏表，并在此基础上完成清查报告，报请清查小组负责人签字确认。

③按照管理权限上报使用部门、资产管理部门及单位主管领导核准后，由计划财务处进行账务处理，固定资产清理结果上报同级财政部门。

④地勘单位应至少在每年年末由实物资产管理部门和财会部门对实物资产进行检查、分析，包括定期核对实物资产明细账与总账，并对差异进行及时分析与调整。

⑤对于未使用、不需用或使用不当的实物资产，实物资产管理部门和使用部门应当及时提出处理措施，报地勘单位授权部门或人员批准后实施。

⑥对于封存的实物资产，应指定专人负责日常管理，定期检查，确保实物资产安全、完整。

9. 实物资产的处置与转移控制制度

地勘单位应区分实物资产不同的处置方式，采取相应控制措施，确定实物资产处置的范围、标准、程序和审批权限，保证实物资产处置的科学性。

①对使用期满、正常报废的实物资产，应由实物资产使用部门填制实物资产报废申请单，经地勘单位授权部门或人员批准后对该实物资产进行报废清理。

②对使用期限未满、非正常报废的实物资产，应由实物资产使用部门提出报废申请，注明报废理由、估计清理费用和可回收残值、预计出售价格等地勘单位应组织有关部门进行技术鉴定，按规定程序审批后进行报废清理。

③对拟出售或投资转出的实物资产，应由有关部门或人员提出处置申请，对实物资产的价值进行评估，并出具资产评估报告；同时列明该项实物资产的原价、预计使用年限、已使用年限、预计出售价格或转让价格等，报经地勘单位授权部门或人员批准后予以出售或转让。

④实物资产的处置应由独立于实物资产管理部门和使用部门的其他部门或人员办理，实物资产的处置价格应报经地勘单位授权部门或人员审批后确定。对于重大的实物资产处置，应当采取集体合议审批制度，建立集体审批记录并聘请财政部门指定的

具有资质的中介机构进行资产评估，实物资产处置涉及产权变更的，应及时办理产权变更手续。

10. 实物资产清查管理制度

单位应定期或不定期地对实物资产进行清查盘点，至少应当于每年年末对单位的实物资产进行全面清查，以确保账、卡、物相符。清查程序如下：由单位负责人、财务人员、资产管理处相关人员组成资产清查小组，具体负责清查工作；由资产清查小组对本单位的实物资产进行清点，填写“实物资产清查盘点表”；将盘点项目内容和固定资产台账、低值易耗品及库存物资台账进行核对，填写“实物资产清查盘亏/盘盈表”，并在此基础上完成清查报告，报请清查小组负责人签字确认；按照管理权限报请使用部门、资产管理部门及单位主管领导核准后，由财务部门进行账务处理；清查报告应写明实物资产的清查盘点结果、存在的问题及改进措施等内容，对盘盈、盘亏的实物资产，务必分别逐项说明产生的原因，并提供相应的证明材料，提出处理意见；清点后的实物资产不得随意变更存放地点，如确实需要变更，需向清查小组提交变更申请，经批准后方可变更。

11. 实物资产处置转移记录控制

实物资产的调剂、出租、出借、对外投资、处置等必须符合国有资产的管理规定，按照规定的程序和权限报批后执行，并及时进行账务处理。出租、出借、对外投资实物资产的合同副本应当交存财会部门备案。

为了解决地勘单位固定资产内部控制中存在的上述问题，确保地勘单位固定资产的真实、完整，杜绝可能发生的违纪、违规行为，我们建议采取以下措施：建立地勘单位资产管理责任机制，实行单位主要领导为全面责任人、分管领导为主要责任人、使用部门负责人为直接责任人的二级管理责任制，明确相关责任人的职责范围，将资产管理责任落实到人，定期考核责任履行情况。

将地勘单位国有资产管理作为组织部门考核领导干部政绩的一项重要内容，促使各单位“一把手”充分认识到管好、用好国有资产的重要性，建立健全固定资产购建、保管、使用、维护和盘存等制度，把国有资产管理作为一项重要内容列入本单位工作目标。

大力加强执法检查和监督力度，国有资产管理部门和经济监督部门要把地勘单位固定资产的真实完整和保值增值作为监督的重点，及时发现问题、分析问题、解决问题，促进地勘单位强化内部管理、完善内控制度、建立健全自我约束机制。

第八章 地勘单位内部控制自我评价

第一节 内部控制自我评价组织与内容

一、内部控制自我评价组织

明确地勘单位内部控制自我评价的组织形式，是内部控制自我评价工作能够有序、高效开展的前提地勘单位内部控制自我评价组织形式的关键问题是明确评价工作的具体实施主体和有关方面在内部控制自我评价中的职责安排，处理好地勘单位内部控制自我评价和内部监督的关系，使地勘单位各部门能够权责分明、协调配合。

（一）内部控制自我评价的实施主体

地勘单位应定期由相对独立的人员对内部控制的有效性进行评价内部控制自我评价工作的实施主体一般为地勘单位内部审计机构或专门的内部控制自我评价机构对于单独设有专门内部控制机构的地勘单位，可由内部控制机构来负责内部控制自我评价的具体组织实施工作，但为了保证评价的独立性，负责内部控制设计和评价的部门应适当分离地勘单位也可以委托专业的中介机构实施内部控制自我评价，但中介机构受托为地勘单位实施内部控制自我评价是一种非保证服务，内部控制自我评价报告的责任仍然应由地勘单位自身承担。

地勘单位可根据《行政事业单位内部控制规范（征求意见稿）》的要求和单位的实际情况、经济活动的规模、复杂程度及管理模式等特点，决定是否单独设置专门的内部控制自我评价机构内部控制自我评价机构必须具备一定的设置条件：一是具备独立性，即能够独立地行使对内部控制系统建立与运行过程及结果进行监督的权力；二是具备与监督和评价内部控制系统相适应的专业胜任能力与职业道德素质；二是与地勘单位其他职能机构就监督与评价内部控制系统方面应当保持协调一致，在工作中相互配合、相互制约，在效率效果上满足地勘单位对内部控制系统进行监督与评价所提出的有关要求；四是能够得到地勘单位领导班子等单位各级领导和工作人员的支持、有足够的权威性来保证内部控制自我评价工作的顺利开展。

（二）相关部门在内部控制自我评价中的职责

对相关部门在内部控制自我评价中的职责划分应以分工制衡、协调工作、提高效率为宗旨不同的地勘单位组织形式，在内部控制自我评价工作的分工上可以有所差异但无论地勘单位采取何种组织形式，单位领导班子、内审部门、内部纪检部门和专门的内部控制自我评价机构在内部控制自我评价中的职能作用不会发生本质的变化。

1. 地勘单位领导与内部审计部门

地勘单位领导对内部控制自我评价承担最终责任，对内部控制自我评价报告的真实性负责单位领导可以通过内部审计部门来承担对内部控制自我评价的组织、领导和监督职责。单位领导和内部审计部门应听取内部控制自我评价报告，审定内控重大缺陷、重要缺陷整改意见，对内部控制部门在督促整改中遇到的困难积极协调、排除障碍。

2. 工作人员

地勘单位领导班子组织实施内部控制自我评价工作，一方面授权内部控制自我评价机构组织实施，另一方面需要各级单位工作人员积极支持和配合内部控制自我评价工作的开展，为其创造良好的环境和条件各级单位工作人员应结合日常掌握的业务情况，为内部控制自我评价方案提出关键控制点及应重点关注的业务或事项，审定内部控制自我评价方案和听取内部控制自我评价报告，对于内部控制自我评价中发现的问题及报告的缺陷，按照具体整改意见积极采取有效措施予以整改各部门及下属单位负责组织本部门的内控自查、测试和评价工作，对发现的设计和执行缺陷提出整改方案及具体整改计划，积极整改，并报送内部控制机构复核，配合内控自我评价工作。

3. 地勘单位附属单位

各附属单位也要逐级落实内部控制自我评价责任，建立日常监控机制，开展内控自查、测试和定期检查评价，发现问题并认定内部控制缺陷，需拟订整改方案和计划，报本级负责人审定后督促整改，编制内部控制自我评价报告，对内部控制的执行和整改情况进行考核地勘单位各部门及下属单位在制定本单位内部控制目标时应注意结合上级单位相应控制指标要求，如预算控制、采购控制等，并及时与上级单位进行沟通、反馈。

4. 内部控制自我评价机构

对于省级以上（包括省级）单位及制度成熟、条件允许的单位应成立内部控制自我评价机构，由单位领导班子统一负责授权、内部控制专家及群众代表组成，独立于内部控制设计机构，对单位内部控制设计及运行的有效性进行定期评价，并负责出具

内部控制自我评价报告，向单位领导班子反映评价结果，并最终报至上级财政部门，内部控制自我评价机构根据地勘单位领导班子授权承担内部控制自我评价的具体组织实施任务，通过复核、汇总、分析内部监督资料，结合单位领导班子的要求，拟订合理的评价工作方案并认真组织实施；对于评价过程中发现的重大问题，应及时与负责人、内审部门及单位各级工作人员沟通，并认定内部控制缺陷，拟订整改方案，编写内部控制口我评价报告，及时向负责人和内审部门报告；督促各职能部门、所属地勘单位对内部内控进行整改；根据评价和整改情况拟订内部控制考核方案。

5. 内部纪律监察部门

地勘单位内部纪律监察部门要按照相关法律法规对内部控制自我评价报告进行审核，对单位领导班子建立与实施内部控制进行监督：内部纪律监察部门由单位领导班子直接授权，有条件的单位可以单独设立该部门，规模较小或条件不允许的单位由单位领导兼任该部门侧重于对地勘单位内部党员同志工作过程中易出现错误导致腐败等违法、违规问题进行监督监察，是站在内部控制较高层面的监督工作，针对地勘单位内部控制中的关键控制点的关键岗位实施内控监督，直接反映出单位领导对于内部控制建设及实施的态度及力度。地勘单位内部纪律监察部门从高层领导者工作的严谨性及合法合规性入手，监督地勘单位日常及特殊事务处理，对单位最高领导人负责，纪律监察部门应对每次监督检查工作过程及结果进行书面记录，评价单位主要管理者的工作情况，并提出相应问题的改进意见，在指定时间内对其问题的解决进行监察。

二、内部控制自我评价内容

地勘单位内部控制自我评价是对内部控制的有效性发表意见因此，内部控制自我评价的对象即内部控制的有效性，所谓内部控制的有效性，是指地勘单位建立与实施内部控制对实现控制目标提供合理保证的程度，由于受内部控制固有限制（如评价人员的职业判断、成本效益原则等）的影响，内部控制自我评价只能为内部控制目标的实现提供合理保证，而不能提供绝对保证内部控制月我评价的有效性包括组织层级和业务层级内部控制设计与执行的有效性，还包括内部控制缺陷的评价（见表 8-1）。

表 8-1　地勘单位内部控制评价内容

基本步骤	主要内容	
明确内部控制实施主体（独立性，权威性）	单位内部审计机构或专门的内部控制评价机构或委托 G 业的中介机构	
划分相关部门职责（分工制衡、协调高效）	单位领导	对内部控制评价承担最终责任，对内部控制评价报告的真实性负责
	内部控制评价承办部门	经单位领导授权具体负责对内部控制评价的组织、领导、监督；与单位领导负责审定内控重大、取要缺陷整改意见，协调整改中的困难，排除整改障碍
	相关部门	积极配合评价工作的开展，听取评价报告，及时落实整改措施
	内部纪律监察部门	按照相关法律法规对内部控制评价报告进行审核，对单位领导班子建立与实施内部控制进行监督等
确定内部控制评价内容	内控制度	是否建立健全各项内控制度
	组织层级	组织层级内部控制执行情况
	业务层级	业务层级内部控制执行情况
制定内部控制评价报告	包括内部控制总结性分析、成绩、问题和对策	

地勘单位内部控制执行的有效性是指在内部控制设计有效的前提下，内部控制能够按照设计的内部控制程序正确地执行，从而为控制目标的实现提供合理保证内部控制执行的有效性离不开设计的有效性，如果内部控制在设计上存在漏洞，即使这些内部控制制度能够得到一贯执行，那么也不能认为其运行是有效的评价内部控制执行的有效性，应当着重考虑以下几个方面：一是相关控制在评价期内是如何运行的；二是相关控制是否得到了持续一贯运行；三是实施控制的人员是否具备必要的权限和能力。地勘单位内部控制制度不是一成不变的，它需要地勘单位不断根据外部环境和自身业务的变化而作相应的调整。然而，设计再完美的内部控制如果不能很好地贯彻执行，那也只是一纸空文现实中的地勘单位普遍存在的问题不在于缺少一套设计健全的内部控制制度，而在于内部控制制度缺乏动态完善性、执行不力。因此，内部控制设计的动态调整性和内部控制执行的有效性应该成为我国地勘单位内部控制自我评价的重点。

（一）组织层级内部控制自我评价

地勘单位内部控制设计的有效性是指为实现控制目标所必需的内部控制程序都存在并且设计恰当，能够为控制目标的实现提供合理保证。对于财务报告目标来讲，内部控制设计的有效性表现为所设计的相关内部控制能够规范会计行为，保证会计资料的正确性、可靠性，防止、发现并纠正财务报告的重大错报；对于资产安全目标而言，

内部控制设计的有效性表现为所设计的内部控制能够合理保证国家财产的安全与完整，防止国有资产流失；对于合规目标来说，内部控制设计的有效性表现为所设计的内部控制能够合理保证地勘单位遵循国家相关法律法规，确保国家相关规章制度能够得到有效贯彻和落实；对于公共服务目标而言，内部控制设计的有效性表现为所设计的内部控制能够合理保证地勘单位经济活动的效率和效果。

评价地勘单位内部控制设计的有效性，可以从以下四个方面来考虑：第内部控制设计的合法性，即地勘单位在对内部控制进行设计的过程中，是否做到以内部控制的基本原理为前提，以相关法律法规为依据。第二，内部控制设计的全面性，即内部控制的设计是否覆盖了所有关键控制点与业务，对单位内部各相关部门人员和相关工作任务都具备约束力。第三，内部控制设计的适当性，即内部控制的设计是否与地勘单位自身的经营特点、复杂程度以及风险管理要求相匹配，第四，内部控制设计的适应性，即内部控制的设计是否具有环境适应性，能够依外部环境和自身条件的变化适时地调整关键控制点与控制措施。

（二）业务层级内部控制自我评价

单位业务层级内部控制自我评价主要应包括预算控制、收支控制、采购控制、资产控制、工程项目控制、会计控制和合同控制。

（三）内部控制自我评价报告

1. 内部控制总体评价

内部控制建立和执行情况总体评价是对单位组织层级及业务层级内部控制的建立与实施情况进行总结和评价。总结和评价主要围绕着单位内部控制制度建设的完整性和内部控制制度实施的有效性，并对内部控制实施的总体效果进行分析和总结、其既包括单位组织层级中的组织架构、决策机制、执行机制、监督机制和协同机制，也包括业务层级中的预算控制、收支控制、采购控制、资产控制、工程项目控制、会计控制和合同控制。

2. 内部控制效果分析

内部控制效果分析是对内部控制在单位实施后，对单位组织架构和各项业务活动顺利开展的积极效果进行总结，其具体包括单位完成各级政府交给的各项任务，公共资源、公共资金和国有资产管理的履约责任完成情况等。

3. 内部控制缺陷分析

地勘单位内部控制自我评价是完善内部控制制度的有效途径，而内部控制自我评价的核心任务是找出地勘单位内部控制在设计和实施过程中的缺陷，对缺陷的性质进行分析，进而有针对性地提出相应的整改措施并督促落实。因此，从某种意义上说，地勘单位内部控制自我评价的成效在很大程度上取决于对内部控制缺陷的认定。

内部控制缺陷按照不同的标准可以有不同的分类一般来说，按照内部控制缺陷的来源不同，可将内部控制缺陷分为设计缺陷和执行缺陷。

①设计缺陷设计缺陷是指地勘单位缺少为实现控制目标所必需的控制措施，或现存控制设计不适当，即使正常运行也难以实现控制目标。

②执行缺陷，执行缺陷是指设计有效（合理且适当）的内部控制由于运行不当（包括由不恰当的人执行、未按设计的方式运行、运行的时间或频率不当、没有得到一贯有效运行等）而影响控制目标的实现所形成的内部控制缺陷。

内部控制缺陷一经认定，应以适当的方式向地勘单位领导班子报告，地勘单位对于认定的内部控制缺陷，应当及时采取整改措施，切实将风险控制在可承受的范围内，并追究有关机构或相关人员的责任，

地勘单位内部控制自我评价机构应就发现的内部控制缺陷提出整改建议，并报上级主管部门、单位领导班子、内部审计部门和纪律监察部门批准，整改建议获批后，应制订切实可行的整改方案，包括整改目标、内容、步骤、措施、方法和期限整改期限超过一年的，整改目标应明确近期和远期目标以及相应的整改工作内容

4. 内部控制完善的对策建议

内部控制自我评价报告要对缺陷分析中涉及的制度订立与执行中的具体缺陷进行分析和完善，有针对性地设计相应的内部控制活动，调整组织机构和岗位，设置相关工作机制，消除缺陷及其不利影响。

第二节　内部控制自我评价步骤与方法

一、内部控制自我评价的步骤

地勘单位内部控制自我评价的步骤一般包括制订评价工作方案、组成评价工作组、实施现场测试、汇总评价结果、编制评价报告、报告反馈与跟踪等这些程序环环相扣、相互衔接、相互作用，构成了内部控制自我评价的基本流程。

（一）准备阶段

①制订评价工作方案。地勘单位内部控制自我评价机构应当以内部控制目标为依据，结合地勘单位的内部情况和管理要求，分析地勘单位经营管理过程中影响内部控

制目标实现的高风险领域和重要业务事项，确定检查评价方法，制订科学合理的评价工作方案，经上级主管部门和单位领导班子批准后实施评价工作方案应当明确评价主体范围、工作任务、人员组织、进度安排和费用预算等相关内容，评价采取自下而上的方式，从基层单位开始，由各基层单位和部门的负责人负责，全体人员共同参与，逐级汇总，形成单位内部控制总体评价评价工作方案以全面评价为主，也可以根据需要采用重点评价的方式。

②组成评价工作组。评价工作组在内部控制自我评价机构的领导下，具体承担内部控制检查评价任务。内部控制自我评价机构根据经批准的评价方案，挑选具备独立性、业务胜任能力和职业道德素养的评价人员实施评价评价工作组成员应当吸收地勘单位内部相关机构中熟悉情况、参与日常监控的负责人或其他管理人员参加，并注意保持与内部控制设计工作组的独立性，地勘单位应根据自身条件，尽量建立长效内部控制自我评价培训机制。

（二）实施阶段

①了解单位基本情况。充分与单位沟通地勘单位组织机构设置及职责分工、负责人成员构成及分工等基本情况。

②确定评价范围和重点评价工作组根据掌握的情况进一步确定评价范围，检查重点和抽样数量，并结合评价人员的专业背景进行合理分工，并可根据实际需要适当调整检查重点和分工情况。

③开展现场检查测试。评价工作组根据评价人员分工，综合运用各种评价方法对内部控制设计与运行的有效性进行现场检查测试，按要求填写工作底稿、汜录相关测试结果，并对发现的内部控制缺陷进行初步认定。

（三）编制评价报告阶段

①编制现场评价报告，评价工作组汇总评价人员的工作底稿，初步认定地勘单位内部控制缺陷，形成现场评价表评价工作底稿应进行交叉复核签字，并由评价工作组负责人审核后签字确认评价工作组将评价结果及现场评价的结果向被评价单位进行通报，由被评价单位相关责任人签字确认后，提交地勘单位内部控制自我评价机构。

②汇总评价结果，编制地勘单位内部控制自我评价报告内部控制自我评价机构汇总各评价工作组的评价结果，对工作组现场初步认定的内部控制缺陷进行全面复核、分类汇总，对缺陷的成因、表现形式及风险程度进行定量或定性的综合分析，按照对控制目标的影响程度判定缺陷等级；内部控制自我评价机构以汇总的评价结果和认定的内部控制缺陷为基础，综合内部控制工作整体情况，客观、公正、完整地编制内部控制自我评价报告，并报送地勘单位领导班子、内审部门和纪律监察部门，经上级主管部门最终审定、签字后报送同级财政部门。

（四）报告反馈与跟踪阶段

对于认定的内部控制缺陷，内部控制自我评价机构应当结合地勘单位领导班子、内部审计部门和纪律监察部门的要求，提出整改建议，要求责任单位及时整改，并跟踪其整改落实情况；已经造成损失或负面影响的，地勘单位应当追究相关人员的责任。

二、内部控制自我评价方法

地勘单位内部控制自我评价工作组对被评价地勘单位进行现场测试时，可以单独或者综合运用个别访谈、调查问卷、穿行测试、抽样、实地查验、比较分析和专题讨论等方法，充分收集被评价地勘单位内部控制设计和运行是否有效的证据，按照评价的具体内容，如实填写评价工作底稿，研究分析内部控制缺陷。

（一）个别访谈法

个别访谈法主要用于了解地勘单位内部控制的现状，在地勘单位层面评价及业务层面评价的了解阶段经常使用访谈前应根据内部控制自我评价需求形成访谈提纲，撰写访谈纪要，记录访谈的内容为了保证访谈结果的真实性，应尽量访谈不同的人员以获得更可靠的证据，个别访谈法应首先从单位领导班子开始，逐步将范围扩大到各级领导及单位其他员工，这有助于了解单位内部控制思想的建设程度、确定单位内部控制可靠性程度、对整体评价内部控制环境有显著效果。根据《联邦政府内部控制》对内部控制可靠性模型的概述，内部控制可靠性分为初始水平、非正式水平、系统水平、整合水平及最优水平五个，其具体内容见表 8-2。

表 8-2　内部控制可靠性模型

可靠性水平	文件记录	认识和理解程度	态度	控制程序	监督
初始水平	很少	基本了解	非正式	临时的 不相关的	无
非正式水平	零散的 不一致的	认为除领导班子之外无须沟通	控制与业务流程相分离	直观的 可重复的	无
系统水平	全面的 一致的	正式沟通 少量培训	控制与业务流程相融合	正式的 标准化的	无
整合水平	全面的 一致的	全面培训与控制相关的事项	认为控制流程是战略的组成部分	正式的 标准化的	开始定期监督
最优水平	全面的 一致的	全面培训与控制相关的事项	致力于持续改进	正式的 标准化的	实时监督

（二）调查问卷法

调查问卷法主要用于地勘单位层面评价，如对内部控制整体有效性、控制环境的评价调查问卷应尽量扩大对象范围，包括地勘单位各个层级的员工，应注意事先保密，题目尽量简单易答（如答案只需为“是”“否”“有”“没有”等）比如，你认为你的自身价值是否能够在地勘单位发展中得到充分实现？你对地勘单位的核心价值观是否认同？调查问卷法多用于评价地勘单位内部控制要素的定性因素在调查问卷的设计中应注意关键问题的提问方式、答案的清晰程度，并对应各给定答案赋值，最终便于定性分析其相关要素。

（三）穿行测试法

穿行测试法是指在地勘单位内部控制流程中任意选取一笔业务作为样本，追踪该交易从最初起源直到最终在财务报表或其他内部管理报告中反映出来的过程，即该流程从起点到终点的全过程，以此了解控制措施设计的有效性，并识别出关键控制点该方法对于评价工程项目的费用结算情况、合同保管情况、预算控制情况、资产管理及债务管理情况等均有显著的效率及效果。业务流程和财务报表分析的结合使用，在重要账户的识别及相关风险的评价中具有非常重要的意义在应用业务流程时，辅以传统会计循环的分析效果更佳与财务报表账户相联系的流程，如预算编制对应未支用拨款及财政账户的余额，人力资源管理对应员工福利、工资和其他补贴、养老金或退休金账户、采购对应财政账户余额、固定资产及合同费用等与财务报表账户及交易相关的会计循环包括票据、现金收入、采购、现金支出、薪酬等。

（四）抽样法

抽样法分为随机抽样和其他抽样。随机抽样是指按随机原则从样本库中抽取一定数量的样本；其他抽样是指人工任意选取或按某一特定标准从样本库中抽取一定数量的样本。在使用抽样法时，首先，要确定样本库的完整性，即样本库应包含符合控制测试的所有样本；其次，要确定所抽取样本的充分性，即样本的数量应当能够检验所测试的控制点的有效性；最后，要确定所抽取样本的适当性，即获取的证据应当与所测试控制点的设计和运行相关，并能可靠地反映控制的实际运行情况该方法较多地被应用于对收支流程和费用报销授权、签字的审批过程的评价，对于印章和票据管理、债务管理流程及职责、人员培训情况、合同管理等方面同样适用。推荐在评价关键岗位业务人员和部门负责人的轮岗制度、关键岗位人员离岗或工作交接是否存在责任不清和相关资料丢失等情况时使用抽样法。

（五）实地查验法

实地查验法主要针对业务层面控制，它通过使用统一的测试工作表，与实际的业务、财务单证进行核对的方法进行控制测试，如实地盘点某种存货。实地查验法的结果有多种体现方式，如对某一业务流程的控制评价，既可以通过评估现有记录的充分性来评价控制程度，也可以用流程图来描绘出常规业务的处理流程，直观发现流程中可能出现的错误，并应予实施控制程度的作业点，或者以叙述式记录（如信息处理步骤）反映相关控制情况。

（六）比较分析法

比较分析法是指通过数据分析，识别评价关注点的方法。数据分析可以是与历史数据、标准数据或先进地勘单位数据等进行比较。比如，对地勘单位的预算控制进行评价时，最好采用零基预算和细化预算法，找出预算超支的项目并重点审查。比较分析法较为直观的反映方式是矩阵表格，将需分析的控制点、历史数据 / 标准数据、现行数据、控制描述等编制成矩阵表格，高效地显示数据变化的程度及原因，迅速找出单位应重点控制的环节。

（七）专题讨论法

专题讨论法主要是集合有关专业人员就地勘单位内部控制的执行情况或控制问题进行分析，既是控制评价的手段，也是形成缺陷整改方案的途径。对十同时涉及财务、业务、信息技术等方面的控制缺陷，往往需要由内部控制管理部门组织召开专题讨论会议，综合内部各机构、各方面的意见，研究确定缺陷整改方案。

在实际评价工作中，以上这些方法可以配合使用－此外，还可以使用观察、检查、重新执行等方法，也可以利用信息系统开发检查方法，或利用实际工作和检查测试经验，对于地勘单位通过系统采用自动控制、预防控制的，应在方法上注意与人工控制、发现性控制的区别。

第三节　内部控制自我评价结果处理

一、单位内部

地勘单位内部控制评价的首要目的就是建立健全单位内部控制体系，提升单位内部管理水平，使单位组织层面和业务层面内部控制更为科学合理，促使单位内部控制有效实施。在这样的目标下，单位应根据内部控制评价结果，按照风险管理的方法，对单位风险进行识别和分析，按照评价的原则和方法，找出内部控制设计和实施的薄弱环节。地勘单位内部控制评价报告在单位内部的使用者主要是地勘单位领导班子、内部审计部门和纪律监察部门等：领导班子应将内部控制评价的结果作为单位内部考核的依据，对执行内部控制成效显著的内部机构和人员提出表彰，将评价结果和单位干部升迁相挂钩，对违反内部控制的内部机构和人员提出处理意见，对发现的内部控制设计缺陷，应当分析其产生的原因，提出改进方案；内部审计部门根据内部控制评价的结果对单位内部控制建设进行设计，有针对性地提出改善内部控制的对策和建议；纪检监察部门应针对内部控制评价结果中暴露的党员干部的违法、违纪和违规情况进行分析，严肃处理并依法追究责任。另外，地勘单位内部控制评价是相关外部监管部门进行日常监管活动的重要依据。地勘单位编制的内部控制自我评价报告应当报经上级主管部门、单位领导班子、内部审计部门和纪律监察部门批准后报送至同级财政部门和纪检监察部门，达到外部监管部门对单位内部控制监督管理的要求。

二、政府财政部门

财政部门是地勘单位内部控制规范的主要制定者和发布者，各级财政部门是地勘单位内部控制的直接外部管理者。在地勘单位内部控制外部监督体系中，财政部门的监督作用贯穿了外部监督过程的始终，尤其在事前监督和事后监督环节扮演着极为重要的角色。财政部门预算管理机构和财政监督机构都要通过内部控制评价报告加强对地勘单位内部控制的外部监督，建立并完善与部门和预算单位沟通顺畅的工作机制，形成管理合力一要进一步明确财政监督机构与预算管理机构的监督职责，严格落实职责分工。财政监督机构负责拟定财政监督制度，牵头拟订并组织实施年度监督计划，并对预算管理机构履行日常监督职责进行再监督。财政监督机构与预算管理机构要加强工作协调，建立高效顺畅的工作协调机制和信息共享制度，形成相互协调、紧密衔接的综合监管机制财政监督机构要参与涉及财政监督的财税政策及管理办法的拟订，及时向预算管理机构反馈财政管理和政策执行中存在的问题及有关监督检查情况预算管理机构要向财政监督机构抄送文件，开放必要的数据端口，支持配合财政监督机构开展专项监督检查、落实处理处罚决定；根据财政监督机构的意见，完善政策、加强管理，将其作为预算安排的参考依据，并及时反馈成果利用情况要将近年来的有益经验和成功做法提炼为财政监督法规制度，切实将财政监督贯穿于财政部门工作大局之中，贯穿于财政管理体制、机制建设和改革总体设计之中，贯穿于财政管理运行的全过程，推动建立健全监督机制。

三、政府审计部门

政府审计部门是外部审计机制的主导部门，也是地勘单位内部控制的外部监管部门。政府审计部门在资源受限或者在内部控制等社会审计擅长的领域可以聘任社会审计机构进行审计，以充分发挥两者的优势，形成优势互补，政府审计部门主管外部审计工作，负责对外部审计进行长期规划和总体指导，包括聘任社会审计机构承担部分政府审计职能。政府审计部门对外部审计负有监督的职责，包括监督政府审计部门的工作利社会审计部门的工作，而外部审计工作的基础就是单位内部控制评价报告。可以说，政府审计部门通过内部控制评价报告对单位政府审计承担最终的责任。政府审计代表国家利益，对被审计单位的违法违纪问题既有审查权也有处理权，社会审计在接受政府审计委托的前提下能够行使审查权但无处理权。但是，政府审计可以根据社会审计的结果对违法违纪行为行使处理权。外部审计的原则是外部审计必须遵循的基本准则，包括合法性原则、独立性原则、客观性原则和效益性原则。

四、纪检监察部门

纪检监察部门应根据地勘单位内部控制评价报告检查国家行政机关在遵守与执行法律、法规和人民政府的决定、命令中的问题，受理对国家行政机关及其公务员和国家行政机关任命的其他人员违反行政纪律行为的控告、检举，调查处理国家行政机关及其公务员和国家行政机关任命的其他人员违反行政纪律的行为，受理国家行政机关公务员和国家行政机关任命的其他人员不服主管行政机关给予处分决定的申诉，以及法律、行政法规规定的其他由监察机关受理的申诉，履行法律、行政法规规定由监察机关履行的其他职责。另外，纪委和监察部门对地勘单位内部控制的监督还要充分采用社会监督的方式，适时适度公布单位内部控制评价报告，发动社会公众积极参与。进一步讲，采用社会监督方式实质上是有利于推动社会公众、媒体等对地勘单位内部控制外部监督作用的发挥，使地勘单位内部控制外部监督更加外部化，提高外部监督的广泛性，形成促进地勘单位强化内部控制的良好外部监督环境。

参考文献

[1] 张笑君 . 项目管埋与招标采购研究 [M]. 长春：吉林人民出版社 ,2021.07.

[2] 倪庆萍 .ERP 项目管理与实施 [M]. 北京：人民邮电出版社 ,2021.12.

[3] 戴大双 . 现代项目管理第 3 版 [M]. 北京：高等教育出版社 ,2021.

[4] 陈关聚 . 项目管理第 3 版 [M]. 北京：中国人民大学出版社 ,2021.

[5] 王晓玲，张敬文，杨鑫 . 项目管理第 2 版 [M]. 北京：高等教育出版社 ,2021.09.

[6] 华斌，吴诺，徐滨彦 . 政务信息化项目建设管理 [M]. 北京：中国轻工业出版社 ,2021.03.

[7] 白思俊 . 现代项目管理概论第 3 版 [M]. 北京：电子工业出版社 ,2021.02.

[8] 张则 . 新时代企业管理研究专业认证项目管理 [M]. 北京：中国纺织出版社 ,2021.09.

[9] 苏国平 . 信息化项目建设与管理 [M]. 北京：北京航空航天大学出版社 ,2021.

[10] 阳艳红，王玉彬 . 山洪地质灾害防治气象保障工程项目群管理方法研究 [M]. 北京：机械工业出版社 ,2020.06.

[11] 王文 . 地质调查项目绩效管理 [M]. 北京：地质出版社 ,2020.04.

[12] 林锐，肖壮，赵晓飞 . 项目管理 [M]. 成都：电子科技大学出版社 ,2020.07.

[13] 郭致星 . 极简项目管理 [M]. 北京：机械工业出版社 ,2020.01.

[14] 王前 .PMP 项目管理方法论与敏捷实践 BX[M]. 哈尔滨：哈尔滨工业大学出版社 ,2020.10.

[15] 翟磊 . 公共项目管理 [M]. 天津：南开大学出版社 ,2020.12.

[16] 白礼彪，杜强 . 项目群协同管理 [M]. 北京：机械工业出版社 ,2020.11.

[17] 杨宝昆 .PPP+BIM 项目全生命周期管理与咨询最佳实践 [M]. 天津：天津大学出版社 ,2020.02.

[18] 王清刚 . 内部控制与风险管理 [M]. 北京：中国财政经济出版社 ,2020.12.

[19] 裴丽洁 . 财务管理与内部控制 [M]. 哈尔滨：哈尔滨地图出版社 ,2020.07.

[20] 盛永志 . 内部控制学 [M]. 北京：北京交通大学出版社 ,2020.08.

[21] 冯斌 . 企业内部控制与风险防范研究 [M]. 中国原子能出版社 ,2020.05.

[22] 魏永宏 . 内部控制学 [M]. 北京：电子工业出版社 , 2020.05.

[23] 牟绍波，张嗣徽 . 项目管理 [M]. 北京：机械工业出版社 ,2019.12.

[24] 何清华，杨德磊 . 项目管理第 2 版 [M]. 上海：同济大学出版社 ,2019.08.

[25] 古丽鲜・沙吾提 . 项目管理基本知识 [M]. 北京：民族出版社 ,2019.03.

[26] 倪明 . 创新驱动战略下的项目管理研究 [M]. 燕山大学出版社 ,2019.04.

[27] 陈冰玉，张艳平，祝群 . 内部控制 [M]. 济南：山东大学出版社 ,2019.03.

[28] 李连华 . 内部控制学 [M]. 厦门：厦门大学出版社 ,2019.08.

[29] 闻佳凤，仲怀公 . 现代企业内部控制学 [M]. 北京：北京理工大学出版社 ,2019.07.

[30] 朱效平 . 法治视角下行政事业单位内部控制研究 [M]. 济南：山东大学出版社 ,2019.07.

[31] 王凤燕 . 财务共享模式下的内部控制与企业绩效研究 [M]. 北京：中国社会出版社 ,2019.05.

[32] 李艳华 . 大数据信息时代企业财务风险管理与内部控制研究 [M]. 长春：吉林人民出版社 ,2019.06.

[33] 胡玉玲 . 内部控制与内部审计 [M]. 哈尔滨：哈尔滨地图出版社 ,2019.09.

[34] 赵茂林 . 企业内部控制 [M]. 长沙：湖南师范大学出版社 ,2019.01.